卓越法律人才教育培养系列教材
高等法学教育“十三五”规划教材

ZHENGJUFAXUE

证据法学

主编◎郑金玉

郑州大学出版社
郑州

图书在版编目(CIP)数据

证据法学/郑金玉主编.—郑州:郑州大学出版社,2018.2

(卓越法律人才教育培养系列教材)

ISBN 978-7-5645-5111-7

Ⅰ.①证…　Ⅱ.①郑…　Ⅲ.①证据-法学-中国　Ⅳ.①D925.013

中国版本图书馆 CIP 数据核字(2018)第 008422 号

郑州大学出版社出版发行
郑州市大学路 40 号　　邮政编码:450052
出版人:张功员　　发行部电话:0371-66966070
全国新华书店经销
郑州市诚丰印刷有限公司印制
开本:710 mm×1 010 mm　1/16
印张:17.25
字数:359 千字
版次:2018 年 2 月第 1 版　　印次:2018 年 2 月第 1 次印刷

书号:ISBN 978-7-5645-5111-7　　定价:39.00 元

作者名单

主　编　郑金玉

副主编　王少禹

编　委　姚显森　段亚楠

常宝莲　刘新生

编写人员简介

郑金玉，男，法学博士，河南大学法学院副教授、副院长，研究方向为民事诉讼法学、证据法学、司法制度。

王少禹，男，法学博士，河南省高级人民法院法官，长期从事审判理论研究。

姚显森，男，法学博士，河南大学法学院副教授、博士生导师，研究方向为刑事诉讼法学、证据法学。

段亚楠，女，法学硕士，南阳理工学院教师，研究方向为民事诉讼法学、证据法学。

常宝莲，女，法学博士，河南师范大学法学院教师，研究方向为民事诉讼法学。

刘新生，男，法学硕士，曾任河南省开封市中级人民法院法官，从事再审案件审判工作，现为河南博云天律师事务所律师。

前言

在国内多数法学院系本科生的课程中，证据法学一般是作为选修课开设的，课时安排通常是2节课/周，甚至1节课/周。时间有限，要求本科生一定要特别深入地掌握证据法学专业知识并不现实。然而，司法实践对证据法学的需求与法学院系的教学形成了鲜明的反差。在司法实践中，对证据法学专业知识的掌握程度却成为检验法官、检察官和律师专业水平的重要因素。基于此，本书确定了两个方面的撰写特色。

首先，本教材撰写一反国内通常教材追求大而全的模式，强调该门课程的基础知识，以简洁明了为宗旨，并以此为限，尽可能不增加争议性、学术性过强的内容，力求专业知识浅显易懂，便于学生后期实践运用。但本书还是兼顾了专业知识的系统性，尽可能为本科生普及证据法知识提供便捷条件。多数知识内容点到为止，更加复杂的知识，则留给学生根据自己的兴趣去猎取。我们相信，在本书提供的知识框架基础上，通过网络查阅获取更多的、更为复杂的证据法学专业知识，在当今网络时代并不是什么难题。

其次，本书强调了证据法学知识的应用性。本书在撰写中尽量贴合最新的立法规范，从司法实践出发，突出强调证据法的应用性知识内容。此外，本书还设置了较多的案例，除每章的引导性案例外，部分章节还设置了稍显复杂的综合性案例。援引案例，一方面可以促使学生认识到证据法学知识的应用性，另一方面还可以促使学生学以致用，锻炼解决现实性问题的实际本领。

为便于学生的阅读、学习，本书在体例方面也做了不少改进。每章在讲解各节内容之前，先列出知识结构图，然后提出本章导读要求（学习要点等）、司法考试重点等，并总结了知识要点，以便学生对该章形成总体印象。最后是知识链接和思考题，以方便学生拓展学习和深入思考各章节的证据、证明知识。

本书的编写分工情况如下：

郑金玉负责制定全书写作大纲，全面修定全书内容。

王少禹审阅了全书。

姚显森:第一章,第三章,第十章,第十四章。

段亚楠:第二章,第七章,第八章,第十二章。

常宝莲:第四章,第五章,第六章,第十一章。

刘新生:第九章,第十三章,第十五章,第十六章。

目　录

第一编　总论

第二编　证据论

第三编　证明论

第一编

总论

第一章

证据法与证据法学概述

知识结构图

证据法学的研究对象
- 证据法律制度
- 证据运用的司法实践
- 证据法学的理论

证据法学的体系
- 英美法系国家证据法学体系
- 大陆法系国家证据法学体系
- 新中国证据法学体系
- 本书的体系

证据法学的研究方法
- 系统的方法
- 比较分析的方法
- 理论与实践相结合的方法

本章导读

作为一门相对独立的学科，证据法学有自己特定的研究对象、学科体系和研究方法。本章第一节介绍了证据法和证据法学的概念，以及我国证据法学的发展状况。第二节从三个方面归纳了证据法学的研究对象，即大陆法系、英美法系的证据法律制度，证据运用的司法实践以及证据法学的理论、方法和规律。第三节探讨了证据法学的体系，并对本书结构和各章节主要内容做了简要介绍。第四节阐述了证据法学的三种主要学习方法，即规范解释的方法、比较分析的方法、理论与实践相结合的方法。

司考重点

基本要求:

了解:证据法立法与实践现状,证据法学研究现状。

理解:证据法学的研究方法。

熟悉并能够运用:证据法学研究对象,证据法学研究体系。

考试内容:证据法学研究对象,证据法学研究体系。

导入案例

张某与邻居王某因琐事发生争吵并相互殴打,张某后诉至法院要求王某赔偿医药费等损失共计3000元。在举证期限届满前,张某向法院申请事发时在场的方某(26岁)、路某(30岁)、蒋某(13岁)出庭作证,法院准其请求。开庭时,法院要求上列证人签署保证书,方某签署了保证书,路某拒签保证书,蒋某未签署保证书。法院因此允许方某、蒋某出庭作证,不允许路某出庭作证。张某在开庭时向法院提供了路某的书面证言,法院对该证言不同意组织质证。

(2015年司法考试试卷三第79题,略有改动)

问题:

张某要求事发时在场人员出庭作证的申请,法院是否应当同意?蒋某出庭作证是否合法?法院不允许路某出庭作证是否合法?法院对路某的书面证言不同意组织质证是否合法?如果需要出庭作证,证人如何依法保护自身的合法权益,当事人如何实现请求证人作证的权利,司法机关如何依法予以保障?

第一节 证据法与证据法学的基本内容

一、证据法

证据法的概念与证据的概念是紧密联系的。证据是证明案件事实的根据,是各种证明活动的客体;证据法则是调整司法机关、当事人以及其他诉讼主体运用证据证明待证事实过程中的法律关系,规定如何收集和运用证据查明并认定案件事实和其他相关事实的法律规范的总称。

证据法具有强制性。在诉讼过程中,有关证据的收集、审查、认定,证明责任的分担,证明方法的运用等,都必须按照证据法的规定进行,否则无法产生预期的法律后果。

从广义上说,证据法包括诉讼证据法和非诉讼证据法。前者又包括民事诉讼证据法、刑事诉讼证据法、行政诉讼证据法;后者包括仲裁证据规则和公证证据规则等。但由于证据在各种诉讼活动中的运用最为广泛,也最具有代表性,同时,各种证据规则大多产生于诉讼制度的发展进程之中,所以一般所说的证据法仅指诉讼证据法,而不包括非诉讼证据法。本书所研究的亦是这种意义上的证据法。

诉讼证据法又有狭义与广义之分。狭义的诉讼证据法,又称形式意义上的证据法,是指由国家制定并颁布的关于证据的专门性法典。在当今世界上,只有英国、美国等少数几个国家制定了专门的证据法。绝大部分成文法国家,如日本、法国、德国等都没有专门针对证据的独立立法,至少都没有具有证据法名称的独立法典。

广义的诉讼证据法,又称实质意义上的诉讼证据法,是指关于证据及其运用的所有法律规范的总称,在形式上,它除了包括直接以证据法命名的证据法典、法规以外,还包括相关诉讼法、实体法中有关证据及其运用的法律规范。

到目前为止,我国没有专门以证据问题为调整对象的独立的证据法典,证据法也未成为我国法律体系中一个单独的法律部门,有关证据制度的法律规范散置于刑事、民事、行政诉讼法典及相关的司法解释之中。这些规定都属于广义的证据法范畴。

关于证据法的性质,存在不同的看法。主要观点有三种:其一,证据法是程序法的组成部分。如台湾学者陈朴生就明确指出,“刑事证据法乃刑事诉讼法之一部”①。由于世界上大多数国家和地区都将证据法归入诉讼法体系,而且在证据的收集、审查、认定等过程中,程序问题往往占据主导地位,因此很多人将证据法视为程序法的组成部分。其二,证据法兼有程序法与实体法的属性。持这种观点的学者认为,虽然从证据的发现过程来看,证据法具有程序法的特征,但从认定案件事实的功能来看,证据法却具有实体法的色彩②。而且,在实体法中也的确存在相当多的证据规范。其三,证据法既不属于实体法,也不属于程序法,而是一种独立的法律分支。

我们认为,证据形成于案件发生之时,取得于诉讼进行期间,因此证据的发现具有程序法的特征;而证据的作用在于明确案件事实,认定实体权利义务关系,从而又具有实体法的特征。将证据法单纯地视为程序法或实体法,都是不恰当的。

---

① 陈朴生著:《刑事诉讼法》,台湾三民书局1992年版,第1页。

② 毕玉谦著:《民事证据法及其程序功能》,法律出版社1997年版,第13—14页。

“事实上,从法律的社会作用和逻辑联系上分析,实体法、程序法和证据法三者是既相互统一又相互独立的法律范畴,实体规范需要通过程序规则加以体现,而实现实体目的的重要手段则是各种证据方法。因此,实体法、程序法和证据法三者之间并不存在相互包容或者相互合并的可能性。”[①]我们可以将证据法视为一个独立的法律部门,既包含程序法的内容,也包含实体法的内容。

二、证据法学

证据法学是研究证据法律规范和在诉讼或非诉讼法律事务的处理过程中,运用证据证明案件事实或其他法律事实的规则、方法和规律的学科,是现代法学体系中的一个组成部分。有学者认为证据法学亦可称为“证据学”,但是,“证据学”的称谓容易被误认为它是单纯以“证据”为研究对象的,而“证据法学”这一称谓更为准确。

根据证据法学的研究范围,可以将证据法学分为狭义的证据法学与广义的证据法学。所谓狭义的证据法学,又称诉讼证据法学,是研究诉讼法律中有关证据的规定和诉讼过程中运用证据的实践的科学。根据具体诉讼对象的不同,又可进一步分为刑事证据法学、民事证据法学和行政证据法学。由于诉讼程序对于当事人权利影响甚大,而诉讼过程基本上是围绕着证据的运用展开的,离开证据的支持,诉讼活动就无法正常运行,所以诉讼中的证据规定是相关各类法律中最详细、最完整的,对于其他非诉讼法律事务中的证据运用具有重要的参考与借鉴意义。

广义的证据法学,除包括狭义的证据法学之外,还研究其他法律事务,如仲裁、公证、行政执法、监察等活动中的证据问题,在这些活动中同样需要查明和证明相关的事实,而要实现这些任务就必须运用各种证据,必须遵循一定的证明规律,有人也将这种意义上的证据法学称为法律证据学。

本书以狭义的证据法学为基本内容,同时兼顾其他法律事务领域中的证据问题。

第二节 证据法学的研究对象

一般来说,证据法学研究对象包括三个方面:证据法的基本理论,证据及证明的法律规范,证据及证明的司法实践。

---

① 陈浩然著:《证据学原理》,华东理工大学出版社2002年版,第97页。

一、证据法基本理论

如果证据法学仅仅研究证据取得与证据运用的法律规范、立法司法实践，而不研究诸多现象背后的法理，是不够的。古今中外大量的证据法理论积淀，也是证据法学的研究对象。证据理论是与证据取得和证据运用有关的，证据立法、司法、执法实践经验的概括与总结，它来源于实践，又高于实践。

证据法学虽然是一门新兴的法学学科，但经过中外学者的辛勤努力，也已经积累了大量的证据理论成果，并形成了不同的学说与流派。这些理论成果是学者对古今证据制度的经验概括，是对人类证据实践的理性总结，对于我们深入学习与研究证据法学无疑大有裨益。同时，这些理论对于建构我国的证据制度、繁荣我国的证据法学也提供了宝贵的指导。证据理论是证据法学的研究对象。

一切法律及其实践的背后都应有理论支撑。没有理论支撑的法律及其实践是盲目的，远远不能适应现代法治社会对法律正当性的需要。证据法学不仅要研究证据法律规范的内容和要求，也要研究其功能利弊与合理性；不仅要对现有的证据规范进行注释，也要为修改完善这些证据规范提供建议和理论依据。将证据理论也作为证据学的研究对象，对其进行分析，进行必要的评述，既可以指导诉讼法律事务中的证据取得与证据运用活动，也可以指导证据立法的修改与完善，并将有助于构建系统化的证据理论体系。

证据法基本理论中，首先值得重视的是证据规则。在证据法学研究过程中，形成的诉讼证明的规则、方法和规律是证据法学理论的重要内容。诉讼证明活动必须按照一定的证明规则进行，离开规则的规范，诉讼证明活动将会呈现无序的状态。证据规则中，有些是保障运用证据查明案件事实的，如证据关联性规则、最佳证据规则、传闻证据规则、证据补强规则等；有些是对证据所作的限制，以保护其他法律利益免受侵犯，如非法证据排除规则、反对自我归罪原则、证人拒绝作证规则等。

其次是证明规律。证据的取得与运用（诉讼证明）必须遵循一定的规律。诉讼证明的规律，既包括诉讼中运用证据证明案件事实的一般规律，也包括运用证据的特殊规律；既包括收集、保全、审查、认定证据的规律，也包括使用书证、物证、人证等具体证据的规律，等等。证据法学应当总结司法实践经验，研究诉讼证明规律，从而在理论上指导证据立法和有关的司法实践。因此，我们应全方位研究证据法与证据法的发生发展规律，研究庭审前证据调查阶段取得证据的规律，既包括收集、调查、保管证据等专项工作的规律，也包括收集、调查、保管人证、物证、书证等具体证据的规律等，又要研究庭审阶段运用证据证明待证事实的各种规律，既包括运用证据证明案件事实的一般规律，也包括运用证据证明案件事实的特殊规律，如运用物证的规律、运用书证的规律、运用人证的规律等。

最后是证明方法。诉讼过程中证明案件待证事实,必须依靠一定的证明方法,证明方法的采用在很大程度上决定了证明活动的成效。与法律事务有关的证明方法是多样的,根据不同的标准,可作不同的划分。例如,根据不同的诉讼阶段,可以分为证据收集、保全、审查判断、根据证据认为案件事实的方法等;根据运用主体的不同,分为当事人运用证据的方法,律师运用证据的方法,法院、检察院运用证据的方法,行政执法、监察人员运用证据的方法等;从逻辑证明的角度,又可分为归纳与演绎,直接证明与间接推理等。此外从司法人员的角度,还有司法认知、法律推定等。这些证明方法都是证据法学不可缺少的研究对象。因此,证据法学应研究庭审前证据调查阶段取得证据的各种方法,既包括收集证据、调查证据、保管证据的一般方法,也要研究针对不同种类的证据的特殊方法,如收集物证的方法、收集书证的方法、收集人证的方法等;还要研究庭审阶段运用证据证明案件事实的方法,既包括运用证据证明案件事实的一般方法,如严格证明方法、自由证明方法、法律推理方法、司法认知与推定的方法等,也包括运用证据证明案件事实的特殊方法,如运用物证的方法、运用书证的方法、运用人证的方法等。

二、证据法律制度

证据法律制度是指与证据取得和证据运用有关的法律规范,是国家法律制度的组成部分。证据法律规范包括程序法和实体法两个方面。无论是程序法还是实体法,均应包括相应的单行法规和司法解释中关于证据的规定,在法律效力的位阶上具有各种层次。从诉讼阶段看,证据法律制度既包括庭审前阶段有关证据取得的法律规范,也包括庭审阶段有关证据运用的法律规范。在庭审前阶段,证据法律制度主要围绕证据取得问题——谁有权力/权利以何种方法从何处取得何种证据?在此主题的涵盖下,囊括了有关物证、书证、人证等证据种类,及各种证据的收集与呈现方式,如搜查、扣押、鉴定、勘验、检查、辨认、询问、讯问等的规定。在庭审阶段,证据法律制度主要围绕有关证据运用问题——谁有责任证明何种事实至何种程度?在此主题的涵盖下,囊括了有关证明对象、证明责任、证明标准、严格证明、自由证明、推定、司法认知等的规定。而严格证明又涉及证据能力概念(即可采性+庭审调查程序),证明标准又与证明力概念紧密相连,与这些重要概念相应的规范也正逐步发展完善。

英美法系国家的诉讼奉行当事人主义,证据由当事人负责,为规范当事人的举证、质证行为,法律规定了极其完备的证据规则。而大陆法系国家由于奉行诉讼上的职权主义,由法官主导程序的运作与证据的调查,法官凭其自由心证来决定证据的取舍,为法官规定复杂的证据规则没有太大必要,因此,大陆证据规则不像英美法系那么发达。大陆法系没有专门的证据法典,证据规则一般被规定在诉讼法典中。

由于历史传统和法律文化的影响，我国有关诉讼证据法律制度的内容散见于刑事诉讼法、民事诉讼法、行政诉讼法等法律法规。为了满足司法实践的需要，我国最高人民法院、最高人民检察院也就证据问题做出了大量的规定。虽然我国三类诉讼中的证据法有一定的共性，但三大诉讼性质不同，解决的具体问题不同，制定统一的证据法有很大难度。

证据与诉讼制度、诉讼规则密不可分，诉讼证据离开了诉讼制度就不成其为证据，诉讼证据的收集运用都是依赖于诉讼法的基本规定的。将证据法从诉讼法中剥离出来，实践的操作难度很大，事实上，必要性也不强。

三、证据运用的司法实践

证据运用的司法实践，主要是指当事人、司法机关在证据取得和证据运用等方面的具体操作。司法实践中证据运用的形式是多样的、生动具体的。证据的收集，诉讼过程中的举证、质证及对证据的审查认定等，这些都是证据法需要调整的对象，也是证据法学需要研究的对象。事物总是不断发展变化的，证据立法及证据法学理论通常是对以往证据实践的经验总结，而不可能对未来的证据实践发展做出准确的预测。因此，证据立法或者证据理论落后于证据运用的司法实践，是很正常的事情。实践中，新问题、新情况层出不穷，这些新问题和新情况都会对现有证据立法及证据法学理论提出挑战，进而提出新的要求。

法律规定了收集、审查判断和运用证据证明案件事实的原则和运用的方法，但作为具体实践的参与人，他们的经验就尤为重要。证据法学源于对证据运用实践的理论总结，证据法学研究的最终归宿是为了指导证据运用的司法实践。通过对司法实践中证据运用经验与教训进行总结，一方面可以为证据法学理论研究提供丰富的实践素材，另一方面也可以检验证据立法是否科学，进而推动立法与理论的同步发展。离开对证据运用实践的研究，证据法学就失去了存在、发展的根基，失去了存在的意义。这样的证据理论也只能是空中楼阁。按照这样的理论进行的证据立法，很可能成为一纸空文，而很难在实务中落实下去。证据法学只有在总结实践经验的基础上，及时回应司法和执法等活动中的证明实践的要求，不断地发展和完善证据法律制度，才能始终与实践保持同步。因此，离开证据运用的司法实践，证据法及证据法学的发展就失去了源泉和动力。

如果说立法是相对静止的研究对象的话，那么，执法或司法中的经验和问题则是更加丰富的动态的研究对象。我国司法机关进行诉讼活动的一项基本原则“以事实为根据，以法律为准绳”，亦体现了这种思想。对诉讼证据来说，更与司法实践密不可分。研究这些内容不仅可以对执法起到理论的指导作用，而且对完善证据的立法也有重要意义，有助于从丰富的实践中检验和提炼出证据的一般理论。尤其在我国的证据立法与证据理论尚不完善的情况下，对与证据取得和运用有关的司法实践的研究就显得格外引人注目。

第三节 证据法学的体系

证据法学的体系，是指证据法学的整体结构以及各个组成部分内容之间的联系，是将证据法学的研究对象具体化之后，按照一定的结构排列组合而成的科学系统。科学地构建我国证据法学的体系，是我国证据法学界当前面临的重要任务。

一门学科的内容体系是由其研究对象决定的，学科体系应该反映其研究对象的整体结构和内在逻辑联系。一个国家的证据法学很大程度上依托于这个国家的证据法制度，其体系也与现行证据法有一定的联系。

我国目前并未制定专门的证据法典，证据法律规范散见于各种实体法与程序法之中，但这并不妨碍我们对证据法学体系的讨论。证据法学的体系并非证据法的体系，而证据法的体系也不等于证据法典的体系。

一、英美法系国家证据法学体系示例

英美法系国家的证据法学注重实用性，其内容体系看上去有些散乱，似乎缺少内在的逻辑性。以美国著名证据学家阿瑟·白斯特撰写的《证据学》一书为例，该书内容共分为十章。第一章是关于关联性的一般要求。介绍了证据的可采性的限制、不公正的偏见、重复事件等内容。第二章是相关证据材料的特别排除规则。介绍了与品格相关的证明形式、关于辩护证据排除规则的宪法限制、保险、医疗费用的支付等内容。第三章是传闻的定义。介绍了关于传闻证据的基本规则、排除传闻的基本理念以及有关传闻证据排除的详细分析。第四章是排除传闻规则的例外。包括已经记录的证言、临终陈述、承认或许可、有损于自己利益的陈述、心理状态、激奋言辞、感觉印象的陈述、身体情况、审前辨认、业务档案、公共档案及其他例外。第五章是讯问和指控。介绍了讯问的范围和方式、关于指控的一般性权利、对罪犯提出的指控的处理规则、反指控等。第六章是专家证言。包括专家的资格、提供材料的类型、讯问的种类等。第七章是特权。包括证言特免权的理由，律师和当事人之间、医生和病人之间、夫妻之间、神职人员和忏悔者之间、记者信息来源的特免权，政治选举、军事和政府秘密、情报员的身份等问题，语言豁免权的放弃和有关推论等。第八章是鉴定和最佳证据规则。包括对证人的知识、声音、笔迹、古代文件的鉴定，原始证据的定义、复印件的使用等。第九章是推定。介绍了推定的定义、联邦证据规则的选择、推定的结果和举证责任等内容。第十章是司法认知。介

绍了裁判事实与立法事实的区分、采用司法认知的程序等内容。①

美国著名证据法学家华尔兹教授撰写的《刑事证据大全》一书，内容共分为十九章。第一章是公开发表的法律渊源，包括法律渊源的内容，公布判决的方法，判例的检索，证据法的渊源等。第二章是审判程序和证据的种类，包括对抗式审判制度，审判法官的角色，律师的角色，法律问题和事实问题，有关证据的两个关键性问题，证据可采性问题，证据的基本类型，证据的三种基本形式，证据的分量和刑事审判的结构等。第三章是审判记录，包括审判记录的功能、内容和制作，对证人的盘问和交叉询问，提出实物证据，文字材料，采用证据的异议和证明的提供等。第四章是再论相关性，包括证据的定义和检验，经常出现的相关性难题等。第五章是排除传闻的规则，包括传闻的定义和例外，有关心理状态的问题，非人证据和直接证据等。第六章是排除传闻规则的例外，包括已经记录的证言，临终陈述，承认或认可，有损自己利益的陈述，心理状态，激奋言辞，感觉印象的陈述，身体情况，审前辨认，过去记录的回忆，业务档案，公共档案及其他例外。第七章是证人可靠性的质疑，包括质疑的层次和方法，交叉盘问中的质疑，使用外部证据的质疑，以前曾提供相同陈述的证明等。第八章是反对强迫自证其罪的宪法特免权，包括联邦宪法第五修正案的规定和有关判例法律。第九章是用不恰当方法获得之辨认证据的排除，包括该排除规则的背景和产生，几个有关的判例；审前不恰当辨认后当庭辨认的可采性，指定审前辨认规则的努力等。第十章是不合理搜查和证据扣押以及隐私权的证据保护，包括这一规则的宪法历史背景，可以启用排除规则的程序，有关规则的适用范围，搜查和扣押的含义与要求，阻留和搜身，无证搜查，电子监控，“毒树之果”原则，排除规则的松动，反对非法获得之证据的根据等。第十一章是供述，包括供述的定义，普通法和宪法背景，自愿性要求的产生，内在性强迫环境，间接性逼迫影响，有认罪倾向和暗含默认的供述，私人获取之供述，程序性保障措施等。第十二章是普通法和制定法的证言特免权，包括证言特免权的理由，律师和当事人之间、医生和病人之间、夫妻之间、神职人员和忏悔者之间、记者信息来源等的特免权，政治选举、军事和政府秘密、情报员的身份等问题，证言特免权的放弃和有关的推论等。第十三章是证明责任和推定。第十四章是司法认知，包括判决事实的司法认知，立法事实的司法认知，法律的司法认知等。第十五章是证人能力，包括证人能力的含义，能力的一般标准，能力降低的影响，有关程序等。第十六章是文字材料，包括最佳证据规则和文字材料的鉴定；第十七章是意见、专业知识和专家，包括意见规则、专家和专业知识等。第十八章是科学证据，包括精神病学和心理学证据，毒物学和化学证据，法医病理学证据，照片和录像，显微分析和中子活化分析，以及指纹、DNA、枪弹、声纹、可疑文书、测谎、车速检测等证据。第十九章

① 樊崇义：《证据学》，中国人民公安大学出版社2001年7月版，第12—13页。

是示意证据,包括历史背景和有关异议的根据等。①

二、大陆法系国家证据法学体系示例

大陆法系国家一般都没有制定统一单立的证据法典,其证据法学的内容往往包括在诉讼法等相关的法学体系之中,但也有相对的独立性。

法国达鲁兹出版社于1999年出版的让·拉尔给耶编著的《刑事诉讼法》的第五编为"刑事诉讼中的证据",内容分为两大部分。

第一部分是基本原则,下设两章:第一章是证明责任的原则,作者首先在无罪推定的原则下阐述了刑事诉讼被告人的权利,如被判无罪的被告人有要求法庭公开宣布其无罪判决的权利,有在新闻媒体上就指控事实公开答辩的权利,以及有对新闻媒体缺乏依据的报道提出起诉的权利等;然后阐述了无罪推定的两个衍生规则,其一是"谁主张谁举证"的规则,即刑事诉讼的公诉人和附带民事诉讼的原告人负有证明所控犯罪存在和被告人参与了该犯罪的责任,当然被告人也有举证反驳的权利;其二是"疑罪从无"的规则,即证据中存有疑点便应做出有利于被告人之解释的规则。第二章是法官权力的原则,包括法官应该积极参与案件调查和收集证据的原则,以及法官在评断证据的证明力时享有自由裁量权的原则。在第二项原则下,作者首先阐述了"内心确信"的基本含义;然后介绍了"内心确信"原则的两个例外,其一是警方所做的正式口供笔录有绝对效力,只要没有可靠的相反证据反对视为无效。其二是在确认某些民事关系时,合同等特定形式的文书具有法定证据的效力。其三是论述了对法官"内心确信"原则的三项限制,第一是法官在判决中必须写明判决的理由;第二是法官采用的证据必须经合法手段取得;第三是法官采用的证据必须经过双方的质证,即"对立审查原则"。

第二部分是各种证据手段,下设五章,分别阐述了被告人口供、证人证信、书面证据、专家证词、法律推定和司法推定等五类证据的含义、特点及其有关的规则。被告人口供是刑事诉讼中法定的证据形式,但是它已不再具"证据之王"的效力,法官可以在没有口供的情况下判定被告人有罪,也可以在被告人承认有罪的情况下判定其无罪。关于证人资格问题,法律规定证人应该是亲自感知案件事实的人,因而传闻证据应该排除;法律还规定,证人作证时必须年满16周岁,证人不能有诈骗等犯罪前科,证人不能与本案有重要的利害关系等,不符合上述条件者提供的证言只能用作线索,不能在审判中采用。书面证据包括合同等文书,在民事诉讼中常见,在刑事诉讼中使用较少。根据法律规定,诉讼双方一般都可以邀请自己的专家证人。在刑事诉讼中,法官也可以指定专家证人。专家证人不必在法庭上接受对方的质证,但是对方可以对专家证词提出疑问,法官也没有在判决中必须采纳专家

① 何家弘:《新编证据法学》,法律出版社2000年3月版,第10—11页。

证词的义务。法律推定是依据法律规定可以从一个事实推出的结论，分为可以推翻的和不可以推翻的两种，前者如无刑事责任能力的推定，后者如无罪推定。司法推定指法官可以根据犯罪现场的痕迹物证推出的结论。在司法推定中，法官往往要听取有关专家的意见。①

三、我国证据法学的常见体系

新中国的证据法学起步较晚。由于我国尚未制定统一的刑事证据法，诉讼中证据的运用主要依据刑事诉讼法关于证据的原则规定和最高人民法院的司法解释，证据法则具有明确的法定性，还由于我国证据法学研究力量的相对薄弱，在一些基本问题上尚未达成统一意见，很长一段时期内一直受职权主义诉讼模式的消极影响，当事人在证明活动中难以有所作为，制约了证据法学的发展。随着我国审判制度改革的深入，尤其是近年来以审判为中心的诉讼制度改革，以及相关学科研究的迅速发展，证据法学的研究也取得了较大的进展，一批专著相继出版，证据法学的基本理论、证据法学的体系结构以及许多重要的证据制度问题，都得到了学界的关注和研究。

我国常见的证据法学的研究对象包括证据论和证明论两部分，目前我国证据法学的研究体系也大多以这两部分内容为基本框架。我国第一部具有广泛影响的证据法学统编教材是由巫宇甦主编、群众出版社 1983 年 5 月版的高等学校法学试用教材《证据学》。该书的体系由绪论和十八章组成：绪论阐述了证据学的对象、体系、学科关系、指导思想和研究方法；第一章介绍了外国九种主要的证据制度和证据理论；第二章介绍了旧中国的证据制度和理论；第三章介绍了新中国证据制度的确立和发展；第四章阐述了证据的概念和意义；第五章讨论了证据的任务、对象、责任，以及有罪推定和无罪推定；第六章讲述了证据的几种分类；第七章讨论了运用证据的指导原则；第八章讲述了收集证据的基本要求和证据保全；第九章讨论了审查判断证据的概念、意义和基本方法；第十章至第十七章则分别介绍了物证、书证、鉴定结论、勘验检查笔录、证人证言、刑事被害人陈述、刑事被告人供述和辩解、民事当事人陈述的概念、意义、收集或提取以及审查判断等问题。该书的内容体系对我国后来的证据法学著作产生了很大的影响。

目前，我国有关证据法学的书籍大都是从这两个方面来安排证据法学体系，将其分为总论、证据论、证明论三大部分。本书在借鉴中外证据法学体系安排的基础上，按照便于理解、逐步深入和中外结合的要求，基本上也是按照这种体系来论述的，并适度简化。

---

① 何家弘：《新编证据法学》，法律出版社 2000 年 3 月版，第 11—12 页。

第一编是总论，包括三章。第一章是证据法与证据法学概述，主要阐释证据法与证据法学的研究对象、研究方法、学科体系、学科性质及其与相关学科的关系；第二章证据制度的历史沿革，主要介绍神明裁判制度、法定证据制度、自由心证证据制度等的演变、沿革以及中国证据制度的发展历程等；第三章主要阐释证据制度的理论基础和常见规则，介绍证据制度的认识论基础、证据制度的价值论基础以及相关性规则、传闻证据排除规则、非法证据排除规则等多项证据规则。

第二编是证据论。本书简化各种证据的基本内容，概括为七章。具体而言，第四章主要介绍证据的概念、证据的基本特征（合法性、客观性、关联性）、证据内容与形式、证据的意义以及我国关于证据的立法状况等；第五章是物证与书证；第六章是证人证言，当事人陈述；第七章是被害人陈述，犯罪嫌疑人、被告人供述和辩解；第八章是视听资料与电子数据；第九章是鉴定意见、勘验、检查、辨认和侦查实验笔录；第十章是证据的理论分类，即言词证据与实物证据、原始证据与传来证据、本证与反证、直接证据与间接证据等。

第三编是证明论，包括六章。第十一章是证明概述，介绍证明的概念、证明的构成、证明的分类、证明的体系与环节、证明的过程和方法、证明的意义以及证明主体等；第十二章是证明对象；第十三章是证明责任；第十四章是证明标准，介绍证明标准的基本理论，我国刑事诉讼的证明标准，我国民事诉讼证明标准；第十五章是推定与司法认知；第十六章是诉讼证明的过程，主要介绍举证（证据的收集与保全）、证据交换、证据失权、质证、证据的审查判断以及运用证据认定案件事实等。

第四节　证据法学的学习方法

正确的研究、学习方法对于任何一门学科来说都是非常重要的。证据法学是一门应用性很强的交叉性学科，其研究方法可以并且需要从多方面加以展现。马克思主义的唯物辩证法是关于世界观和方法论的科学，它正确阐释物质与意识的相互关系，揭示了人类认识的本质、来源及其发展的辩证规律。证据法学作为法学的一个分支学科，唯物辩证法是其基本研究方法。但是，唯物辩证法作为哲学基本原理，解决的是人们对世界的根本看法问题，具有高度的抽象性和概括性，我们在确定证据法学的研究方法时不能仅仅停留在唯物辩证法的高度上，而应该从证据法的各类实践出发，深入探讨证据法学的具体研究方法。同时，证据法学是一门具体的法学学科，有马克思主义唯物辩证法所不能完全替代的，与其特殊规律相适应的研究方法。具体来说，证据法学的研究还应采取如下几种方法。

一、规范解释的方法

规范解释应坚持系统解释。该方法的产生是现代实践的必然要求,系统解释的方法也就成为人们在现代实践中把握复杂事物的科学方法。就证据学而言,系统解释的方法是指将证据法学作为一个整体进行研究,而不是孤立地研究证据原则、制度和程序等证据法学的构成要素。系统解释的方法要求我们在研究证据法学时应注意把握一系列的科学方法论的原则。

首先,坚持整体性解释原则。整体性原则是系统解释方法的核心。这一原则认为,系统在要素与要素的相关性中产生出高于要素的整体性,因而整体的功能与性质不能还原为要素的功能和性质。整体性原则要求证据法研究者从对证据法律现象的属性认识进入到"组织性""相关性""有机性"的认识,从对证据法律现象的单向研究进入到多向研究,从线性研究进入到非线性研究,从而开拓对证据法学整体性研究的新领域。

其次,坚持有序性和动态性原则。有序性原则和动态性原则是相互连接的,是一个问题的两个方面。有序性原则认为,系统内部诸要素之间的相关性有一定的规则,而不是杂乱无章的,认识一个系统也就是要认识相关性中产生的"有序性"或规则性。这一原则指明,作为系统的证据法学其内部的"序"(规则)必须是在其内部诸要素之间的动态交流中,才能保持和发展。证据法学研究者从证据法学内在的有序过程和证据法学与其他法学学科的互动过程来分析证据法学,对证据法学的认识就进入到证据法学整体性的本质中。

最后,坚持等级系统和系统发展原则。所谓等级系统原则,也就是将系统与系统之间的关系划分为等级式的不同层次。系统的形成是从低级系统向高级系统不断演化的历史过程。证据法学本身包含证据的概念及分类,证明的概念、对象、责任、标准等低层次的系统,作为系统的证据法学的等级存在本身是系统自身发展变化的产物。证据法学研究者必须从发展的观点来看待作为系统的证据法学。

二、比较分析的方法

人们在科学研究中,往往使用比较分析的方法。通过对不同或相似事物之间异同的比较,来把握事物的性质和发展变化规律。只有互相比较,才能发现事物之间的联系与差异,证据法学的研究同样可以借助比较的方法,因为比较研究可以使我们更好地理解与评价现有的证据法律制度,更好地发现现行证据制度可能存在的不足之处或问题,从而找出解决问题的方法与途径。对证据法学而言,比较分析法是指对不同的证据法律制度进行比较分析,以明确其异同,进而探寻证据法律现象发展规律的研究方法。通过比较的方法,我们可以更好地理解和评价现行的证据法律制度，发现现行证据制度可能存在的不足或问题，找出解决问题的途径或办法。比较分析的方法主要有两种，即纵向比较分析和横向比较分析。

（一）纵向比较分析

纵向比较主要是对不同时期的证据立法、实践及理论进行比较。具体来说，运用比较分析的方法进行证据法学研究，应从以下几个方面进行。即对历史上不同时期的证据制度进行比较分析。一切事物都有产生、发展的过程，对研究对象进行历史考察是进行社会科学研究的方法之一。我们研究证据法学，必须追溯证据制度的历史演进，从它的历史发展过程中，来发现和把握它的性质和规律。对证据法学进行历史分析，就要考察古今中外历史上存在的不同证据制度，研究它们产生的社会政治、经济、文化背景，并对不同历史时期的证据制度进行比较，分析其优劣，评价其得失。同时，在理论上，努力借鉴前人的研究成果，又不断推陈出新，以推进我国证据法学的发展。在进行纵向比较时，应把握比较的目的，不能为比较而比较。建立健全现行的证据法律制度是比较的目的所在，因此现行的法规是我们研究的重点，对过去各种证据理论和证据制度的研究以服务于当前证据法学的发展为落脚点。

（二）横向比较分析

横向比较分析主要是对同一时期不同国家、不同类型的证据制度加以对比。即对同一历史时期的不同证据制度进行比较分析。主要又包括两种情况下的比较。一种是对不同国家和地区的证据制度、证据理论、证据规则进行比较。证据法学的研究不能在一个封闭的环境里进行，而应当加强与国外的交流，在交流中互相借鉴，互通有无。我国证据法学的研究由于起步较晚，很多制度、理论尚处于探索阶段，通过借鉴国外先进的理论成果和成熟的证据规则，可以推动我国证据法学和证据立法的发展。另一种是对同一国家不同诉讼类型中的证据制度进行比较分析。诉讼类型不同，其证据规定与要求就有差异，通过对民事诉讼、刑事诉讼、行政诉讼不同诉讼类型中的证据制度进行比较，可以让我们充分地认识其共性与差异，从而更好地把握证据法学的一般原理与规律。在进行横向比较时，应把握比较的重点，做到以我为主。通过横向比较，拓展视野，了解国外情况，认识不同证据制度的不同特点，适当借鉴国外证据法律制度与实践，以完善我国的证据法律制度。

严格地讲，比较分析法是比较法与分析法的有机结合。从纵横两方面研究证据法学主要是用比较方法。要将这种比较方法深入下去，还需用到分析的方法。分析的方法是同系统方法相对立的研究方法，它注重研究部分和个体的性质与功能。具体而言，分析研究的方法是把证据法学的整体分解为若干的部分进行研究，或者把证据法学的某一要素单独加以考察的方法。分析的方法是一种广泛应用的科学研究方法，从一定意义上讲，分析的方法是各种研究活动的基础和起始点。分析的方法有多种，定性分析与定量分析是两种最为常见的分析方法。定性分析是对事物进行分析以确定其区别于其他事物的内部规定性；定量分析是对事物进行分析以确定自身规模、结构等数量的内部规定性。也就是说，前者研究的是事物的性质，后者研究的是事物具有该性质所应具备的条件。定量分析可以提高证据法学研究的科学性和准确性，对于增强证据理论成果的可操作性和说服力具有相当重要的作用。因此，证据法学的研究要做到在定性分析与定量分析相结合的基础上，进一步强调定量分析的功能和重要性。

三、理论与实践相结合的方法

任何一门学科都有其自身的理论系统，离开理论的支持，也就缺少了存在与发展的基础。证据法学的学习与研究，离不开对证据法学基本理论的掌握，只有把握了证据法学的基本理论，才能理解证据法学的全部精神实质。证据法学要不断发展也离不开理论的创新。另外，理论创新的动力在于证据运用的司法实践。一方面，要对司法实践中运用证据的经验进行总结，使之上升到理论的高度，以指导未来关于证据的立法和司法实践；另一方面，又要对司法实践中出现的新情况、新问题进行研究，提出解决办法，从而推进证据理论的发展。只有在对现有证据制度和证据实践加以总结的同时不断谋求证据理论的创新，才能使我国的证据法学研究一直保持着旺盛的活力。

在我国证据法学的发展过程中，由于诸多原因和客观条件的限制，早期的证据法学理论研究与司法实践存在较严重的脱节现象，从事证据法学理论研究的人员常常并不接触司法实践，甚至很少关注司法实践，往往利用抽象思维、逻辑推理的方式对证据法学进行研究，而不能深入到司法实践中，进行细致的调查研究，掌握准确、翔实的数据资料；而从事司法实践的人员由于无暇顾及理论研究，或者法律知识水平相对较低以及缺乏证据法学方面的理论修养，很难通过理论研究提高自己的工作水平和促进立法的完善。近些年，随着依法治国基本方略的提出，尤其是全面推进依法治国目标的提出，三大诉讼法都进行了修订完善，其中的证据法内容也做了很大调整，在证据种类、证据规则、证明标准、证明责任、证据收集与运用程序等方面，取得明显的进步。这些进步是理论与实践相结合的产物。当前，以审判为中心的司法改革正如火如荼地进行，客观上要求证据法学研究继续坚持理论与实践相结合。而当前司法公开，尤其是裁判文书公开，司法信息系统平台的搭建和不断完善，为我们坚持理论与实践相结合的研究方法提供了契机，为防止证据法学研究成为缺乏实践基础的空洞无物的理论，在证据法学研究中，还应更加注重理论与实践相结合的方法，不断实现证据法学研究的突破、创新和发展。

综合案例

案情:

某日凌晨,A市某小区地下停车场发现一具男尸,经辨认,死者为刘某,某甲房地产公司法定代表人。停车场录像显示一男子持刀杀死了被害人,但画面极为模糊,小区某保安向侦查人员证实其巡逻时看见形似刘四的人拿刀捅了被害人后逃走(开庭时该保安已辞职无法联系),侦查人员在现场提取了一只白手套,一把三棱刮刀(由于疏忽,提取时未附笔录),侦查人员对现场提取的血迹进行了ABO血型鉴定,认定其中的血迹与犯罪嫌疑人刘四的血型一致。

刘四到案后几次讯问均不认罪,后来交代了杀人的事实并承认系被他人雇用所为,公安机关据此抓获了另外两名犯罪嫌疑人某乙房地产公司开发商张丙、张丁兄弟。

侦查终结后,检察机关提起公诉,认定此案系因开发某地块利益之争,张丙、张丁雇用社会人员刘四杀害了被害人。

法庭上张氏兄弟、刘四同时翻供,称侦查中受到严重刑讯,不得不按办案人员意思供认,但均未向法庭提供非法取证的证据或线索,未申请排除非法证据。

公诉人指控定罪的证据有:①小区录像;②小区保安的证言;③现场提取的手套、刮刀;④ABO血型鉴定;⑤侦查预审中三被告人的有罪供述及其相互证明。三被告对以上证据均提出异议,主张自己无罪。

(2015年司法考试试卷四第7题,本题26分,略有改动)

问题:

1. 请根据《刑事诉讼法》及相关司法解释的规定,对以上证据分别进行简要分析,并做出是否有罪的结论。

2. 请结合本案,谈谈对《中共中央关于全面推进依法治国若干重大问题的决定》中关于"推进以审判为中心的诉讼制度改革,确保侦查、审查起诉的案件事实证据经得起法律的检验"这一部署的认识。

答题要求:

1. 无本人分析、照抄材料原文不得分;

2. 结论、观点正确,逻辑清晰,说理充分,文字通畅;

3. 请按问题顺序作答,总字数不得少于800字。

本章小结

证据法学是现代法学体系中一个重要的组成部分,有其特定的研究对象,包括与证据取得和证据运用有关的法律规范;与证据取得和证据运用有关的立法、司法实践;与证据取得和证据运用有关的理论、规律、方法等。证据法是调整司法机关、当事人以及其他诉讼主体运用证据证明待证事实的法律规范的总称。证据法学体系就是将证据法学的研究对象具体化之后,按照一定的结构排列组合而成的科学系统。大致来看,证据法学的研究对象包括证据论和证明论两部分,目前我国证据法学的研究体系也大多以这两部分内容为基本框架。就本书的章节而言,分为三部分:第一部分是总论,第二部分是证据论,第三部分是证明论。证据法学的学习方法主要包括规范解释、比较分析、理论与实践相结合的方法。

相关知识链接

1. 樊崇义主编:《证据法学》,法律出版社 2001 年版。
2. 卞建林主编:《证据法学》,中国政法大学出版社 2002 年版。
3. 何家弘、张卫平主编:《外国证据法选译》,人民法院出版社 2000 年版。
4. 陈卫东、谢佑平主编:《证据法学》,复旦大学出版社 2005 年版。
5. 沈德咏等主编:《刑事证据制度与理论》,人民法院出版社 2006 年版。

思考与分析

1. 简述证据法的性质。
2. 证据法学的研究对象是什么?

第二章

证据制度的历史沿革

知识结构图

神明裁判
- 神明裁判的概念
- 神明裁判的具体内容
- 对神明裁判的评价

法定证据制度
- 法定证据制度的概念
- 法定证据制度的具体内容
- 对法定证据制度的评价

自由心证制度
- 自由心证制度的概念
- 自由心证制度的具体内容
- 对自由心证制度的评价

本章导读

在人类诉讼制度发展史上,证据制度经历了由简单到复杂,由落后到文明的规律性过程。不同的法系,证据制度的发展呈现不同的特点。以大陆法系国家的证据制度为代表,大致经历了神明裁判、法定证据、自由心证三个阶段。

本章共分四节。第一、二、三节分别介绍各国通常都经历的神明裁判、法定证据制度、自由心证制度,具体包括其概念、内容和评价。第四节介绍我国证据制度的历史演变情况。通过学习,希望能对中外证据制度的历史发展有一个较为整体、清晰的把握。

司考重点

基本要求：

了解：中外证据制度发展所经历的不同演变历程。

理解：外国历史上的三大证据制度的含义和特点。

熟悉：中国证据制度的发展，不同时期的历史延续性和制度的发展进步。

考试内容："五听"、刑讯与仇嫌回避原则、翻异别勘。

导入案例

汉武帝时，有甲、乙二人争言相斗，乙以佩刀刺甲，甲之子丙慌忙以杖击乙，却误伤甲。有人认为丙"殴父也，当枭首"。董仲舒引用《春秋》事例，主张"论心定罪"，认为丙"非律所谓殴父，不当坐"。

(2006 年司法考试真题卷一第 16 题)

关于此案的下列哪种评论是错误的？

A."论心定罪"是儒家思想在刑事司法领域的运用

B.以《春秋》经义决狱的主张是旨在建立一种司法原则

C."论心定罪"仅为一家之言，历史上不曾被采用

D."论心定罪"有可能导致官吏审判案件的随意性

第一节 神明裁判

一、神明裁判的概念

神明裁判，又被称为神示证据制度，就是在司法活动中采取一定方式"邀请神灵"帮助司法法官裁断案情，并且通过一定形式把神灵的旨意表现出来，作为裁判的依据。

在人类社会早期，人们还没有掌握科学的司法证明方法，不知如何收集证据并依靠证据去查明案件事实，只好求助于神灵的力量。无论是英美法系的发源地英格兰和威尔士，还是大陆法系的发源地占罗马和法兰西，不同民族和国家的信仰不同，采取求助神灵的方式也不同，但是它们在本质上是相同的，都属于神明裁判，是根据神的旨意来判断诉讼中的是非曲直的一种证据制度，这是早期弹劾式诉讼的

特征之一。

生产力的发展水平制约着人类社会的发展。政治上实行神权统治，科学文化落后，生产水平低下，人们缺乏战胜自然的力量，这些都是神明裁判产生的原因。在奴隶社会时期，受到生产力发展水平低下的制约，人类的意识形态和思维方式还十分落后，难以认识、把握事物的本质和规律。面对严酷的自然环境和难以解释的社会问题时，人们通常认为神灵能够洞察一切，能够主宰一切，它是万物的创造者，是自然界和人类社会的主宰者。人们认为法律是由神灵颁布的，司法裁判的职权掌握在神灵的手中，国王作为最高法官，其职责和权力也被认为是由宙斯亲自赐予的[①]，而人类则是通过神灵的旨意启示才能够知晓法律，司法人员能够对案件做出裁决，是因为他们受到神灵的帮助，如果违背神的意志，或欺骗神灵，必然会遭受天谴。

二、神明裁判的具体内容

神明裁判在亚欧各国奴隶制社会以及欧洲封建社会前期普遍存在，是最原始的证据制度。由于各民族的社会生产方式、历史传统、宗教信仰和其他习俗存在差异，所谓的神明裁判包括神誓法和神判法。

（一）神誓法

神誓法是通过诉讼当事人对神灵发誓来证明案件事实的方法。在诉讼中，当双方当事人陈述的事实不一致并且难辨真伪时，裁判者就要求当事人一方或者双方在庄严的宗教仪式下对神灵发誓，以印证其陈述的真实性。如果当事人不敢对神发誓，或者在发誓过程中神态慌张或显示出某种神灵报应的迹象，裁判者就可以认定其说的是假话并判其败诉。向神灵发誓有三种形式：一是自愿发誓，即由当事人自己自愿发誓；二是必须发誓，即法律强制发誓；三是说明清白的发誓。

神明裁判的证明方法可以追溯到公元前 17 世纪的古巴比伦王国。《汉穆拉比法典》对此种证明方法进行了明文规定，法典第二十六条规定："设若某人并没有失落什么而声称'我失落了某物'，并诬陷自己的邻居，则他的邻居应在神前发誓揭穿他并没有失落什么，而他则应加倍赔偿他的邻居自己所欲贪图的物品。"许多古代国家的法律还明确规定了各种誓词的内容。例如，公元 9 世纪英国的"盎格鲁-撒克逊法律"中规定：

（1）索赔被窃财物的原告人誓词："我在上帝面前宣誓，指控他就是盗窃我财物的人。这既不是出于仇恨、妒忌或其他非法目的，也不是基于不实传言或

① 参见[美]E. 博登海默著：《法理学、法律哲学和法律方法》，邓正来译，中国政法大学出版社 1999 年版，第 3—4 页。

信念。”

(2)被告人的誓词:“我在上帝面前宣誓,对于他对我的指控,我在行为和意图上都是无罪的。”

(3)“助誓人”的誓词:“我在上帝面前宣誓,他的誓词是清白的和真实的。”

需要强调的是,在近现代西方国家,证人在出庭作证时,首先需要对上帝宣誓,保证其会如实陈述。这种证前宣誓制度与神明裁判中的宣誓有一定的相似性,但从法律意义方面来讲,二者是有原则性区别的。近现代的证前宣誓是证人出庭的一项法律程序,其目的在于以宗教信仰的力量来保证证人出庭作证时如实陈述。在证前宣誓制度下,证人证言的真伪以及证明力要由法官根据自由心证原则来判定;而神明裁判中的宣誓,则是法官确认当事人陈述和证人陈述真实性的依据。

(二)神判法

神判法又被称为折磨考验法,是指通过让当事人接受某种肉体折磨或者考验来证明案件事实的方法。这种折磨或考验通常都在神职人员主持的祈祷等宗教仪式下进行。古印度的《摩奴法典》规定,如果法官依证言和物证不能确认案件事实,则可以用神判方式来审查证据和证明案件事实。《那罗陀法典》作为《摩奴法典》的补充,其第一百零二条规定了八种神判方式,包括火审、水审、决斗、毒审、圣水审、圣谷审、热油审和抽签审。最为常见的神判方式有水审、火审和决斗。

1. 水审

水审,是指通过让当事人接受水的考验,以显示神灵的旨意,来判定当事人的陈述是否真实以及当事人是否有罪。水审以早期人类的万物有灵论为理论基础,水审的存在是因为当时的人们认为水是人的力量难以战胜的,水之所以有如此威力,是因为有神在支持;水是人生存不可或缺的物质,神圣而纯洁,引起人对水的敬仰,所以将水作为判断是非的工具。水审适用于一般人,分为冷水审和沸水审。

冷水审一般是将被告人投入河中,看其是否沉没,以此检验其陈述的真伪和是否有罪。由于民族传统不同,水审的具体判定标准也不同。一是在水中沉没者有罪,浮出者无罪。例如,《汉谟拉比法典》第二条规定:“设若某人控他人行妖术,而又不能证实这事,则被控行妖术的人应走近河边,投入河中。如果河水为这人剖白,使之安然无恙,则控他行妖术的人应处死,而投河者取得揭发者的房屋。”二是在水中浮出者有罪,沉没者无罪。例如,古代日耳曼法规定:将嫌疑人的手脚捆绑在一起,成弓背屈肢状,然后投入深水中,如果浮于水面则表明其有罪;如果沉于水下则表明其无罪。

沸水审一般是让被告人用手从沸水中捞取某种物品,然后包扎好烫伤的手臂,并向神灵祈祷,经过一段时间后,再根据其烫伤的愈合情况来判定其陈述的真伪和是否有罪。如果伤势好转,裁判人员则认为神灵旨意该被告人诚实或无罪;反之,则认为是神灵对其的惩罚,认为该被告人撒谎或有罪。

2. 火审

火审，是指用火或者烧热的铁器检验被控告的人是否有罪的方法。这种折磨或考验通常是由牧师或神父等神职人员主持进行的宗教仪式。9 世纪欧洲法兰克人在《麦玛威法》中规定："凡犯盗窃罪，必须交付审判。如在审判中为火所灼伤，即认为不能经受火的考验，处以死刑；反之，如果不为火所灼伤，则可允许其主人代付罚金，免处死刑。"

3. 决斗

决斗，是指当事人双方使用武器对决，以其胜负来判定案件事实。决斗前，当事人双方须按照规定向神灵宣读誓词，如有一方宣誓时神情恍惚或读错誓词，则被认为是神灵显示旨意，不必进行决斗，裁判人员就可以根据神灵旨意确定他有罪。凡是在决斗中获胜的一方，就认为是神灵使他取得胜利，因此他是诚实的、无罪的。而失败的一方，就认为其是有罪的。如果被告人不敢决斗，就以败诉论处。决斗作为一种司法证明方法，在中世纪的欧洲流行甚广，在法国直到 1818 年才被国会废除。

三、神明裁判的评价

（一）神明裁判是以自然神论为基础，是非科学的司法证明制度

神明裁判是在原始社会末期产生的，与生产力发展水平低下的社会经济状态相适应。人们信奉一切规章制度，甚至他们自己都是依靠神灵而存在，人们所要维护的秩序规则被视为神定的秩序，违背神灵旨意必然会遭受惩罚。《摩奴法典》在第九章中明确指出有云神、太阳神、风神、水神、月神、火神、地神，这些神灵至高无上，充满智慧。在现代人看来，神明裁判的方法荒唐、滑稽，但是在古代人看来，这些方法却是神圣、可靠的，神灵旨意所显示的结果才具有真正的公正性和权威性。

（二）神明裁判有助于提高司法判决的权威性

司法判决需要社会成员的接受和认可，从一定意义上讲，权威性可以说是司法判决的生命。在人类社会的早期，由于司法者还没有办法用科学性与合理性确立其裁判的权威，而国家机构的权威也还不够强大，所以借助神灵的力量来加强司法判决的权威性显然是有效的途径。就当时的社会而言，权威性的判决或许比科学性或合理性的判决更为重要。当时人们对合理和正义等观念的理解都会屈从于对神的信仰和崇拜。由此看来，神明判决提高了司法判决的权威性，有助于维护社会秩序的稳定。

（三）神明裁判在某些情况下有助于查明案件的真实情况

虽然神明裁判是一种非理性的司法证明方法，但是它有时也能产生理性的效果。例如，当事人的有罪心理可能会影响其宣誓时的神态，有时甚至会使人在接受

神灵考验时心神不定或丧失意志。另外，有些神明裁判方法在今天看来也是有一定的科学道理，当时的裁判人员也未必已经知晓这种裁判方法的科学原理。例如，“面包奶酪法”要求被告人在一定时间内吃掉一块大约一盎司重的大麦面包和同样大小的干奶酪。如果他轻松吃下去，就可证明其无罪；如果他吞咽困难，甚至呕吐，则证明其有罪。人在恐惧、惊慌等心理压力的作用下会出现唾液分泌减少的生理现象，于是就会出现口干舌燥，很难吞咽下奶酪和面包，有罪者很容易出现这种情况。

第二节 法定证据制度

一、法定证据制度的概念

法定证据制度，是指法律事先规定出各种证据的证明力和评断标准，法官在审判中没有自由裁量权，必须严格遵守这些规则。

这种证据制度要求法官不必分析和判断该案中各种证据的真实程度和它们的证明力大小，机械地运用法律规定的各项规则认定案情，而无须考虑案件的实际情况。法定证据制度理论认为，每一种特定证据的证明力在一切案件中都是永恒不变的，因此可以用法律预先规定证据的证明力。在法定证据制度下，法律剥夺了法官对证据的审查和评价权，防止法官主观臆断。法官在审理案件过程中，他们唯一的职责就是按照法律预先规定的各种证据可靠性的百分比，机械地计算和评价该案的各种证据，并且据此认定案件事实。人们认为，法官只要严格按照法律的规定运用证据，就能够准确地查明案情和正确地裁断案件。

法定证据制度和理论盛行于中世纪后期的欧洲大陆国家，在16—18世纪最为发达，分为积极理论和消极理论。积极理论的影响力直接延续到18世纪末期，它要求在刑事案件中，只要符合法定的证据要件，裁判人员就必须做出有罪判决，不得宣告被告人无罪。消极理论则要求，当法定证据缺乏时，裁判人员不得对被告人进行定罪，定罪必须同时符合法律的规定和法官的认定这两项要求。由此可见，积极理论较为死板、僵化，不利于发现案件事实，而消极理论主要是以法官的主观意识为准，有利于发现案件真相。积极理论在法定证据制度产生初期很短的一段时期内适用，其余绝大部分时间各国采用的是消极理论。

二、法定证据制度的具体内容

法定证据制度由法律预先规定各种证据的证明力，主要内容体现在以下几个方面。

（一）被告人口供

被告人关于犯罪事实的供认被称为“证据之王”，它被认为是最完整的证据，不考虑被告人的供述是否符合案件的客观情况，不考虑是被告人自己主动供述还是被刑讯逼供。1853 年的《奥地利刑事诉讼法》和 1857 年的《俄罗斯帝国法规全书》对被告人的自白所必须具备的条件做了如下规定：必须是确定的、明晰的、表达透彻的，不是出于含糊不明的手势和符号；必须是在健全的理智下自动做出的陈述；必须在法庭上向法官当面做出明确陈述；陈述的内容和过去的行为完全相符；必须是独立的、详尽的陈述，不是只根据所提问题做出的肯定答复。只有符合以上条件，被告人自白才具有完全独立的证据价值。法定证据制度认为，只要有被告人的自白，无论是否存在其他证据，法官都可以直接定罪。反之，即使有其他完整的证据，缺少被告人的自白，裁判人员仍然不能将其定罪。为了获取被告人的自白，许多国家的法典都将刑讯逼供确定为合法的取证方式，同时为了配合刑讯逼供的需要，制作出了各种野蛮、残酷的刑具。但是，法定证据制度也设置了一系列规则对获取被告人的自白进行了限制，力求使案件的裁判结果接近于事实真相。许多国家的法律都对拷问进行了严格要求：一是必须是可处以死刑的重罪案件；二是确实发生了犯罪行为；三是有其他可靠的重要证据，达到半完全程度可以定罪。例如，根据法国 1670 年的敕令规定，如果刑事案件中的被告人应被处以极刑，但已获取的证据不足判决时，可以予以刑讯。一般情况的刑讯需要用 6 锅开水和一具小型刑架；在进行特别刑讯时也是用 6 锅开水，但是要用一具大型刑架。

（二）证人证言

根据当时的立法，对各种证据的证明力只是做出了形式主义的规定，分为完全证据和不完全证据。以证人证言为例，法定证据制度将证人分为完全证人和非完全证人。一个证人证言只能构成二分之一的证明，其本身永远不足以作为判决的依据，最好的完整证明是两个可靠的证人的证言内容是统一的，两者是认定被告人有罪或无罪的结论性证明。所谓可靠的证人指的就是完全证人，其所具备的基本条件是：两个证人之间没有任何利害关系；两个证人的陈述内容完全一致；两个证人所做的证明均是自己亲自感受到的事实；两个证人必须是善意的；两个证人在提供证词前必须宣誓。与案件有利害关系或个人信誉有瑕疵的证人证言只有四分之一的证明效力，在受到对方有效质疑的情况下，四分之一的证明效力再次减半变成八分之一，这样的证人被称为非完全证人。任何两个四分之一的证明或者四个八分之一的证明相加都可以构成半个证明，除此之外还有一个二分之一证明的证据包括通过刑讯逼供获得的被告人自白、商人的财务记录、专门为一方当事人的诚实性或其主张的事实所做的誓言等。有些欧洲大陆国家的法律还将不同等级的人提供的证言规定了不同的效力。例如，贵族证言的效力高于平民的证言；僧侣证言的效力高于世俗证人的证言；基督教徒证言的效力高于犹太人的证言；男子证言的效力高于女子的证言等。总之，只要裁判人员把起诉方提交的证据加在一起可以构成一个完整的证明，他就必须做出有罪判决；如果不能构成完整的证明，他就必须做出无罪判决。无论是有罪还是无罪，判决都不受具体案件中法官内心对证据确信程度的影响。

（三）书证

法律对于书证的证明效力也做出了具体规定：所提出的书面文书中，公文书的证明效力大于私文书的证明效力；诉讼当事人书写的证明效力大于与案件无关的人书写的证明效力；书证原本的证明效力大于副本的证明效力等。

法定证据规则不仅规定了各种证据的证明效力，而且还规定了运用证据进行定案的标准和某类特定案件如何运用证据定案的具体要件。按照法律规定，在办理刑事案件过程中的定案标准是：若收集到完整的证据，裁判人员必须认定被告人罪行属实；若收集到不完整证据，不足以证实被告人有罪，则可以对被告人进行刑讯。若经过刑讯仍然收集不到完整证据，法院可以做出“存疑判决”。按照法律规定，在运用证据认定某类特定案件时也要具备一定要件，例如《俄罗斯帝国法规全书》第三百一十二条规定，审判强奸案，必须具有下列法定证据才能定罪：①切实证明确实有强暴行为；②证人证明被强奸人曾呼喊旁人救助；③她的身上或被告人身上，或者两个人身上，显出血迹、青斑或衣服被撕破，能够证明有过推拉；④立刻或当日报告。

三、法定证据制度的评价

历史地看问题，作为司法证明的基本模式之一，法定证据制度既有优点，也有缺点。

（一）法定证据制度的优点

（1）法定证据制度有助于提高司法裁判的规范性。司法公正的基本要求之一是相同的案件应该在司法面前得到相同的处理。而要做到司法面前人人平等，司法人员在使用证据和审查证据的时候就要遵守统一的规则，不应该有太多的自由裁量权。

（2）法定证据制度有助于提高司法裁判的可预见性。为了让社会成员能够预见司法裁决的结果并据此设定或约束自己的行为，诉讼中的证据规则就应该是具体明确的，是人们知晓的，而且是人们可以事前预见到其结果的。

（3）法定证据制度有助于提高司法裁判的权威性。按照统一规范的证据规则认定案件事实并在此基础上做出判决，比较容易获得社会公众的接受和认可，从而可以提升判决的权威性。

(二)法定证据制度的缺点

(1)法定证据制度在运用证据问题上缺少灵活性,甚至违反客观规律。按照法定证据制度规则,裁判人员在运用证据证明案件事实的时候只需要机械地认定证据的价值,然后进行加减即可。这种做法把复杂的问题简单化了,甚至把司法变成了简单的"计算"。然而,案件是复杂多样的,证据也是复杂多样的。法官在不同案件中都按照量化的规则评断证据的价值,没有任何灵活性,这就很容易出现违背运用证据证明案件事实的客观规律,在个案中导致错误或者不恰当的判决。

(2)法定证据制度容易导致刑讯逼供的泛滥。在法定证据制度下,由于法律规定被告人口供是良好的二分之一的证明,而且法律对于司法人员获取口供的方法和途径没有限制,所以刑讯逼供自然就成为司法人员的常规取证手段。实际上,当时的法律是很直接地告知司法人员,如果其手中的证据已经构成了半个证明,那么就应该使用刑讯来获得口供,即另外半个证明。一些国家的法律甚至明确规定被告人供述是最有效的证据或者是"证据之王"。于是,刑讯逼供就在欧洲大陆盛行起来,并成为法定证据制度的一个基本特征。

第三节 自由心证制度

一、自由心证制度的概念

以法国为代表的自由心证制度又被称为"内心确信证据制度",就是法律不再预先规定证据的价值或证明力,法官和陪审员在审判中可以运用自己具有的"人类普遍认知能力"来自由评断具体案件中各种证据的证明力。它包含自由和心证两层含义,前者是指裁判者享有自由裁量权,对证据的真实性及证明力可自由判断,后者表明裁判者对判断要达到内心确信的程度。通过对证据的审查在思想上形成的信念,就是心证;心证达到无任何合理怀疑的程度,便是确信。裁判人员自由判断证据形成的内心确信的心理状态,就是其做出判决的依据。

18 世纪末至 19 世纪初,欧洲各国的资产阶级革命取得了胜利,封建制度被迅速发展的资本主义制度所替代。自由、平等、博爱的新思想、新观念冲击着旧制度,法律制度也势必受到较大影响。在法国大革命时期,崇尚自由权利和个人认识能力的人道主义者和理性主义者,对以刑讯逼供为特征的法定证据制度的抨击已达到最顶峰,资本主义时代的思想观念变化为自由心证证据制度提供了理论基础,最终导致了诉讼制度的改革。

最早提出在立法中废除法定证据制度并建立自由心证制度的是法国的杜波耳。1790 年 12 月,杜波耳向法国宪法会议提出改革草案,建议废除书面程序及其形式证据。他认为，当事实成为法院研究对象的时候，全部的注意力应当集中在判明真实上。问题的关键点是这个事实是否存在，解决此问题的手段有两种：一是预先规定出用来认识真实情况的证据模样，无论裁判人员是否确信，采用固定不变的判断标准，强制裁判人员必须以这种证据为依据做出裁判；二是由裁判人员根据展示其面前的一切资料，进行自由判断与取舍。杜波耳认为后者显然更为合理，更符合正确认定案件事实的客观规律。1791 年 1 月，法国宪法会议通过了杜波耳的法案。同年 9 月发布训令明确宣布：裁判人员必须以自己的自由心证作为裁判的唯一证据。1808 年制定的《法国刑事诉讼法典》率先较详细规定了自由心证制度，1865 年《意大利刑事诉讼法典》、1877 年《德国刑事诉讼法典》等都相继规定了自由心证证据制度。

二、自由心证制度的立法例

1808 年《法国刑事诉讼法典》较早对自由心证进行完整的表述，该法典第三百四十二条规定："法律对于陪审员通过何种方法而认定事实，并不计较；法律也不为陪审员规定任何规则，使他们判断已否备齐及是否充分；法律仅要求陪审员深思细查，并本诸良心，诚实推求已经提出的对于被告不利和有利的证据在他们的理智上产生了何种印象。法律未曾对陪审员说，'经若干名证人证明的事实即为真实的事实'；法律也未说'未经某种记录、某种证件、若干证人、若干凭证证明的事实，即不得视为已有充分证明'；法律仅对陪审员提出这样的问题：'你们已经形成内心的确信否？'此即陪审员职责之所在。"现行《德国刑事诉讼法》第三百五十三条对自由心证的文字表述做了简要规定："在重罪法庭休庭前，审判长应责令宣读下列训示，并将内容大字书写成布告，张贴在评议室最显眼处：法律并不考虑法官通过何种途径达成内心确信；法律并不要求他们必须追求充分和足够的证据；法律只要求他们心平气和、精神集中，凭自己的诚实和良心，依靠自己的理智，根据有罪证据和辩护理由，形成印象，做出判断。法律只向他们提出一个问题：你是否已形成内心确信？这是他们的全部职责所在。"

三、自由心证制度的评价

（一）自由心证制度的优点

自由心证制度符合司法规律，具有较大的灵活性，可以更好地在个案中实现司法公正。案件的具体情况是复杂的，证据的内容和形式是多样的，社会的环境状况也是不断发展变化的，因此，由法律事先把一切都明文规定下来的做法在理论上是荒谬的，在实践中也是不可行的。为了保证具体案件中运用证据的合理性和准确性，司法人员必须在运用证据认定案件事实的问题上享有自由裁量权，以便根据案件的具体情况去自由地审查、运用证据，而且司法人员普遍具备的良知和能力也完全可以胜任这项工作。

（二）自由心证制度的缺点

自由心证制度缺乏统一的认证标准，容易受到裁判人员个人因素的影响，从而造成司法认证实践中的混乱。由于自由心证制度在很大程度上依赖于法官个人的专业素质和道德修养，所以在一些情况下就会为法官的专断或恣意提供可乘之机。即使都是正直的法官，也会因为个人素质或兴趣不同而导致认证的结果存在差异。从另外一个角度来说，自由心证制度对法官个人的要求很高，而且要求在社会中有制约法官行为的有效机制，以防范法官判断证据的随意性，因此推广起来比较困难。

对自由心证进行必要的监督和限制，是近现代各国立法的重要内容。一般来讲，除了赋予当事人充分的质证权利外，法律多采用事后监督和限制的模式防止法官的主观擅断，即要求法官详细论证自己对证据采信和不采信的理由，并尽量在判决书中说明，公布自己的心证和心证形成过程，以便民众检验其心证是否符合理性认识。

第四节　我国证据制度的历史沿革

一、我国古代证据制度

与其他国家相似，我国证据制度也经历了相似的历史阶段，但也有自己的特色制度。

（一）神判方法

中国的神权法思想形成于夏代，殷商有所发展，达到鼎盛，而西周时逐渐走向动摇和消亡。中国古代人对天地神明充满了敬畏，《礼记·表记》记载："齐戒以事鬼神，择日月以见君，恐民之不敬也。"在当时的司法审判中，我国主要是利用"神兽断狱"的方法，这个神兽就是"廌"。《说文解字》记载："廌，解廌兽也。似山羊一角；古者决狱，令触不直。"传说中，舜帝时期，每当遇到疑难刑事案件时，司法官员便会牵出廌来协助断案，若廌用独角抵触被告，就证明被告有罪；若不抵触，则证明被告无罪。到舜帝中后期，皋陶负责司法，"神兽断狱"的方法经常会出现错案，被皋陶所废弃。到了殷商时期，占卜盛行，表面上是依循神的意志来认定案件事实和采用措施，但是由于商朝专设史官进行占卜，甚至商王常常亲自参与占卜，实际上是根据他们自己的意志来做出决断，由他们来掌握占卜的解释权。西周时期

“有狱讼者，则使之盟诅”，即当事人在案件审理前、案件审理时以及判决时都要以人身作为担保进行盟誓。虽然可以利用人们敬畏神灵的心理来促使他们如实陈述，但是案件的最终认定和处理并不是仅仅依靠这种宣誓。因此就其本质来说，这些所谓的神判方法并不是依据所谓的神的意志来认定事实，它们对于事实裁判者也不具有实质的拘束力。

（二）以“五辞”听狱讼

在我国奴隶社会，审查证据主要是以“五辞”的方式进行。《周礼·秋官·小司寇》记载：“一曰辞听，二曰色听，三曰气听，四曰耳听，五曰目听。”即司法官吏在审理案件时，要注意受审人讲话时内容是否合理，神情是否从容，气息是否平和，精神是否恍惚，眼睛是否有神，从而断定其陈述是否真实。这要求官吏在审理案件时，必须是诉讼双方当事人同时在场，以察听“五辞”的方法听取双方的陈述并加以审查判断，并以此作为裁判的基础。

“以‘五辞’听狱讼”是长期司法实践中积累的经验的总结，具有一定的科学性。同时，这也反映了古代司法官吏拥有一定的自由裁判权，与早期的自由心证制度有异曲同工之妙，体现了当时对当事人陈述的重视。“以‘五辞’听狱讼”对官吏在审理案件时提出了更高的要求，要求其必须具有敏锐的观察能力和较强的分辨能力。但是过于强调审判官利用察言观色的方法对证据进行判断，缺乏对法官的实质性制约，容易造成审判官的主观擅断、先入为主、滥用权力等问题。《唐律疏议》注释记载“依狱官令，察狱之官，先备五听，又验诸政”，即法律规定除了必须审查供词的内容，还要参照其他根据进行比较和检验。

（三）疑罪从轻

对于疑罪的处理方式，夏朝时期主张“与其杀无辜，宁失不经”，即对于难以查明是非的案件，宁可不按照常规处理，也不要错杀无辜的人。商朝对待疑难案件时主张“疑狱，泛与众共之，众疑赦之，必察大小之比以成之”，即疑案应首先广泛征求意见，如果大家对案件仍有疑问，应赦免，但还必须与同类案件相比较后做出判决。周朝的《尚书·吕刑》明确规定“五刑之疑有赦，五罚之疑有赦，其审克之”，即如果是属于应处五刑的疑案，要从轻处以罚金；属于应处罚金的疑案，则要免于处罚。不仅如此，《尚书·吕刑》还规定“墨辟疑赦，其罚百锾，阅实其罪；劓辟疑赦，其罚惟倍，阅实其罪；剕辟疑赦，其罚倍差，阅实其罪；宫辟疑赦，其罚六百锾，阅实其罪；大辟疑赦，其罚千锾，阅实其罪”，即对于这种疑案，被告人应以铜钱赎罪。

（四）口供至上，刑讯逼供盛行

在封建证据制度中，“罪从供定，犯供最关紧要”，被告人的口供是最好的定罪证据。除了法定的少数案件可以“据状科断”“据众证定罪”外，一般情况下，“断罪必取输服供词”。可见被告人在受审时亲口供述的犯罪事实较为真实可信。正是由于口供至上，“无供不录案”“无供不定罪”，为了获取口供，刑讯也就不可避免。

周朝时，刑讯已经在司法实践中出现，《礼记·月令》中记载：“仲春之月……令有司省囹圄，去桎梏、毋肆掠、止狱讼。”肆掠指的是刑讯，从中可知当时只有在仲春之月时才禁止刑讯，而其他时节是允许的。到秦朝时，已经从法律上确立了刑讯制度，《封诊式·治狱》中记载“治狱，能以书从迹其言，毋笞掠而得人情为上，笞掠为下，有恐为败”，即审理案件的时候，应当先根据口供做记录，然后进行追查；不用拷打而察得犯罪的真实情况，是上策；施行拷打，是下策。但是，在审讯中，“诘之极而数訑，更言不服，其律当笞掠者，乃笞掠。笞掠之必说书曰：爰书：以某数更言，无解辞，笞讯某”，即受审人受诘问至辞穷，多次欺骗，还改变口供，拒不服罪的，可以进行刑讯，只需要在审讯笔录上写明是在何种情况下拷打的。

至唐宋时期，刑讯制度达到了空前完备的程度。《唐律疏议·断狱律》对于刑讯的条件、方法、适用对象和违律刑讯者的责任方面都做了重要的规定：“必先以情，审查辞理，反复参验；犹未能决，事须讯问者，立案同判，然后拷讯。”刑讯时必须用常行杖，“拷囚”不得过三次，总数不超二百，中间不得换人行刑，若拷讯数满仍不招供者必须取保释放，而且应当反拷告状之人，以查明是否有诬告等情形。对于享有“议”“请”“减”等贵族身份的人、老幼废疾的人以及孕妇、产后未满百日的人禁止使用刑讯。

历代律例对刑讯都进行了一定的限制，但实践中的滥用仍然存在。

（五）勘验制度较为发达

我国历代都比较重视利用科学技术发掘证据和案件事实，勘验就是突出的表现。秦代勘验水平已达较高层次，秦简《睡虎地秦墓竹简》中的《封诊式》就有贼死（杀人）、经死（吊死）和穴窃（掘洞偷窃）三个文书案例的案件情况和勘验详情的记录。当地的官府在接到辖地内报案后，必须立即派有关人员进行现场勘验，收集物证，包括场地的勘察、尸体伤迹的检验等。此外，还要询问被害人及其亲属以及邻近知情人，并由勘验的官吏按照司法文书形式写出勘查、检验记录。

到了宋朝，我国的勘验制度已较为完善，发展达到了高峰。宋朝专门设置了检验官，制定了《宋刑统·诈伪律》作为勘验法规。另外，还颁布了《检验格目》《检验正背人形图》等，详细规定了检验规格、部位、初检、复检等内容。除此之外，湖南提点刑狱官宋慈还编著了世界上第一部系统的法医学著作《洗冤集录》，分门别类地对法医检验中的一些主要死伤特征进行不同程度的描述与辨析，对当时的司法勘验具有重要的指导作用。

（六）证人证言较为发达

证人证言在封建制度中处于重要地位，是司法官吏依法定案的重要根据。《唐律·断狱》规定：“诸应议、请、减，若年七十以上，十五以下及废疾者，并不合拷讯，皆据众证定罪，违者以故失论。若证不足，告者不反坐。”所谓“据众证定罪”是指要有“三人以上明证其事，始告定罪”。有关证据条件，《唐律》规定“依狱官令，察狱之官，先备五听，又验诸证信，事状疑似，犹不首实者，然后拷”，就是将被告人陈述与证人证言等证据相互核对、查实。为了防止随意控告，《唐律》还明确规定，“诸告人罪，皆须明注年月，指陈实事，不得称疑”。有关证人资格，《唐律·断狱》规定“其于律得相容隐，即年八十以上，十岁以下及笃疾，皆不得令其为证，违者减罪人罪三等”，这是关于不得强迫亲属作证的规定。有关证人责任，《唐律·诈伪》规定“诸证不言情，及译人诈伪，致罪有出入者，证人减二等，译人与同罪。谓夷人有罪，译传其对者”，这是对故意不如实作证的证人规定了相应的刑事责任。

二、我国近现代证据制度

1840 年，鸦片战争爆发，我国逐渐沦为半封建、半殖民地社会。中国封建社会的传统法律制度以及相应的稳定状态受到破坏，西方国家的政治思潮和法律制度开始影响中国社会的发展。中国证据制度的发展也受到相同的影响。

1906 年，我国第一部近代意义上的诉讼法草案《大清刑事民事诉讼法》拟定颁布，在该法律草案中首次引进了近代的陪审制度和律师制度，但未及颁行即遭夭折。其后，修订法律馆、法部等机构相继又制定了《大理院审判编制法》《法院编制法》等诉讼法规或草案。1910 年，终于完成了《大清刑事诉讼法草案》和《大清民事诉讼法草案》，但是，伴随着清朝政权的衰亡，这些中国近代史上“法制现代化”的改革并没有取得实际成效。

中华民国时期，南京临时政府颁布实行了中华民国临时政府组织大纲、临时约法等宪法性文件和一系列保障民权、实行改革的法令，明令禁止刑讯。自此，世代沿袭的刑讯制度终于遭到法律的否定。1921 年，中华民国北洋政府颁布了《刑事诉讼条例》和《民事诉讼条例》，这两部法律是在《大清刑事诉讼法草案》和《大清民事诉讼法草案》的基础上制定而成的，规定了大批有关证据制度的内容，是中国第一部正式颁布实施的刑事诉讼法典和民事诉讼法典。

从清末修律到南京国民政府垮台为止，伴随着以上的立法历程，西方现代的证据制度在我国逐步确立。例如，当时的刑事诉讼法和民事诉讼法都吸取了西方国家证据法律中的一些先进经验，确立了无罪推定、自由心证、言辞辩论、禁止刑讯逼供等原则，而且对证据的种类和证明责任等问题做出了比较明确的规定。但是受制于传统文化因素的影响以及当时具体的历史条件，这些证据制度在很大程度上并没有得到真正的贯彻与实施。

1950 年，新中国《人民法庭组织通则》颁布，该通则规定，法庭“受理案件后，应认真地进行调查证据，研究案情，严禁刑讯”。1954 年，我国第一部社会主义宪法诞生，它为证据制度的建设提供了根本大法的依据。随后又颁布了《中华人民共和国人民法院组织法》《中华人民共和国人民检察院组织法》，标志着证据制度的发展和健全进入了新阶段。1955 年，中共中央为了指导肃清暗藏反革命分子的工作,对于有关证据问题也做了具体指示:“不漏掉一个反革命分子和不冤枉一个好人,分别是否轻重,根本的办法是依靠证据。证据就是人证和物证。”“口供只有经过仔细查对确实之后才能相信。……用逼供、诱供等错误办法取得的口供,是一文不值,完全不足凭信的。”1956年最高人民法院制定的《各级人民法院刑、民事案件审判程序总结》中系统地总结了调查取证的原则、方法和程序。这些要求对于健全我国的证据制度具有深远的意义。

20世纪50年代后期到“文化大革命”结束,我国的证据制度建设受到持续的政治运动和社会动乱的影响,基本处于瘫痪状态。

党的十一届三中全会以后,我国的证据制度又逐步得到恢复、发展和完善。但是由于历史传统和法律文化的影响,我国现阶段还没有统一的证据法典。证据规则的内容散见与《刑法》《民法通则》《物权法》《侵权责任法》《刑事诉讼法》《民事诉讼法》《行政诉讼法》《治安管理处罚法》《关于司法鉴定管理问题的决定》等法律法规,以及最高人民法院、最高人民检察院颁布的有关证据的司法解释中。近年来,我国最高人民法院等部门相继出台了《关于民事诉讼证据的若干规定》《关于行政诉讼证据若干问题的决定》《关于办理死刑案件审查判断证据若干问题的规定》《关于办理刑事案件排除非法证据若干问题的规定》四部重要的司法解释。

伴随着《刑事诉讼法》(2012年)、《民事诉讼法》(2012年)以及《行政诉讼法》(2014年)的修订,我国三大诉讼法的证据形式、证明责任、证明标准,以及举证时限、鉴定制度、鉴定人出庭、专家辅助人制度等方面都做了较大幅度的修改和完善。这是我国证据立法方面的最新重大进展,在一定程度上改变了我国证据制度不能满足司法实践需要的问题。

本章小结

神明裁判就是借助神灵力量裁断案情的制度,包括神誓法和神判法,分别是指通过诉讼当事人对神灵发誓来证明案件事实和通过让当事人接受某种肉体折磨或者考验来证明案件事实。神明裁判是以自然神论为基础,虽然在某些情况下确实能够查明案件的真实情况,有助于提高司法判决的权威性,但其根本上是非科学的司法证明制度。法定证据制度只要求法官机械地运用法律规定的各项规则认定案情,而无须考虑案件的真实情况。法定证据制度的内容突出体现为法律预先规定各种证据的证明力,主要体现为被告人口供、证人证言、书证等证据证明力的预设。法定证据制度有助于提高司法裁判的规范性,有助于提高司法裁判的可预见性,有助于提高司法裁判的权威性,但是在运用证据问题上缺少灵活性,容易导致刑讯逼供的泛滥。自由心证制度,是指法律对证据的证明力不做预先规定而由法官在审理案件中加以自由判断的证据制度。它具有较大的灵活性,可以更好地在个案中实现司法公正,容易受到裁判人员个人因素的影响。制约自由心证的主要措施就是要求“心证公开”。

相关知识链接

1. 何家弘:《司法证明方式和证据规则的历史沿革——对西方证据法的再认识》,《环球法律评论》,1999 年第 4 期。

2. 何家弘:《外国证据法》,法律出版社,2003 年版。

思考与分析

1. 神明裁判的方法主要有哪些?
2. 法定证据制度的基本规则有哪些?
3. 试论大陆法系自由心证制度的产生和演进过程。
4. 简要说明中国古代证据制度的总体特征。

第三章

证据制度的基础理论和常见规则

知识结构图

- 证据法学的认识论基础
  - 辩证唯物主义认识论
  - 认识的主体性以及主体与客体的辩证关系理论
  - 人类认识的有限性与无限性的辩证关系理论
- 证据法学的价值论基础
  - 公正价值
  - 秩序价值
  - 效益价值
  - 自由价值
- 相关性规则
  - 相关性规则的含义
  - 我国相关性规则的情况
- 传闻证据规则
  - 传闻证据规则的概念
  - 传闻证据规则的价值
  - 传闻证据规则的例外
- 非法证据排除规则
  - 非法证据排除规则的含义
  - 非法证据排除规则的作用
  - 我国非法证据排除规则的情况

其他证据规则
- 最佳证据规则
- 意见证据规则
- 自白任意性规则
- 补强证据规则

本章导读

认识论和价值论是证据法学重要的理论基础。将认识论和价值论同时作为证据法学的理论基础，才能真正建立科学、合理的证据法学。本章从认识论和价值论角度，介绍了有关学说，对证据法学的理论基础进行系统阐述。

证据规则以当代英美法系最为发达，也是当代英美法系法律制度的显著特征。陪审团审判制度对证据规则的形成发挥着关键性作用，很多证据规则的形成均深受陪审团审判制度之影响。从内容上看，主要的证据规则包括相关性规则、传闻证据排除规则、非法证据排除规则、最佳证据规则、意见证据规则、自白任意性规则、补强规则等。各种规则都有一定的例外情形。我国现行法开始关注证据规则，并以不同形式规定和体现证据规则精神。

司考重点

基本要求：

了解：证据规则的发展过程。

理解：证据法学认识论基础，证据法学价值论基础，证据规则的概念与意义。

熟悉辩证唯物主义认识论，认识的主体性以及主体与客体的辩证关系理论，并能够运用分析证据法的公正、秩序、效益、自由价值。

考试内容：认识的主体性以及主体与客体的辩证关系，证据法公正、秩序、效益、自由价值。证据规则的含义，我国现行法中有关证据规则的内容。

导入案例

高某诉张某合同纠纷案，终审高某败诉。高某向检察院反映，其在一审中提交了偷录双方谈判过程的录音带，其中有张某承认货物存在严重质量问题的陈述，足以推翻原判，但法院从未组织质证。对此，检察院提起抗诉。（司法考试2013年真题）

问题：

高某提交的录音带是否符合我国《民事诉讼法》对证据形式（种类）的要求？

偷录谈话，是否为非法收集证据的手段？
如何判断和认定非法证据？
法院应如何对待作为证据的“当事人陈述”？

第一节 证据制度的认识论基础

证据法理论来源于司法实践，又是在此基础上的抽象概括。证据法理论具有多面性，而认识论居于更为关键的基础地位。

一、辩证唯物主义认识论

辩证唯物主义认识论，即马克思主义认识论，在坚持反映论原理的基础上，把实践观点提到第一的地位，使反映论原理和实践观点、唯物主义和辩证法结合起来，克服了旧唯物主义认识论和唯心主义认识论的缺陷，科学地揭示了认识发生和发展的一般规律，使认识的能动性建立在科学基础之上。辩证唯物主义认识论在坚持反映论原理的基础上，把实践观点提到第一的地位，使反映原理和实践观点、唯物主义和辩证法结合起来，科学地揭示了认识发生和发展的一般规律，使认识的能动性建立在科学基础之上。辩证唯物主义认识论还把认识看作是一个基于实践的由浅入深、由现象到本质的不断深化的过程，强调人的认识来自变革世界的实践。认为实践是认识的来源，实践检验着认识的正确与否，并推动着认识的发展，实践也是认识的根本目的。认为一个正确的认识，往往需要经由物质到精神、精神到物质，即由实践到认识，又由认识到实践这样多次反复才能完成。①

（一）认识的主体性

主体是指实践活动和认识活动的承担者，是有头脑、能思维，从事社会实践活动和认识活动的个人或社会集团。认识的主体性，是指人的认识所含有的作为主体的人的自主性、能动性和创造性。认识必须反映客体，即主体在观念上再现客体的属性和特性。但同时，认识又是主体从自身的地位、需要和要求出发所形成的对客体的认识，因此也必然体现出认识的选择性、建构性、超前性、创造性、预见性等主体性特点。基于这些主体性特点，在反映客观事物的基础上，主体实践和实现改造客观事物。从根本意义上讲，由于主体作为物质的存在，其实际的需要、要求是客观的，是由物质世界产生的，因此认识的主体性与认识的客观性不是相互对立的。不过，主体的需要以意识的形式表现出来，如果这些意识不是以正确的形式反

① 参见《哲学大辞典》，上海辞书出版社 1992 年版，第 1404 页。

映主体客观的需要,认识的主体性就会转化为认识的主观性,妨碍人正确地反映对象。当然,由于认识要受实践的检验,实践会通过甄别正确与错误的认识而区分出哪些是认识所应当具有的主体性,哪些则是虚幻的主体性即主观随意性。因此,实践作为能动地改造世界的活动,它既要求认识在正确反映世界的同时体现人所特有的主体性,同时又能在将认识付诸实践的过程中检验认识的客观性与主体性,从而使认识的主体性不偏离客观性的轨道。①

(二)主体与客体的辩证关系

客体是指主体实践活动和认识活动的对象,即同认识主体相对立的客观世界。自17世纪以来,人们在认识主体和客体及相互关系时,更多的是在认识论意义上使用,其也成为哲学认识论研究的中心问题。②

主体和客体的相互关联,即通过人类实践活动表现出的相互关联、相互作用和在一定意义上相互转化的关系。主体和客体的相互关联性是指,这二者作为实践以及其他活动结构的两极,是不可分割地相互联系、相互依赖、相互规定的。一方面,主体作为社会的现实的存在物以自身的本质力量选择和设定客体,对客体进行认识和改造;另一方面,客体以自身的物质属性制约和限定主体的活动,并为主体的活动提供客观对象。在认识活动中,一方面客体对主体的意识、观念产生影响,被主体所反映;另一方面主体在认识、反映客体的同时,也就在改造着、改变着客体。这不仅表现为主体总是把客体的信息改变为主体所特有的思维形式和内容,而且表现为主体在处理信息的过程中产生改造客体的目的、计划、办法等实践的观念。主客体之间的物质关系和精神关系的相互连接、相互影响、相互包含,构成了主客体之间复杂的关系结构和动态过程。在这一过程中,主体通过对象性的活动把自己的能力、能量凝聚在客体当中,使之转化为静止的物的存在形式,这是主体向客体的渗透和转化进而实现主体客体化;同时,主体在活动中也吸收和消化一部分客体,使客体在一定范围、程度上向主体渗透和转化进而实现客体主体化。③

(三)主体的能动性

主体的能动性又叫"人的能动性",是指社会实践中的主体——人,在认识世界和改造世界方面表现出的能动性。辩证唯物主义认为,历史地实践着的社会的

---

① 参见李淮春主编:《马克思主义哲学全书》,中国人民大学出版社1996年版,第542—543页。

② 英国霍布斯、笛卡尔,德国的康德、黑格尔、费希特、费尔巴哈等是其中的典型代表。参见《哲学大辞典》,上海辞书出版社1992年版,第417—418页。另见,《马克思主义哲学大辞典》,上海辞书出版社2003年版,第183—184页。

③ 参见李淮春主编:《马克思主义哲学全书》,中国人民大学出版社1996年版,第857—858页。

人是认识和实践的现实主体，这些主体可以是个别主体（单个个人），也可以是某个集团（集团主体）、阶级甚至是整个社会主体（人类）。这种主体能动性将物质生产活动的社会实践作为意识、认识、思维能动性的基础，作为人和自然统一的基础，根本区别于唯心主义的“自我”或“自我意识”的抽象的认识能动性或意识能动性。主体能动性包括认识（意识）的能动性和实践的能动性两个方面，其中最根本的是实践的能动性①。认识（意识）的能动性表现为意识的创造性、超前性，实践的能动性则意味着人对于客观世界的现实的改造。意识的能动性与实践的能动性互为前提，也互相制约，意识的能动性以实践的能动性为基础，并通过现实的、能动的活动得到实现，而实践的能动性也以能动的意识为指导。

二、人类认识的有限性与无限性

随着社会的不断进步以及生产和科学的不断发展，人类认识和改造世界的能力越来越强。

（一）人类认识具有有限性

在一定历史阶段和特定社会条件下，人类的认识是有限的。

首先，人类认识受到认识对象客观性的制约。人类认识具有客观内容，受到认识对象客观性的制约，不是纯粹的主观因素，因此必然表现出有限性。

其次，人类认识受到客观规律的制约。人类的规律性认识是加入了人的意志和力量，通过主观反映客观对象的过程，也是人类社会自身发展的历史运动过程，当然也受到客观规律以及人的主观因素所造就的客观过程的制约。

再次，属于主观范畴的人类认识自身是有限的。社会生活中的人的能力受到主客观条件的制约，不可能是“万能”或“全才”，因而是有限的。同理，一个国家、社会也不能超越其所处时代的社会发展的水平，也必然表现为有限性。

最后，认识和客观事物之间并不总是一致的。认识和行动以及理论和实践之间具有一致性的一面，但是认识了的事物和事物本身并不是等同的，认识了事物未必就能立即实现，将认识转变为现实仍然需要一个过程。

（二）人类认识具有无限性

由于本质在一定条件和范围内往往在一定程度上被遮蔽，因此，人类为了认识事物的本质必然呈现出永恒发展的过程，即表现出无限性。同时，从整个人类社会的历史发展长河来看，人的认识是无所不能的。

从“横”的方面看，在某个时代某个国家的一定历史阶段，人类作为认识和改

---

① 《马克思主义哲学大辞典》，上海辞书出版社 2003 年版，第 205 页。另见《哲学大辞典》，上海辞书出版社 1992 年版，第 418 页。

造世界的主体，构成了相对于客观世界的认识主体，它汇集了集体的力量，由于这种集体力量的"力大无穷"，相对于个体而言，其力量是无限的。

从"纵"的方面看，人类的不同时代像传递"接力赛"一样，将认识和改造世界而积累的智慧一代接着一代地传下去，只要是人类存在，这种世世代代积累起来的智慧就会发展下去。依此推理，由于这种智慧积累随着人类社会的不断发展，什么样的难关迟早都会被攻破。因此，从历史发展的角度看，人的认识也是无限的。

（三）认识的有限性与无限性的辩证统一

辩证唯物主义认识论坚持物质决定精神、存在决定意识。同时还承认精神对物质、意识对存在具有能动的反作用，进而承认人类发挥能动作用的无限性和有限性，认为认识是有限与无限的统一。人类社会不断进步与发展的历史，也有力地证明了思维和实践以及对客观世界的认识和改造是无穷尽的，永远不会"到顶""终极"和"饱和"。随着知和行、理论和实践的发展，主观能动性的威力也越来越大。人的能动性认识是从低级向高级、从不自觉到自觉、从能动性很小到能动性很大的不断发展过程，被人类认识和改变的客观事物越多，人类的知识就越丰富，人的能动作用向前发展也就越迅速。应避免犯主观唯心主义错误，认为人类的认识是"万能"的和"决定"一切的，把主体能动性的作用无限制地夸大进而看成是不受任何客观条件的限制的。同时还要警惕机械唯物论只承认主体能动性的有限性而否认无限性的错误，贬低甚至否定主体能动作用对存在的能动作用。

第二节　证据法的价值论基础

哲学意义上的"价值"是一个表征关系的范畴，即表明"主体"与"客体"的关系，即人与外界物（即自然、社会）的实践—认识关系。哲学意义上的"价值"还是一个表征意义的范畴，即表明事物具有满足主体需要的功能和属性。从主体与客体的关系看，"价值"就是客体对主体具有积极意义，客体能够满足主体的需要。证据法学具有多元价值，本书主要介绍证据法的正义、秩序、自由、效益价值。

一、证据法的公正价值

"公正"又称"正义"，最早出现于西方古拉丁语 justitia，是由"jus"一词派生出来的。它不但具有公平、公正、公道、合理、公理、正义等含义，而且还具有法律制裁、司法、审判等含义。公正"作为一种法价值对其他法价值具有优先性""被人们视为是人类社会一种最基本的美德和价值理想”①。“公正是法治的生命线。司法公正对社会公正具有重要引领作用,司法不公对社会公正具有致命破坏作用。”

在诉讼法中,最常见的是依据内容将正义分为实质正义与形式正义(实体正义与程序正义)。实质正义是指从内容上追求一种结果公正的正义。形式正义是指不考虑结果、只追求过程公平的正义。实质正义和形式正义的划分,在司法领域更多人称其为实体正义和程序正义。证据法规定了证明主体在证据上的权利和义务,为其收集、提供证据以及在诉讼中的质证提供了有效的法律保障,有利于保障有关当事人的诉讼主体地位,实现当事人的诉讼权利和实体权利。同时,证据法中的证据规则又是对法官权力的一种约束,对于限制法官的自由裁量权,防止其在证据认定上的恣意行为和权力滥用,起到了一定的制约作用。基于这双重的功能,证据法对于司法公正的实现发挥着重要的作用。本书中采用诉讼理论和实践中的通常做法,在程序公正和实体公正两种意义上阐释证据法学的价值。

(一)程序公正价值

程序公正最早产生于英国的“自然正义”观念。迈克尔·贝勒斯认为,程序正义应确定如下诸原则。①和平原则:程序应是和平的。②自愿原则:人们应能自愿地将他们的争端交由法院解决。③参与原则:当事人应能富有影响地参与法院解决争端的活动。④公平原则:程序应当公平——平等地对待当事人。⑤可理解原则:程序应能为当事人理解。⑥及时原则:程序应能提供及时的判决。⑦止争原则:法院应能做出解决争端的最终决定②。该解释对理解程序正义具有指导意义,被很多学者所认同。

作为一种价值观念或理念,程序公正是评价和判断程序自身是否具有正当性的标准和尺度。程序公正和证据法学具有统一性,其中的突出表现之一就是证据法学的程序公正价值。大致可以从两个方面来认识该价值。

第一,诉讼证明是在程序法制约下进行的活动。如裁判者在审查判断证据时要保持适当的消极性和被动性,遵循不告不理的原则,裁判者对原被告双方之间争端的解决一般主要限制在法庭上,限于对双方提交的证据材料、意见进行庭审和裁判;必须以开庭方式审查证明,通过直接、言辞集中辩论的方式解决争端;受严格时间限制;判决具有一定的终结性和权威性,新的诉讼的启动必须受到极为严格的法律限制等。

第二,诉讼证明活动蕴含着程序公正价值的实现和选择过程。在诉讼过程中,要求裁判者必须符合“不得与证明结果有利害关系等”等更严格的条件,论证活动

---

① 参见吕世伦、文正邦主编:《法哲学论》,中国人民大学出版社1999年版,第463、466页。

② 迈克尔·贝勒斯:《法律的原则——一个规范的分析》,中国大百科全书出版社1996年版,第34—37页。

过程也应当符合正义的要求，即应当在利益可能受到影响的当事人共同参与下实现诉讼认识，保证一方当事人提出的主张和论据能够接受对方当事人的检验和反驳。由此不难看出，诉讼认识是在证明活动展开的多主体间的认识，而不再是单纯的主客体认识，在该认识过程中，包括证立和证伪的交叉和重叠①。在此背景下，证据法学的发展显得尤为必要和迫切。

(二)实体公正价值

实体公正是指立法在确定人们实体权利义务时所要遵循的价值标准。实体公正既包括立法者公正分配人们的实体权利和义务，还包括司法者在诉讼中通过发挥能动作用而达到公正的裁判结果。诉讼法上的实体公正更多的是指实体个别公正，即裁判结果对于实体一般公正的追求。实体个别公正必须建立在现有证据基础之上，法官经由诉讼做出裁判而达成的，因而表现为裁判的"结果公正"②。再现案件真实是实体公正的首要标准，认定案件事实是诉讼过程的首要实体公正价值。

证据法学的发展有利于有效认定案件事实，这主要表现在三个方面。

第一，证据法为人们认定案件的事实提供了条件和保障。认定案件事实的过程是不断提供证据和举证的过程，审查和判断证据是其中必不可少的关键环节。在诉讼过程中，经过质证，哪些证据材料符合证据的条件，可以用作认定案件事实的根据；哪些证据材料不符合证据的条件，不能用作认定案件事实的根据，各种证据证明力的大小强弱，哪些案件事实证据充分已得到证明，哪些案件事实证据不足尚不能认定等，对案件事实具有不同程度的决定作用。在这些过程中，鉴别证据的真伪，去伪存真，才能运用这些证据查明案情真相。不难看出，在该过程中，证据法学的发展和诉讼证明规律的发现为案件事实认定提供了条件和保障。

第二，证据法的发达能够促进案件事实认定能力的增强。证据法学作为一门学科，具有自身的发生发展规律。随着该学科的发展完善，人们对证据的认识水平会越来越高，审查判断证据的能力也会不断增强。

第三，证据法学的发展有利于在案件事实认定过程中更好地做出价值取舍。随着证据法学的发展，人们发现，基于时间的不可逆性和人类认识能力的局限性，案件事实是历史事实，具有无法完全恢复其本来状态的本质属性，况且恢复案件的本来状态并非实体法和诉讼法的一贯追求，在诉讼上也缺乏实用意义和可操作性，因此，案件事实认定过程实质上也是对法律事实的确认过程。基于这种认识，在办理案件过程中，必然面临实体公正实现过程中的价值取舍和判断，这就要求不能盲目地追求客观真实，而是要在价值论基础上衡量和实现个案实体公正。

---

① 吴宏耀、魏晓娜:《诉讼证明原理》，法律出版社2002年版，第34页。

② 参见樊崇义主编:《诉讼原理》，法律出版社2004年版，第177页。

二、证据法的秩序价值

社会秩序是人类社会的特有现象，也是人类社会生存与发展的基本条件，一般是指存在于人类社会的人与人之间社会关系的制度化和规范化。社会秩序是人们在征服和改造自然的社会交往过程中，通过不断往复的社会行为逐渐形成和发展的相对固定的社会关系。其一般外在地表现为人们在共同的社会性生产和生活过程中行为的有规则的重复性和再现性。法律秩序是社会秩序中的一种，"是从法律的立场进行观察、从其组织成分的法律职能进行考虑的、存在于特殊社会中的人、机构、关系原则和规则的总体"①。

证据法学具有维持秩序和重塑秩序的价值。人类生存和发展的需要是建立和维持一定秩序的最深层的社会和心理根源。秩序的实现需要控制，人类社会对秩序的需求，促使人们自发地创设相应的社会解纷机制以化解和消除衍生自社会生活中的各种冲突与纠纷。国家设立诉讼制度最直接目的就在于通过对民事纠纷的解决以及对犯罪的惩罚和打击，修复遭到违法犯罪行为破坏的社会关系，恢复社会结构性平衡和心理性平衡。可见，秩序正是诉讼制度赖以产生和存在的价值基础，我们将实质真实的发现视为诉讼之最终目标的主要原因就在于秩序在法律价值体系中具有重要的地位。查明真相是民事诉讼活动的前提和基础，只有查明真相才有利于纠纷的解决。证据制度以及各种证据规则的创立最初肯定都是为了发现实质真实，例如，传闻证据排除规则，因为"传闻证据"本身的真实性不可靠，为此必须通过证据规则的创设从制度上予以排除。设立非法证据排除规则，就是经验常识告诉我们，通过刑讯逼供等非法手段获取的证据，其真实性往往是不值得信赖的。

三、证据法学的效益价值

效益，在一定意义上也称为"效率"。它作为经济学上的概念，表达的是投入与产出、成本与收益的关系，就是以最少的资源消耗取得最大的效果。20 世纪 60 年代开始在美国形成的经济分析法学，以产权经济学为先导，将经济学与法学相结合，用经济学的分析方法、特别是微观经济学的方法分析法律问题，把经济学的效益观念引入了法学领域，认为效益是法律的基本价值，法的宗旨是效益，即以价值得以极大化的方式分配和使用资源，所有的法律活动和全部法律制度，说到底都是以有效地利用自然资源、最大限度地增加社会财富为目的。将效益引入法律领域，

---

① 《牛津法律大辞典》，光明日报出版社 1988 年版，第 539 页。

并将其作为法律的基本价值之一获得广泛共识。

效益价值是司法的普遍价值追求。正如其他社会现象或行为过程那样，司法过程也涉及诉讼成本和诉讼效益问题。一般认为，诉讼成本是指社会主体参与诉讼所耗费的人力、物力、财力。诉讼效益是指社会主体在诉讼过程中或依据诉讼结果所获得的经济利益，包括减少负效益和避免负效益的不当增大。诉讼效益不同于诉讼效率概念，诉讼效率只反映了诉讼效益内涵的一方面，即时间方面，是诉讼效益概念的一个有机部分，不能在二者之间画等号①。事实上，诉讼效率通常是指程序主体以最快的速度终结案件，它强调以最少的时间耗费来解决纠纷，因而不少学者用“诉讼及时”这一概念指代诉讼效率②。在诉讼过程中，司法主体及涉诉各方，总是力图以最小的成本取得最大的效益。司法担负着最大限度地优化配置与使用资源的新使命。社会的整体发展，尤其是经济的发展对司法行为的运作和司法目标的实现具有重要的影响。司法在社会经济发展中的基本使命，不仅表现在对各种权利和权益以及与之相应的各种财富和交易行为给予公平的保护，还表现为在这种公平保护的过程中努力实现各种资源的优化使用和配置。在当代，司法及其他法律现象全面渗透到经济生活中，并在很大程度上决定了资源使用和配置的方式，成为改变资源利用效益的重要变量。同时，司法行为经常引起多重利益关系的变化，并在不同程度地改变着社会主体的机会成本与实际收益，强化了个别法律现象对经济行为效益的边际影响，从而使其对效益影响程度大大加强。传统的法律观念和诉讼理念将正义作为法律的最高价值，而当代社会的法律不仅仅要追求正义，而且还要以效益作为正义的补充。

证据法学的发展有利于促进诉讼效益的实现。证据法律制度的设立和运行也受到效益价值的制约，许多证据规则的创设实际上都是效益价值指导的结果。例如在关于证据属性的讨论中，强调证据的关联性，规定证据必须与案件事实具有关联性，就是为了防止证据收集、审查、调查范围的无限扩大。作为证据法律制度的重要内容的免证事实以及推定制度的设立，都是为了加快对有关事实的认定的进程，避免不必要的调查。在简易程序中，往往规定证据的调查可以简化，这也是为了简化程序、节约资源等。

四、证据法学的自由价值

自由是人类特有的“圣物”，在一定意义上说，人类的历史其实就是不断探索

① 有学者认为，“‘效率’与‘效益’两个概念所表示或传递的价值内涵或价值目标是相同的……二者是在同一意义上使用”。资料来自李义健：《转型时期的刑诉法学及其价值论》，《法学研究》1997年第4期。

② 徐静村主编：《刑事诉讼法学》(上册)，法律出版社1997年版，第127页。

和争取自由的历史。自由问题既是哲学问题,又是法律问题,追求自由的真谛是法律的价值理想之一。证据法学的自由价值,是指证据法具有保障公民合理进行选择的自主权利及免受国家司法机关的不当干预。

证据法学的自由价值是工具性价值和目的性价值的统一。证据法学的自由价值可分为目的性价值与工具性价值,在诉讼程序中,证据法学的工具意义和目的意义的自由价值具有同在性。证据法学的目的反映诉讼主体参与诉讼的法律需要,这种需要是证据法学目的的客观基础。诉讼主体根据实现自由的需要和具体条件设定日的,选择或创造一定的司法手段,并通过司法实践活动来满足其法律需要。证据法满足诉讼主体的需要所形成的价值,就叫作"目的性价值"。当然,有的价值目标在局部看来它是目的,然而对更高意义上的目标来说,它又成为手段,从而具有工具性,这种为其他价值的实现和完善服务的证据法学的价值,就叫作证据法学的"工具性价值"。正如目的和手段区分的相对性和可转化性一样,证据法学的目的性价值与工具性价值也是相对的,是相对于证据法学的一定价值目标来说的,该目标的实现对证据法学的意义属于目的性价值,而为实现该目标所用的工具、方式等则具有工具性价值的属性。相对于更高、更远的价值目标来说,该目标又是实现长远目标的条件和手段,其价值又是一种工具性价值。可见,证据法学的两类自由价值是有机统一的。

证据法学具有保障和促进自由的价值。证据法中的许多证据规则的设立是基于对人权和自由的保障,其中非法证据排除规则的建立过程最具典型性,其创立经历了长期、复杂的过程,这一过程始终是与人权保障以及维护自由的价值理念相伴的。同时,诉讼程序对价值主体自由的保障和促进作用突出表现在它能够为实现自由意志而排除诉讼程序内外某些不适当、不公正的障碍或束缚,具体方法或形式就是以国家意志的形式表现出来的自由向诉讼权利(自由权)的转化。在诉讼过程中,诉讼主体通过运用证据,确认自由权的存在和保障自由权的实现。另外,诉讼主体也相应地依法确定了各种自由权利的边界或范围。从这种意义上讲,证据法又是对主体恣意(主观任意)的限制。当然,对不同主体而言,证据法及证据法学所具有的保障自由价值在实现方式和要求方面会存在着差别。

证据法学的选择自由价值。表面看来,证据法以及运用证据的诉讼程序是强制主体成为自由人的武器,一定意义上限制了主体意志自由和行动自由。但是事实上,诉讼程序限制价值主体恣意是主体自由选择的前提和基础,只有诉讼程序通过明示、肯定和客观规范的形式预设了诉讼价值主体的行为模式及其客观后果,才能增加主体行为的可预测性,从而增加了行为主体在行为之前或过程中选择的自由度。因此,不难看出,诉讼主体在诉讼过程中运用证据时排斥恣意却并不排斥选择，诉讼程序始终是与选择联系在一起的①，这种选择的权利，既是对自由的约束，也是对自由的张扬。

第三节　证据规则的概念和意义

一、证据规则的概念

证据规则，是指规范证据的收集、审查和评价等诉讼证明活动的准则。证据规则首先是确认证据范围的法律规范。所谓证据范围，是指什么样的事实材料是证据，什么样的事实材料不是证据或者不能作为证据使用，以及有关的划分标准是什么。由于证据是证据规则调整的客体，明确什么是证据就成为证据规则的首要问题。证据规则还包括调整证明行为的法律规范。所谓证明行为，是指形成、发现、展示、质辩、采纳或者排除证据以证明特定案件事实的专门活动，包括制作证据、调查收集证据、审查判断证据、履行举证责任四项主要内容。证据规则约束的对象包括一切与证据或者证明行为有关的单位或者个人，包括司法机关、司法人员、律师、犯罪嫌疑人和刑事被告人、被害人、证人、鉴定人、勘验人等。

在英美法系国家，证据规则（rules of evidences）是普通法的组成部分，是在长期的司法实践中逐渐积累起来的，许多证据规则表现为习惯、案例或者司法解释。自从英美法系国家推行法典化运动以来，证据规则也逐步法典化，《美国联邦证据规则》是这方面的代表。英美法系重视证据规则主要有两方面的原因。一是与其实行陪审制有关。因陪审员来自社会各界，大多不熟悉法律，为防止对陪审员的误导，法律不得不设置详细的规则，以限制当事人的举证活动。二是在当事人主义对抗制模式下，两造对抗并推动诉讼的进行，对诉讼双方的举证如不设立严格、具体的标准和规则，则当事人有可能随意使用证据，从而导致既容易模糊讼争焦点，又容易拖延诉讼，增加诉讼成本。大陆法系国家的证据规则相对灵活，主要原因在于在职权主义诉讼模式中，一切证据虽然可以由控辩双方提出，诉讼中两造不得自由立证，法官依法裁量传何种证据应当在法庭上调查、何种证据可以不予置理，证据调查和诉讼推进完全受制于法官，因此虽无详尽的证据规则，仍不需担心诉讼拖延和争点模糊。

我国过去基本上采取的是职权主义诉讼方式，少有证据规则。随着三大诉讼

---

① 正如N.卢曼曾指出的那样，“所谓程序，就是为了法律性决定的选择而预备的相互行为系统”。转引自季卫东：《程序比较论》，《比较法研究》1993年第1期。

法的修改,审判方式改革的趋向是采用控辩式庭审方式,在控辩双方或当事人双方直接向法庭举证的情况下,必然要求有相应的证据规则。因此,研究、确立和遵守必要的证据规则,对于实现庭审的有序化,保证刑事诉讼法科学与有效地运作,进而维护诉讼参与人的合法权利,均具有十分重要的意义。

二、证据规则的意义

确立证据规则对诉讼理论和诉讼实践具有重要意义,主要体现在以下几个方面。

(1)确立证据规则,有助于树立正确的诉讼观念。长期以来,我国传统的诉讼观念偏重社会整体利益的保护而忽视个体利益的保护,导致侵害公民个体利益的案件时有发生。这种观念必须转变,个体利益与集体利益应当并重,个体权利必须得到承认和尊重。因为国家权力相对于个人权利而言过于强大,如果在刑事诉讼中不注重对个人权利的保护,个人权利易受到非法侵害。如设立非法证据排除规则,对防止警察滥用权力,保护公民的权利不受国家权力的非法侵犯具有重大意义。再比如赋予某些证人拒绝作证特权,有利于保护职业秘密、公务秘密等其他社会利益。

(2)确立证据规则,有利于规范执法、司法行为。为了保证执法、司法人员准确认定案件事实,一方面需要赋予执法、司法人员相应的裁量权,以充分发挥其主观能动性;另一方面,一些经过实践检验的经验和教训,应当以法律规范的形式及时地固定下来,使执法、司法人员及时采取科学的做法,不再重犯同样的错误,而证据规则正是执法经验和教训的规范化。在我国,裁量权过大是执法、司法中存在的一个严重的问题,而证据规则有利于从事实方面控制裁量权。通过明确证据的范围、调查收集和审查判断证据的程序和方法以及举证质证规则,可对执法、司法机关及其工作人员进行有效的监督,以使执法、司法人员的取证行为和采证行为置于法律的约束和当事人监督之下,使司法行为更具有可预测性。

(3)确立证据规则,有利于保护公民的合法权益。诉讼是当事人在法庭内进行的争讼,为了确保公平、顺利地进行下去,必须事先确立公平明确的规则,证据规则是其中之一。证据规则是当事人公平诉讼的保障,是他们监督执法、司法机关及其工作人员,以及相互之间进行监督的法律依据。

第四节　相关性规则

一、相关性规则的概念

相关性证据规则，又称为关联性规则，是指只有与本案有关的事实材料才能作为证据使用。在英美证据法中，关联性规则被视为规范证据可采性的“黄金规则”，也是英美法系的一项基础性证据规则。在美国，所谓相关性(relevance)，或者说关联性，是指证据必须与案件的待证事实有关，从而具有能够证明案件的待证事实的属性。美国《联邦证据规则》第四百零一条对相关证据的定义是：“相关证据”指证据具有某种倾向，使决定某项在诉讼中待确认的争议事实的存在比没有该证据时更有可能或更无可能。所有具备可采性的证据，首先与要证事实具有关联性，至少当对方举证或就证据的关联性质疑时，必须首先证实其具有关联性。相关性侧重的是证据与证明对象之间的形式性关系，而不涉及证据的真假和证明价值，对证据真假及其证明力大小的判断是证据被采纳之后陪审团的职责。

相关性规则在英美法系中的基础地位体现于以下两个方面：第一，相关性原则涉及的是特定证据材料与待证事实之间的关系，而不是该证据的存在形式。因此，相关性规则适用于任何形式的证据资料，在适用范围上具有广泛性。第二，相关性是具有证据资格的基础条件。尽管具有相关性的证据并不必然具有证据资格，但是没有相关性的证据却必然不具有证据资格。相关性规则的意义在于明确本案的证据的范围，避免当事人在不相关的问题上花费时间，而且也要求执法人员在调查收集证据时，应当限于与本案有关的证据材料，在审查判断证据时，应当注意及时排除与本案无关的证据材料。

在判断一项证据是否具有相关性时，关键取决于两个问题，即证据针对的待证事实是否具有实质性；证据对于待证事实是否具有证明性。所谓实质性是对待证事实的要求，判断证据是否具有实质性的关键在于证据是否指向本案的争点问题，如果某一项证据并非指向本案的争点问题，那么该证据在本案中即不具有实质性，从而属于不具相关性的证据。这里的争点问题并非指待证事实是案件的核心问题或关键问题，只要是认定案件事实所必须证明的问题就是具有实质性的，即待证事实具有需证性。所谓证明性规则，是指提出的证据依据事物间的逻辑或经验关系具有使实质性问题可能更为真实或不真实的能力。

在判断证据的关联性(尤其是证明性)时，法官必须依据一般经验法则或逻辑法则进行而不得任意决断。这一点与大陆法系国家法官在形成自由心证时应以一般事物的关联性判断证据具有一定的相似性。在大陆法系国家，规范法官自由心证的关联性是指证据力评价的关联性,其作用在于要求法官在评价证据、形成心证时,应遵从事物间的客观联系,防止任意品评证据。在英美法系国家,规范法官采纳证据的关联性是指证据能力关联性,其作用在于要求法官在采纳证据时应遵从事物间的客观联系,以免不适当排除有助于查明案情的相关证据,或者不适当地采纳不具有相关性的证据而使陪审团错误地认定事实。

二、我国证据法中的相关性规则

我国目前尚未明确规定关联性规则,有关的司法解释体现了关联性规则的精神。1997 年颁行的《刑事诉讼法司法解释》第一百三十九条规定:“控辩双方要求证人出庭作证,向法庭出示物证、书证、视听资料等证据,应当向审判长说明拟证明的事实,审判长同意的,即传唤证人或者准许出示证据;审判长认为与案件无关或者明显重复、不必要的证据,可以不予准许。”当前,该解释根据 2012 年修正刑事诉讼法做了修订。该规定要求,当且仅当控辩双方提交的证据具有关联性时,法庭才允许其进入法庭调查。无关或者重复的证据,法庭可以不予采纳。在实践中,关联性规则已经成为法官审查判断证据的一条不言自明的标准。与英美法系有所不同的是,我国的刑事诉讼法及有关的司法解释都没有具体规定哪些证据没有关联性因而不可采。由于我国实行法官既审理事实问题又负责法律适用的审理模式,移送法院的起诉书中经常列明被告人的前科和曾受处罚的历史,这些资料对表明被告人的社会危险性,帮助法官正确量刑是有意义的,但不能有效地证明被人实施了指控的犯罪行为。在起诉书中列明这些内容,往往会使事实审理者产生不适当的偏见。

第五节　传闻证据排除规则

一、传闻证据排除规则的概念

传闻规则是英美证据法中一项古老、重要的基本规则。按照英国学者克罗斯(Cross)对该规则的著名描述,所谓传闻规则,简言之,即“非由做出陈述者本人在诉讼中提供的言词证据不得被采纳”①。具体而言,“任何证人所提供的包含他人先前陈述(不论是以口头、书面还是以其他任何诸如手势之类的方法)的证据,如

① See Cross, Cross on Evidence, 5th Edition. 6,462.

果提出该证据的目的是证明某人以前所说的事实为真,则该证据是不可采的”。

《美国联邦证据规则》第八百零一条规定:“‘传闻’是指不是由陈述者在审判或听证中作证时做出的陈述,在证据上将它提供来证明主张事项的真相。”普通法给予传闻证据严格的定义,即“在审判或讯问时作证的证人以外的人所表达或做出的,被作为证据提出以证实其所包含的事实是否真实,一种口头或书面的意思表示或有意无意地带有某种意思表示的非语言行为”。在美国证据法中,传闻规则的基本内容是:“如果一项陈述是传闻,那么该证据必须基于对之提出的适当异议而排除,除非它属于若干传闻规则的例外之一。”①

总的看来,传闻证据主要包含两种证据资料:一是证人在审判期日以外对直接感知的案件事实亲笔所写的陈述书及他人制作并经本人认可的陈述笔录;二是证人在审判期日就他人所感知的案件事实向法庭所作的转述。在普通法上,传闻证据主要指第二类传闻证据。

我国刑事诉讼法没有规定传闻证据规则,最高司法机关的司法解释也未能对该规则做出明确规定。在司法实践中,这种传闻证据的使用未得到禁止,证人陈述的情况可以是亲自看到或听到的,也可以是别人看到或听到后转告他的。证人陈述被告知案件事实,应当说清来源,说不清来源,或者道听途说的,不能作为证据。我国应建立传闻证据规则,以配合庭审制度改革后的交叉询问机制。当然,传闻证据规则也应该有例外,事实上,一个好的规则就好在有适当的例外情况。

二、传闻证据排除规则的价值

英国早在1202年就认识到了传闻证据的不可靠性,但当时仍然可以自由采用传闻证据。在16世纪和17世纪,英美法系的对抗式审判制度完全确立起来。其结果使控诉职能和审判职能被严格地区分开来,证人和陪审团成员被严格区分,陪审团成员不能是证人,不能再根据自己在法庭之外所了解的情况做出判决,也产生了让证人在公开的法庭上作证的强烈要求。传闻证据的可靠性受到了当事人的严峻挑战,法院也开始怀疑传闻证据的证明价值。到17世纪,传闻证据排除规则终于确立起来。不仅口头传闻证据必须排除,就是本来可以采纳的宣誓的书面证言也在排除之列。事实上,严格的排除规则与例外制度直到19世纪才开始形成,到了17世纪末期,人们已经意识到原则上不应当采纳传闻证据,这种认识体现在诸如“传闻不是证据”的表述中。②

---

① 卞建林译:《美国联邦刑事诉讼规则和证据规则》,中国政法大学出版社1996年版,第27页。

② See, eg, R v Charnock (1696) 12 St Tr 1377, cols 1454.

从传闻证据排除规则的产生过程可以看出，诉讼职能的划分是传闻证据排除规则产生的前提，对抗式审判制度是传闻证据规则得以确立、发展的基础，而传闻证据本身存在的缺陷是排除规则产生的直接原因。

（1）传闻证据排除规则是对抗式审判制度得以实现的重要手段。传闻证据规则要求证人应当尽可能在法庭作证，以便法官或者当事人观察其诚实信用度、记忆力、表达能力、观察能力等，从而对证人证言的可靠性做出切实的判断。一切证据都必须在公开的法庭上，以口头的方式做出，一切证人都必须接受当事人的询问和反询问，陪审团和法官只能根据在法庭上了解到的事实做出裁判，而传闻证据不能满足上述要求，与直接言辞原则冲突。传闻证据排除规则要求法官和当事人直接与提供陈述的证人接触，尽可能地与证据的来源接触，通过亲身的观察和感受，审查判断证据。

（2）传闻证据排除规则有利于案件裁判的准确性。传闻证据是证人对他人的陈述的转述，由于人的可靠性、表达能力、记忆能力各不相同，转述的次数越多，陈述的内容越复杂，出现错误的可能性就越大，误判的风险也就越大。另外，做出传闻陈述的人实际上不可能受到询问和反询问。因此，有关他的可靠性、表达能力和记忆能力等情况，陪审团、法官和当事人都无从得知，对有关的陈述可信性也无法进行有效的鉴别。

（3）传闻证据排除规则有利于诉讼公开、诉讼平等和诉讼民主等价值的实现。

三、传闻证据排除规则的例外

一般情况下，传闻证据缺乏真实性，应予以排除。但是在某些情况下，如果复述或者间接提出他人的言语举动而不妨碍其真实性的，传闻证据也可以接受，因此这一规则又存在着大量的例外情况。在法定例外情况下，执法机关可以采纳传闻证据。

根据《美国联邦证据规则》，传闻证据规则有两种例外，一为陈述者可否作证无关紧要；二为陈述者不能到庭作证。

第一种例外包括了以下 24 种情况：①表达感觉印象；②刺激的发泄；③当时的精神、感情和身体状态；④处于医疗或治疗目的的陈述；⑤被记录的回忆；⑥关于日常生活、行为的记录；⑦在日常行为的记录中没有记载；⑧公共的记录和报告；⑨重要的统计资料；⑩没有公共记录或没有记载；⑪宗教组织的记录；⑫婚姻、洗礼和类似的证明；⑬家庭记录；⑭有关财产利益的文件记录；⑮文件中反映财产的陈述；⑯在陈旧文件中的陈述；⑰市场报告；⑱学术论文；⑲关于个人、家庭历史的名誉；⑳关于边界、一般的历史名声；㉑性格方面的名声；㉒先前定罪的判决；㉓关于个人、家庭和边界的判决；㉔其他的例外。

第二种例外有六种情况：①在前一诉讼程序中被提出并被证明的证人证言虽

是传闻，但这种先前证词可在后一程序中适用。②死者临终遗言。③对己不利的陈述。这条例外的根据是，人们不会说出可能于己不利的话，除非他们说的是事实。④公共文件。公共文件中记载的陈述属于传闻证据，但可以作为初步证据采纳。⑤视听资料。⑥心理状态的例外。此例外的理论依据是，传闻证据的不可靠的风险在此证据中并不存在。关于陈述人当时的心理状态的陈述，既不存在感知力的问题，也不存在记忆力的问题。当其心理状态成为争论的焦点时，除了其本人的陈述外，没有更好的方法去证明它。

第六节 非法证据排除规则

一、非法证据排除规则的含义

非法证据排除规则，是指除非法律另有规定，司法机关不得采纳非法证据，将其作为定案的证据，即非法取得的供述与非法搜查和扣押取得的证据予以排除的规则。

根据言词证据和实物证据的分类，理论界和实务部门更多的是在这两类证据意义上研究非法证据排除规则。

首先，在非法取得的言词证据方面。由于实行有罪答辩制度，在英国证据法中，被告人供述是指被告人就其被指控的犯罪所作的对自己不利的供认和陈述。被告人一旦在法庭审判之前的答辩程序中做出有罪答辩，法庭一般直接对其做出有罪裁断。但是这种供述必须是可以信赖的，而保证供述可信性的关键在于确保被告人自由、自愿地供述自己的罪行。如果警察采用强制或者压迫的手段，被告人供述的自愿性就会大受影响，司法程序的公正性就会受到损害。因此从18世纪开始，将以刑讯、强迫等方式获取的证据予以排除就被英国法官作为保障被告人权利的重要手段。目前，规范这一领域的法律主要是1984年《警察与刑事证据法》以及根据这一法律制定的《实践法典》(Codes of Practice)。它实际上确定了有关对非法取得的被告人供述的自动排除(automatic exclusion)原则。也就是说，法庭遇有上述规定的任一情况，都必须无条件地将被告人供述予以排除，而不享有任何自由裁量权。同时，对于被告人供述，在英国普通法中还存在“自由裁量的排除”(judicial discretion exclusion)，即被告人供述的取得方式违背了1984年《警察与刑事证据法》以及《实践法典》的其他规定，导致供述的取得方式对于诉讼的公正性产生了不利影响，因而法庭可以运用自由裁量权，对供述加以排除。在美国证据法中，对被告人供述的规定十分复杂，并主要表现为两个发展阶段。一是在向法院正式起诉之前，美国要求必须在“羁押性讯问”之前告知每一个犯罪嫌疑人“米兰达警告”。这些警告不需要以一种特定的形式告知,只要警察以合理的方式告知嫌疑人他享有的权利。这些权利包括:保持沉默的权利,他所说的每一句话都可能被用作不利于他的证据,他有权聘请律师,并且如果他无法负担聘请律师的费用,将为他指定一名律师。但由于对米兰达权利的放弃,以及讯问和供述都不要求录音或以书面形式记载,警方可以简单地否认嫌疑人曾经主张过这些权利。对于警察的威胁和承诺、欺诈行为所取得的言词证据,均应予以排除。但其一项公共安全的例外是,武器和其他破坏性装置的案件,对米兰达警告不作要求。二是被告人被正式起诉之后。美国宪法第六条修正案中规定,作为正式的“被告人”“在所有的刑事起诉中”享有律师帮助权。此时的被告人不需要主张他的律师帮助权,因为这项权利自动生效。如果在讯问中没有告知被告人他有一名律师正在试图会见他,将导致第六条修正案而不是第五条修正案的权利放弃无效,强迫获得的口供完全不能使用,甚至也不能根据它进行引申,也不能在法庭上反驳被告人证言的真实性。法国、德国对于刑讯逼供和其他非法手段取得的言词证据,立法和判例均持否定态度。联合国的《禁止酷刑和其他残忍、不人道或有辱人格的待遇或处罚公约》第十五条规定:“每一缔约国应确保在任何诉讼程序中,不得援引任何业经确定系以酷刑取得的口供为证据,但这类口供可用作被控施用酷刑者刑讯逼供的证据。”这一规定是对有关国家禁止违法取证和排除违法所获证据的肯定,也为各缔约国提供了处理这一问题应遵守的规则。需要注意的是,该公约将证据排除的范围限于言词证据,并未包括违法搜查、违法扣押获得的物证、书证。

其次,在非法搜查、扣押获得的物证方面。英国在对待非法搜查、扣押取得的证据问题上,将是否排除证据的决定权交给主持审判的法官,由他来自由裁量。法官在行使这种自由裁量权方面所要把握的基本尺度是:保证被告人获得公正的审判,并排除所有严重妨碍被告人获得公正审判的证据。美国要求强制排除违法搜查、扣押所获得的物证。美国宪法第四条修正案禁止无理搜查,最高法院已经把“搜查”定义为警方侵入某人有“预期合理的隐私”的一定范围的场所。美国对构成合法搜查的条件做出了相对明确的说明:一是获得搜查证。这是进行建筑物搜查的必备条件,其唯一的例外是紧急情况。二是无证搜查。它是用于紧急情况,室外的搜查和有逮捕证的情况下。无证搜查需要提供可成立的理由。三是经同意的搜查。如果警方能够让嫌疑人同意搜查,包括同意对他的家的搜查,排除规则就不再适用了。然而,对同意有一个推定的限制:如果警方非法临时扣留或逮捕嫌疑人,任何同意都将是无效的。德国对于非法搜查、扣押获得的物证坚持权衡原则,也就是说,禁用采用侵犯人的尊严和人格自由所取得的证据,对于那些重大犯罪案件,可以有条件权衡采用。

最后,在“毒树之果”的处理方面。“毒树之果”(fruits of the poisonous tree)一词中的“毒树”指的是违法收集的证据,换句话说,凡经由非法方式取得的证据,是“毒树”,由其中获取资料进而获得的其他证据,则为毒树的“果实”。这种证据与非法搜查、扣押取得的证据相比较，其不同点在于非法搜查、扣押取得的证据所排除的证据的收集程序本身是违法的，而“毒树之果”的收集程序本身是合法的，只是在发现该证据之前的程序有违法的情形。这种现象，在美国称为“毒树之果”，在德国称为“波及效”。英国在对待“毒树之果”的问题上，在普通法和成文法中都采取了“排除毒树”但“食用毒树之果”的原则，即对于从被排除的被告人供述中发现的任何证据和事实，只要具备相关性和其他条件，就可以采纳为定案的根据。美国的证据排除规则不仅适用于违反证据规则而获得的实物证据或者言词证据，而且适用于“毒树之果”。但存在两项例外：一是最终或必然发现的例外，是指即使不发生政府官员违反宪法的行为，证明被告人有罪的证据最终或必然是会被发现的；二是善意的例外，是指政府官员合乎逻辑地依据一位公正的法官签发的、最终发现是无效的搜查证，进行搜查所取得的证据。

二、非法证据排除规则的作用

非法证据排除规则能够督促执法机关守法，制止警察的非法取证行为。确立非法证据排除规则，使执法人员在实施违法行为之前就想到其后果。非法证据的排除，是对执法机关非法调查取证工作的最终的否定和谴责。非法证据排除规则也有利于公民、法人或者其他组织监督执法机关，在执法机关采取非法手段调查收集证据时，公民、法人或者其他组织有权拒绝，并且有权在以后的诉讼程序中要求排除。要想否定一项诉讼行为，最有效的莫过于宣告其无效。而要想制止警察的非法取证行为，最有效的办法就是宣告警察违法获得的证据不具有可采性。有学者认为对非法证据可采用双管齐下的办法，即证据仍然可以使用，用由警察承担民事的或者刑事的法律责任的形式制止非法取证。有的学者就提到，“在我国，对侦查违法行为的实体制裁规定已基本完善，除刑事法律外，还有行政及内部纪律规定的处分。从机构设置上看，制裁机构既有内部的，也有外部的；既有专司刑事的，也有专司行政及内部纪律处分的。因此，对行为人本人的制裁，可以向主管机构或者机关申请做出”。但是，无论是其他国家刑事诉讼发展的历史，还是我国刑事诉讼的现状，都已经证明了其他替代方法是有缺陷的，并不能起到制止警察非法取证的作用。

非法证据排除规则有利于保持法律规范的完整性。众所周知，作为法现象细胞的法律规范须具备三个要素（适用条件、行为模式、法律后果），方能对相应的社会关系做出有力度的调整。规定这种程序性法律后果，是维护新法设计的诉讼模式权威性的保障。我国法律虽然设定了不少禁止性规范，但并不都具备完整的法律规范三要素，许多都缺乏否定性的制裁后果；有的虽有制裁后果，却仅是实体的而非程序的。如《刑事诉讼法》第四十三条关于“严禁刑讯逼供和以威胁、引诱、欺骗以及其他非法的方法收集证据”的规定，其后果在刑法中而未在刑事诉讼法中，即违法者要承担刑法分则规定的刑讯逼供罪的刑事责任，而这种用非法方法收集的证据的程序性后果——原则上不得采信却有意回避了。其结果必然是：程序的权威性、经过程序做出的决定的既定力会受到影响，同时又为恣意行为开了方便之门。法律的效力体现在它的强制性及责任机制，即一旦违反法律将承担法律后果。

非法证据排除规则有利于彻底纠正违法行为和防止冤假错案，推进法治国家建设顺利进行。非法取得的证据的缺陷在于其虚假性。一般而言，非法取得的证据远比合法取得的证据虚假的可能性大。非法证据排除规则虽可能放纵罪犯，但其最大的优点是能够保证有罪判决的准确性。这对于我们准确适用法律具有重要意义。目前，非法取证的手段主要是刑讯逼供，而非法证据排除规则的设立，就是要防止刑讯逼供，保证言词证据的自愿性，从而达到定罪处刑准确的目的，确立非法证据排除规则。

非法证据排除规则有利于切实保障当事人的权利，能够促进公安司法机关及其工作人员法制观念的转变。随着社会的发展，对刑事诉讼目的的看法日益全面。越来越多的国家意识到，刑事诉讼应当是一把双刃剑，一方面惩罚犯罪，一方面保障人权。二者在现代刑事诉讼的天平上等量齐观，而且有趋势表明，后者的实现程度大大影响着一国诉讼法制的文明、民主形象，所以确立非法证据排除规则对保障人权意义重大。非法证据排除规则是否在刑事诉讼法中确立，存在着一个价值权衡的问题。如果允许将非法取得的证据作为定案根据，对查明案件的真实情况、实现国家的刑罚权是有益的，但这样做是以破坏国家法律所确立的秩序和侵犯宪法保障的公民基本权利为代价的。反过来，如果非法证据予以排除，又会阻碍对犯罪的查明和惩治。因此，一个国家是否确立非法证据排除规则，以及在多大程度上排除非法取得的证据，与该国的刑事诉讼的目的、主导价值观念、对公民个人权利的重视程度等因素都是相关的。非法证据排除规则的确立，是一国文明水平的标志，它体现了司法机关及其工作人员法制观念的转变，即从注重惩罚犯罪到注重保护人权的诉讼观念的进步。

三、我国非法证据排除规则的情况

针对非法证据，虽然世界各国做法各异，但原则上均对非法证据持否定态度。如果我们禁止非法取证的规定不落到实处，无疑会影响我国的诉讼文明形象，影响我国诉讼制度的健康发展，影响法治建设的顺利进行，阻碍刑事审判法律效果与社会效果的实现。从长远利益着眼，从顾全大局的角度，我们应当研究非法证据，对非法证据予以排除。

在我国，学术界有关非法证据排除规则的意见主要有三种。其一，主张凡非法取得的证据，一律排除，即确立完整的证据排除规则。其理由在于，既然法律严格禁止刑讯逼供，禁止以威胁、引诱、欺骗及其他违法方法收集证据，对于违反这一规定而取得的证据,就应该完全排除。否则,这一法律规定就形同虚设。其二,主张把非法手段和证据区别开来。对非法取证行为予以追究,但对于证据,则应该视其是否真实而决定是否采纳。其理由在于,形式违法不能影响内容的效力,否则就可能放纵犯罪。况且,我国证据制度讲究的是"实事求是"。其三,主张视情况而定,不能"一刀切"。又分三种情况:第一,对非法证据不予采用,但可以以其为线索而发现和收集证据。对后者要予以采用。此为"线索转化说。"第二,根据证据种类采取对策。对口供等言词证据,凡手段、程序、方式违法,一律不予采用。对于物证、书证,即使收集手段、方法、程序不合法律规定,基于其虚假可能性较小,亦可以采用。此为"区别对待说"。第三,非法证据原则上予以排除,但在例外情况下,如排除非法证据可能危害国家重大利益,或违法取证系由司法人员的过失或情况紧急而引起,且该行为并未侵犯公民人身权或情节轻微等,可以采取不予排除的政策。此为"原则加例外说"。

1995 年 3 月 6 日,最高人民法院《关于未经对方当事人同意私自录制其谈话取得的资料不能作为证据使用的批复》规定:"未经对方当事人同意私自录制其谈话,系不合法行为,以这种手段取得的录音资料,不能作为证据使用。"这个司法解释可以视为我国非法证据排除规则的端倪。根据最高人民法院 1998 颁行的《关于适用刑事诉讼法的司法解释》第六十一条的规定,除了要排除以刑讯逼供或者威胁、引诱、欺骗等非法方法取得的被告人的供述以外,以上述方法取得的证人证言、被害人陈述也不能作为定案的根据,而应当予以排除。2001 年 12 月 21 日,最高人民法院公布了《关于民事诉讼证据的若干规定》,第六十八条明确规定"以侵害他人合法权益或者违反法律禁止性规定的方法取得的证据,不能作为认定案件事实的依据"。这一规定对"非法"的范围进行了限定,必须是明确地侵犯了他人的某种权益,或者违背了法律上明令禁止的规定。电视暗访、私自录音并不一定就是非法证据,只有侵犯了隐私权、侵犯了国家秘密、商业秘密等才构成非法证据。有学者根据上述有关规定认为我国实际上已确立了非法证据排除规则。但由于上述的规定毕竟属于司法解释的范畴,司法实践中,法官对于非法证据的态度并不明朗,绝大多数采取视情况而定的做法。

三大诉讼法修订后,我国刑事诉讼法明确规定禁止非法取证行为。我国现行《刑事诉讼法》第五十条规定:"审判人员、检察人员、侦查人员必须依照法定程序,收集能够证实犯罪嫌疑人、被告人有罪或者无罪、犯罪情节轻重的各种证据。严禁刑讯逼供和以威胁、引诱、欺骗以及其他非法方法收集证据,不得强迫任何人证实自己有罪。"这一规定确立了严禁非法取证的原则。对于非法收集的证据的效力,《刑事诉讼法》第五十四条同时规定:"采用刑讯逼供等非法方法收集的犯罪嫌疑人、被告人供述和采用暴力、威胁等非法方法收集的证人证言、被害人陈述,应当予以排除。收集物证、书证不符合法定程序,可能严重影响司法公正的,应当予以补正或者做出合理解释;不能补正或者作出合理解释的,对该证据应当予以排除。"

在侦查、审查起诉、审判时发现有应当排除的证据的,应当依法予以排除,不得作为起诉意见、起诉决定和判决的依据。根据《高法解释》第九十五条的规定,所谓"刑讯逼供等非法方法"是指,使用肉刑或者变相肉刑,或者采用其他使犯罪嫌疑人、被告人在肉体上或者精神上遭受剧烈疼痛或者痛苦的方法,迫使犯罪嫌疑人、被告人违背意愿供述的情形;所谓"可能严重影响司法公正"的认定,应当综合考虑收集物证、书证违反法定程序以及所造成后果的严重程度等情况。至于排除的具体方法,人民检察院接到报案、控告、举报或者发现侦查人员以非法方法收集证据的,应当进行调查核实:对于确有以非法方法收集证据情形的,应当提出纠正意见;对于以非法方法收集证据,构成犯罪的,依法追究刑事责任。法庭审理过程中,审判人员认为可能存在以非法方法收集证据的情形的,应当对证据收集的合法性进行法庭调查。当事人及其辩护人、诉讼代理人有权申请人民法院对以非法方法收集的证据依法予以排除,申请排除以非法方法收集的证据的,应当提供相关线索或者证据。在对证据收集的合法性进行法庭调查的过程中,人民检察院应当对证据收集的合法性加以证明。现有的证据材料不能证明证据收集的合法性的,人民检察院可以提请人民法院通知有关侦查人员或者其他人员出庭说明情况;人民法院可以通知有关侦查人员或者其他人员出庭说明情况。有关侦查人员或者其他人员可以要求出庭说明情况。经依法通知,有关人员应当出庭。对于经过法庭审理,确认或者不能排除存在《刑事诉讼法》第五十四条规定的以非法方法收集证据情形的,对有关证据应当予以排除。

第七节 其他证据规则

一、最佳证据规则

最佳证据规则(best evidence rule)适用于书证,又称原始文书规则,是指原始文字材料(包括录音、录像、摄影材料等)作为证据其效力优于其复制品的效力,因而是最佳的。这是一项规定原始文字材料作为证据有优先权的原则,旨在保证被告人获得公平的审判,防止错误认定案件事实。最佳证据规则以适用于文书内容的证明为主,即文书的内容成为证明犯罪的关键时,应当直接提出文书为证(即原始证据 primary evidence)。其他次级证据(secondary evidence),甚至证人证言,都在排除之列。英美法系国家的最佳证据规则适用范围宽泛,包括书面证据材料,包括信件、电传、录音、照片、底片和 X 光片,甚至包括徽章、墓碑、刻字的戒指和带有序号的发动机等,只要具有思想内容,均属于文字材料的范畴。然而,随着复制技术和计算机技术等现代科学技术的发展,最佳证据规则的运用出现了一些新的问题。例如,如何确定从计算机数据储存中不同时间输出或打印出的材料是原始材料还是复制材料,等等。

最佳证据规则限制过严,有时不免会造成诉讼困难,于是又有可以适用次级证据的例外:①原件显然已经毁损灭失的,则曾经见过该文书的人可以作为证人进行陈述。②文书的载体不能移动或不容易移动的,如碑文等,可以以其他方法证明。③文书被对方当事人持有,经要求其提出而被拒绝的,或者文书被第三人持有,而该第三人依法有权拒绝提出的。④依照次级证据所表明的文书原件的内容,已经被对方当事人所承认的。⑤所需要提出的文书是公文书或者其他特殊文书,已经依法提出抄件的。以上各种情形,为了避免不必要的麻烦,或者为了顾及现实的困难,不再要求必须使用原始证据。原始证据的优先适用,只限于证明文书内容时才是必要的,因为原件最为明确,而且最便于调查。如果不是关于文书内容的争议,则原始证据与次级证据居于同等地位,并没有绝对优先的性质。

我国刑事诉讼法未对最佳证据规则做出特别规定,但最高人民法院的司法解释曾规定:"收集、调取的书证应当是原件。只有在取得原件确有困难时,才可以是副本或者复制件。收集、调取的物证应当是原物。只有在原物不便搬运、不易保存或者依法应当返还被害人时,才可以拍摄足以反映原物外形或者内容的照片、录像。"从而在司法解释中初步确立了最佳证据规则。值得注意的是,该司法解释虽规定了书证必须是原件,但未排除非原件的法律效力,只是规定:"书证的副本、复制件,物证的照片、录像,只有经与原件、原物核实无误或者经鉴定证明真实的,才具有与原件、原物同等的证明力。""制作书证的副本、复制件,拍摄物证的照片、录像以及对有关证据录音时,制作人不得少于二人。提供证据的副本、复制件及照片、音像制品应当附有关于制作过程的文字说明及原件、原物存放何处的说明,并由制作人签名或者盖章。"由于非原件的真实性有时难以认定,因而应尤其慎重。而在《办理死刑案件证据规定》中,最佳证据规则被进一步巩固,产生了排除效力,即原物的照片、录像或者复制品,不能反映原物的外形和特征的,书证的副本、复制件不能反映书证原件及其内容的,都不能作为定案的证据。在我国的诉讼法中,存在着最佳证据规则的分散规定。现行《民事诉讼法》第七十条规定:"书证应当提交原件。物证应当提交原物。提交原件或者原物确有困难的,可以提交复制品、照片、副本、节录本。提交外文书证,必须附有中文译本。"

二、意见证据排除规则

意见证据规则,是指证人作证只能陈述自己体验的过去的事实,而不能将自己的判断意见和推测作为证言的内容。意见证据规则的前提是区分事实和意见,一般来说,观察、体验的情况为事实,推测、判断的陈述为意见。设立意见证据规则的理由有两个:一是一般的证人没有专业知识,缺乏基本的技能和训练,没有能力对所见所闻的事实做出评价;二是对证人陈述的事实如何评价属于执法机关的职权,证人对所见所闻的事实做出评价实际上侵犯了执法机关的职权。

意见证据规则将作为证据的陈述分为两类:一类是体验陈述,指陈述人就自己所体验的事实而为之陈述;另一类是意见陈述,指其人依据特别知识和经验,陈述其判断某一事项之意见。前一类陈述为证人(包括被害人和被告人)的陈述;后一类陈述为鉴定人的陈述,即作为专家证人的专门人员依自己的专业知识与经验对案件特定问题予以判断而做的陈述。

意见证据规则有两个例外。一个是不可能以其他方式表达的例外,例如涉及听觉和嗅觉的问题、个人的感情问题、车辆的速度、声音的认定、证人自己的意图、笔迹的认定、对不正常行动的反映等,证人可以陈述自己的评价和意见。另一个例外是专家证言。所谓专家是指具有专业知识、特长或者相关技能的人,专家不限于通常所说的专业人士,还包括具有特长或者某一个方面的技能的人。例如,某种状态,如车辆的快慢,人的感情等心理状态,物品的价值、数量、性质及色彩等,这些事实情况,实际上难以用非判断方式来表达,因此,可以将其视为意见证据规则的现实性例外。

自《办理死刑案件证据规定》的出台起,意见证据规则已经在我国的刑事司法中正式得以确立。该规定第十二条第三款规定:证人的猜测性、评论性、推断性的证言,不能作为证据使用,但根据一般生活经验判断符合事实的除外。《高法解释》第七十五条第二款关于"证人的猜测性、评论性、推断性的证言,不得作为证据使用,但根据一般生活经验判断符合事实的除外"的规定,再次确认了这一规则。

三、自白任意性规则

自白(confession)即刑事犯罪的被告人对自己实施的犯罪行为和刑事责任的承认与告白,自白的任意性(voluntariness of confession),即自白的自主性与非强制性。在不同的诉讼制度中,关于自白的定义略有差别。在英美法当事人主义的诉讼制度中,如果被告人完全供认犯罪,并且并无责任阻却事由的主张,则可以不经证据调查而直接适用法律,因而自白的概念并不强调刑事责任的自认。在职权主义的诉讼制度中,供认犯罪事实仅仅是供述性证据的证据力的特殊反映,因而自白的概念中必须包括被告人承认负刑事责任的内容。日本刑事诉讼法理论通常倾向于采纳大陆法系的概念,即只有包含认罪与认罚的被告人供述才真正属于自白。自白通常包括两层含义,一是被告人对自己的犯罪行为供认不讳;二是被告人对自己的刑事责任加以认可。因此,承认犯罪事实但附加违法阻却主张的供述不属于自白,愿意承担刑事责任但不对犯罪事实如实告白的陈述也不属于自白。自白有广义和狭义之分,狭义的自白是指被告人在法庭审判中对犯罪事实的自认,而广义的自白则是指被告人在法庭审判外所作的关于犯罪的承认。在当事人主义的诉讼中，只有广义的自白才在证据法上有意义。因为被告如果在法庭开始审判时（arraignment）自认犯罪，则基于当事人可以处分其利益的原则，应视为被告对争议事实已经自认（admission），从而法院可以据以定案，不必再调查证据。这一点与职权主义诉讼有显著差别。只有法庭审判外的自白，在审判中又被被告人否认的，对方当事人如果要将之作为证据，才发生是否有证据能力的问题。英国证据法对这种自白，仅在严格的限制下承认其有证据能力，即自白必须不是追诉机关强迫所获得，必须纯粹出于自愿陈述才可以成为合法的证据。因为当事人主义对自白的可信程度不做过高估计，而且认为被告应有权保持沉默，原告应与被告立于对等地位。基于辩论寻求证据，以查明事实真相。

我国2012年修订的《刑事诉讼法》首次提及不被强迫自证其罪原则。行使不被强迫自证其罪的权利有多种方式，最常见的是运用沉默权和供述自愿规则。不被强迫自证其罪是一项权利，沉默权是这一权利的表现形式，供述自愿规则是实现这项权利的方法。沉默权包括犯罪嫌疑人和被告人在审判时和审前沉默的权利，在现代更着重于在审前的侦查阶段沉默的权利。既然不被强迫，那么面临审讯的人就有权保持沉默。既然沉默权是一种权利，那么行使这项权利就不应当有不利的后果，否则，就不能算作权利，因此，从沉默权又可推导出“不能因为沉默而得出对被告人不利的推论”的原则。供述自愿规则的含义是被告人的陈述必须是出于自愿才可以用作证据，否则，其陈述不能在法庭审理中被采纳。不被强迫自证其罪在言词证据方面的表现方式是供述自愿规则，其逻辑关系是：因为不能强迫，所以陈述必须是自愿的。现代刑事司法理论和实务界，一般不再区分不被强迫自证其罪、供述自愿规则和沉默权。沉默权代表了诉讼发展的方向，代表了诉讼文明和诉讼民主，应积极创造条件，为其在我国的确立，为我国加入《公民权利与政治权利国际公约》等联合国刑事司法准则做准备。因此，为保证犯罪嫌疑人、被告人不被强迫自证其罪，防止侦查人员以刑讯逼供等违法方式收集口供，应制定自愿供述的保障措施，要求审判人员、检察人员、侦查人员在讯问犯罪嫌疑人、被告人前，应当告知其不被强迫自我归罪的权利以及如果供述将带来的法律后果，应建立讯问时律师在场制度，实现羁押处所的中立化，并建立健全录音录像制度。

四、补强证据规则

补强证据规则（rule of corroborative）形成于18世纪后半叶的英国，主要作用于被告人自白，目的在于保障被告人的基本权利。大陆法和英美法对待证据补强（corroboration of evidence）的态度明显不同。英美法的基本原则是通过法律限制自白或其他供述性证据的证明价值，证据补强的概念和适用范围比较清晰。而大陆法则将供述性证据的证据力判断全权委任于法官，除被告人自白必须具有形式性补强证据之外，证据补强的范围并无明确的规定。所以，英美法强调证据补强既具有限制供述证据使用范围的政策目的,又具有保障供述证据真实性的程序目的,而大陆法的证据补强所重视的仍然是被告人基本权利的保障。英美证据法之所以要求对被告人自白等证据方法适用补强规则,通常基于以下两个基本理由:第一,为防止陪审团和法官的误认与误判,必须增强被告人自白的真实性与可信性,通过其他相应的证据来强化自白的证明力,是防止错误判断的行之有效的方法;第二,为保障被告人的基本权利,必须严格控制过度重视自白的不良风气,通过法定的形式对被告人自白提出补强的要求,是防止强迫自白、诱骗自白的主要途径。

英美法比较注重证据的个别衡量,其判断证据的一般原则是:证明犯罪事实须使审判者的确信达到排除合理怀疑的程度(beyond reasonable doubt)。至于何种证据可以导致这样强烈的内心确信,则没有什么限制。这一原则一直到现代都没有什么变化,只是为了保障被告利益,就特殊重大的案件,以及某些证明力显然薄弱的证据,仍要求有法定证据或者补强证据,主要有:

(1)关于叛国案件,须有法定证据,例如《美国宪法》第三条第三项规定叛国罪的成立需要有 2 名证人证实其叛国行为,或者经过被告在公开的法庭上自白所犯的罪行。

(2)被告在法庭审判外的自白经他人提出法庭做证者,须另有补强证据,才可以作为可以考虑的证据。

(3)关于伪证案件,仅凭一名证人的指证,不足以定案,因为如果这样做就是认为一个人的宣誓证言可以推翻另一个人的宣誓证言。

(4)对妇女儿童犯风化罪,如强奸等,仅凭一名证人的证言是不足以定罪的,因为这样的指证只是出于被害人之口,没有其他佐证,不能增强其证明力。

(5)幼年人作为证人时,其证言的可信性也有限制,例如英国 1983 年青少年法虽然允许不了解宣誓意义的幼年人作证,但其证言需要另有补强证据。

(6)关于共犯的证言或一般陈述,英国法院认为法官应当告知陪审员,注意考虑共犯的证言有没有充分的证明力,必要时需要参考补强证据。如果法官没有告知,即构成撤销陪审团裁决的理由。

我国《刑事诉讼法》第五十三条规定:“对一切案件的判处都要重证据,重调查研究,不轻信口供。只有被告人供述,没有其他证据的,不能认定被告人有罪和处以刑罚;没有被告人供述,证据确实、充分的,可以认定被告人有罪和处以刑罚。”一般认为,上述法律规定确立了我国的补强证据规则,意指仅凭被告人供述不可定罪,只有被告人口供时,还必须有其他证据佐证,才可能定罪。其意义不仅在于防止以口供为中心的侦查活动导致的对公民权利的侵犯,而且有利于防止被告人为及早解脱讼累或其他原因而自我归罪。

综合案例

2010年10月2日午夜,A市某区公安人员在辖区内巡逻时,发现路边停靠的一辆轿车内坐着三个年轻人(朱某、尤某、何某)形迹可疑,即上前盘查。经查,在该车后备厢中发现盗窃机动车用的工具,遂将三人带回区公安分局进一步审查。案件侦查终结后,区检察院向区法院提起公诉。

(证据)朱某——在侦查中供称,其作案方式是3人乘坐尤某的汽车在街上寻找作案目标,确定目标后由朱某、何某下车盗窃,得手后共同分赃。作案过程由尤某策划、指挥。在法庭调查中承认起诉书指控的犯罪事实,但声称在侦查中被刑讯受伤。

尤某——在侦查中与朱某供述基本相同,但不承认作案由自己策划、指挥。在法庭调查中翻供,不承认参与盗窃机动车的犯罪,声称对朱某盗窃机动车毫不知情,并声称在侦查中被刑讯受伤。

何某——始终否认参与犯罪。声称被抓获当天从C市老家来A市玩,与原先偶然认识的朱某、尤某一起吃完晚饭后坐在车里闲聊,才被公安机关抓获。称以前从没有与A市的朱某、尤某共同盗窃,并声称在侦查中被刑讯受伤。

公安机关——在朱某、尤某供述的十几起案件中核实认定了A市发生的3起案件,并依循线索找到被害人,取得当初报案材料和被害人陈述。调取到某一案发地录像,显示朱某、尤某盗窃汽车经过。根据朱某、尤某在侦查阶段的供述,认定何某在2010年3月19日参与一起盗窃机动车案件。

何某辩护人——称在案卷材料中看到朱某、尤某、何某受伤后包有纱布的照片,并提供4份书面材料:①何某父亲的书面证言。2010年3月19日前后,何某因打架被当地公安机关告知在家等候处理,不得外出。何某未离开C市。②2010年4月5日,公安机关发出的行政处罚通知书。③C市某机关工作人员赵某的书面证言。2010年3月19日案发前后,经常与何某在一起打牌,何某随叫随到,其间未离开C市。④何某女友范某的书面证言。2010年3月期间,何某一直在家,偶尔与朋友打牌,未离开C市。

庭审中,3名被告人均称受到侦查人员刑讯。辩护人提出,在案卷材料中看到朱某、尤某、何某受伤后包有纱布的照片,被告人供述系通过刑讯逼供取得,属于非法证据,应当予以排除,要求法庭调查。公诉人反驳,被告人受伤系因抓捕时3人有逃跑和反抗行为造成,与讯问无关,但未提供相关证据证明。法庭认为,辩护人意见没有足够根据,即开始对案件进行审理。

法庭调查中,根据朱某供述,认定尤某为策划、指挥者,系主犯。

审理中,何某辩护人向法庭提供了证明何某没有作案时间的4份书面材料。法庭认为,公诉方提供的有罪证据确实充分,辩护人提供的材料不足以充分证明何某在案发时没有来过A市,且材料不具有关联性,不予采纳。

最后,法院采纳在侦查中朱某、尤某的供述笔录、被害人陈述、报案材料、监控录像作为定案根据,认定尤某、朱某、何某构成盗窃罪(尤某为主犯),分别判处有期徒刑9年、5年和3年。(2011年司法考试试卷四第3题,本题22分)

问题:

(1)法院对于辩护人提出排除非法证据的请求的处理是否正确?为什么?

(2)如法院对证据合法性有疑问,应当如何进行调查?

(3)法院对尤某的犯罪事实的认定是否已经达到事实清楚、证据确实充分?为什么?

(4)现有证据能否证明何某构成犯罪?为什么?

(5)如何判断证据是否具有关联性?法院认定何某辩护人提供的4份书面材料不具有关联性是否适当?为什么?

本章小结

认识论是证据法学的重要理论基础之一,但诉讼证明活动并不仅是一个主观认识客观的事实发现过程,同时也是一个法律适用过程,诉讼证明活动发现案件真实的过程还要受到证据法规则的约束和规制。这种约束和规制直接影响甚至决定了司法者对案件事实的认识结果。这说明,诉讼证明活动并不是一个纯粹的"求真"的事实认识活动,而是包含了"求善"的价值选择过程。

证据法有多重价值,其中,公正、秩序、效益以及自由价值,都是证据立法和司法需要重点把握的几个关键价值体系。

证据规则是指确认证据的范围、调整和约束证明行为的法律规范的总称,是证据法的集中体现。相关性规则、传闻证据排除规则、非法证据排除规则、最佳证据规则、意见证据规则、自白任意性规则、补强规则,都是各国立法和司法中重要的证据规则。

相关知识链接

1. 卞建林译:《美国联邦刑事诉讼规则和证据规则》,中国政法大学出版社1996年版。

2. 王进喜:《美国联邦证据规则》,中国法制出版社2012年版。

3. 陈卫东、谢佑平主编:《证据法学》,复旦大学出版社2005年版。

思考与分析

1. 下列哪一选项所列举的证据属于补强证据？（2014 年司法考试试卷二第 28 题）

A. 证明讯问过程合法的同步录像材料。

B. 证明获取被告人口供过程合法，经侦查人员签名并加盖公章的书面说明材料。

C. 根据被告人供述提取到的隐蔽性极强、并能与被告人供述和其他证据相印证的物证。

D. 对与被告人有利害冲突的证人所作的不利被告人的证言的真实性进行佐证的书证。

2. 关于补强证据，下列哪一说法是正确的？（2012 年司法考试试卷二第 40 题）

A. 应当具有证据能力。

B. 可以和被补强证据来源相同。

C. 对整个待证事实有证明作用。

D. 应当是物证或者书证。

3. 关于证人证言的收集程序和方式存在瑕疵，经补正或者做出合理解释后，可以作为证据使用的情形，下列哪一选项是正确的？（2012 年司法考试试卷二第 42 题）

A. 询问证人时没有个别进行的。

B. 询问笔录反映出在同一时间内，同一询问人员询问不同证人的。

C. 询问聋哑人时应当提供翻译而未提供的。

D. 没有经证人核对确认并签名（盖章）、捺指印的。

4. “证人猜测性、评论性、推断性的证言，不能作为证据使用”，系下列哪一证据规则的要求？（2011 年司法考试试卷二第 26 题）

A. 传闻证据规则。

B. 意见证据规则。

C. 补强证据规则。

D. 最佳证据规则。

第二编

证据论

第四章

证据概述

知识结构图

证据的特征{客观性；关联性；合法性}

证据采信的基本要求{我国证据采信的基本要求；大陆法系证据采信的基本要求；英美法系证据采信的基本要求}

本章导读

本章概要地讲述了证据的基本问题，学习者应在了解证据概念的基础上，首先，应注意区分证据方法、证据资料、证据原因等几个相近概念的含义。其次，应掌握证据的三个基本特征，即客观性、关联性和合法性，证据的三个基本特征是法官对证据进行采信的标准和依据。最后，应对我国及两大法系的证据采信的基本要求予以了解。

司考重点

基本要求：

能够了解民事证据的概念及相近概念之区别。

理解并掌握民事证据的三个基本特征，并能够结合案件情况初步运用证据的三个基本特征判断证据的证据能力和证明力。

考试内容：

民事证据概述。

民事证据的概念，民事证据的特征（客观性、关联性和合法性），民事证据的证明能力和证明力。

导入案例

由于不时听到丈夫带女人回家的传言，张女士怀疑自己的丈夫有了外遇，但又苦于没有掌握确凿的证据。经他人的指点，张女士悄悄请人在自己家的卧室里安装了一套监控录像设备。秘密地将丈夫在某一天带女人回家发生性关系的情景全部记录下来。随后，张女士以此录像内容作为丈夫出轨的重要证据起诉离婚，并主张丈夫对感情破裂有过错而要求予以精神损害赔偿。丈夫则认为妻子私下录像内容侵犯其个人隐私，属于非法证据而不应采纳。①

问题：

张女士提交的录像内容，是否符合证据的三个特征？能否作为认定本案事实的根据？

第一节　证据的概念

一、证据概念的几种学说

证据是诉讼法领域一个专门的概念，关于证据的概念，学界有不同的观点，主要表现为"事实说""材料说""根据说""方法（手段）说""双重含义说""统一说"等。

（一）事实说

事实说认为证据是能够证明案件情况的客观事实。英国法学家边沁认为，证据是在"最广泛意义上，把证据假定为一种真实，成为相信另一事实存在或不存在的理由的当然事实"。美国证据法学家威格莫尔也认为，证据是"任何一件或一组可知的事实，而不是法律的或伦理的原理"。②

---

① 本案例来自李明主编：《证据法学》，厦门大学出版社2014年版，第59页。

② 李明主编：《证据法学》，厦门大学出版社2014年版，第61页。

（二）材料说

材料说认为证据是证明案件事实的材料。英国法学家摩菲认为证据是“能够说服法官认定某个案件事实为真实或可能的任何材料”。[①]

（三）根据说

根据说将证据界定为认定案件事实的根据。比如我国台湾地区部分学者认为“证据者，足使法院认定当事人之主张为真实之凭据者，谓之”。我国大陆很多学者也采“根据说”，比如江伟、樊崇义、杨荣馨等主编的相关教材中持“根据说”。[②]

（四）方法（手段）说

方法（手段）说认为，证据是认定某一特定事实的方法或手段。日本法学家兼子一教授认为，“证据是法官为确定判决的基础资料而取得的诉讼上的手段和方法”。[③]

（五）双重含义说

双重含义说认为证据具有双重含义，既可以指事实，即能够证明案件真实情况的一切事实，也可以指证据的表现形式，比如证人证言、书证等证据种类。[④]

（六）统一说

统一说强调证据内容与证据形式的统一。从证据反映的内容方面看，证据是客观存在的事实；从证明关系看，证据是证明案件事实的凭据；从表现形式看，证据必须符合法律规定的表现形式。“证据是以法律规定的形式表现出来的能够证明案件真实情况的一切事实”。[⑤]

认识证据，应当从其内容和形式两个方面把握，即证据也是内容和形式的统一体。证据的内容就是其承载的与案件相关的事实信息，而证据的形式则是各种证据的物质载体，比如物证与书证是以实物为载体的，人证是人的言辞为载体的，实物、言辞等就是证据的形式。

我国现行的《刑事诉讼法》第四十八条对证据的界定采用“材料说”和“根据说”，《刑事诉讼法》第四十八条规定：“可以用于证明案件事实的材料，都是证据。……证据必须经过查证属实，才能作为定案的根据。”我国现行的《民事诉讼法》第

---

① 李明主编：《证据法学》，厦门大学出版社 2014 年版，第 62 页。

② 参见江伟：《民事诉讼法》，高等教育出版社、北京大学出版社 2000 年版，第 128 页；樊崇义：《刑事诉讼法学》，法律出版社 2004 年版，第 205 页；杨荣馨：《民事诉讼法教程》，中国政法大学出版社 1991 年版，第 210 页。

③ 宋朝武著：《民事证据法学》，高等教育出版社 2003 年版，第 12 页。

④ 殷宪龙、李继刚编著：《证据法学》，法律出版社 2014 年版，第 57 页。

⑤ 李明主编：《证据法学》，厦门大学出版社 2014 年版，第 63 页。

六十三条关于证据的表述采“根据说”,《民事诉讼法》第六十三条规定:“……证据必须查证属实,才能作为认定事实的根据。”

二、相近概念辨析

(一)证据方法、证据资料、证据原因之界定

(1)证据方法。证据方法是指法院在认定案件事实过程中,作为证据调查对象或调查素材的人或物[①]。依据外观载体的表现形式不同,证据方法可以分为人的证据方法或物的证据方法,简称人证和物证。人证包括证人、鉴定人、当事人三种。物的证据方法通常包括书证和勘验物两种。[②]

(2)证据资料。证据资料是通过证据方法获得的内容,如证人的证言、当事人的陈述、鉴定人的鉴定意见、书证的内容、勘验的结果。一般来说,通过证据调查方法,就能获得证据资料。

(3)证据原因。证据原因是使法官能够形成心证的原因,是法院裁判的依据。

(二)证据方法与证据资料的区分

(1)二者产生的时间不同。证据方法存在于调查之前,比如物证、书证、证人证言都是在调查前就存在的。而证据资料则是在调查过程中才产生的,比如勘验检查笔录、鉴定结论、询问笔录、讯问笔录等,都是伴随着调查活动才产生出来的。证据资料体现着办案人员对证据的认识。

(2)二者产生的过程不同。证据方法产生于实体过程,指案件发生的过程中。证据资料则产生于程序过程,如勘验过程、鉴定过程、询问或讯问过程中。

(3)是否独立于人的意识有所不同。证据方法属于客观存在的实体,独立于办案人的意识之外。而证据资料是在办案人员进行证据调查的过程中,随着主体对证据方法的认识和反映而产生的,离不开办案人员的思维活动。

(4)所属的范畴不同。证据方法是诉讼主体认识和调查的对象,而证据资料则是诉讼主体认识和调查的结果。认识和调查的对象总是先于认识和调查的结果而产生。作为认识的对象,证据方法属于客观范畴;作为认识的结果,证据资料属于主观范畴。[③]

---

① 参见占善刚著:《民事证据法研究》,武汉大学出版社 2009 年版,第 26 页;何家弘、刘品新著:《证据法学》,法律出版社 2006 年版,第 110 页。

② 何家弘、刘品新著:《证据法学》,法律出版社 2006 年版,第 110 页。

③ 廖永安、李蓉:《证据法学》,厦门大学出版社 2012 年版,第 87 页。

第二节 证据的特征

从法院裁判案件的角度看，证据作为证明案件事实的依据，必须满足特定的属性和特征，才能被人民法院采纳和采信。一般来说，法院用作认定案件事实根据的证据，应具有合法性、真实性和关联性三个特征。

一、合法性

证据的合法性，是指证据必须符合法律规定的要求，按照法定的程序收集和提供。证据的合法性包括三方面的要求。

(1)证据主体必须符合有关法律的规定。我国《民事诉讼法》中关于各种人证的规定，比如关于证人资格的规定，关于鉴定人资格的规定，不具备证人资格的主体所做的证言，不具备鉴定人资格的主体所做的鉴定意见，即使具备关联性和客观性，因不符合合法性的要求，不能被法院采为证据。

(2)证据的表现形式合法。证据必须符合法律所要求的特定形式。这种特定形式既可能表现为实体法对证据的要求，如书面证据、公证证据、登记证据等，也可能表现为程序法对证据的要求，如 1991 年《民事诉讼法》规定的证据的七种表现形式。①

(3)证据的收集、提供程序合法。首先，证据的收集程序应当合法，违反法定程序收集的证据，不得作为定案根据。比如通过刑讯逼供、威胁、引诱、欺骗等非法方法获得的证据属于非法证据，应当排除。其次，有些证据必须经过特定的法律程序后才能被采用。比如我国 2001 年最高人民法院颁布的《民事诉讼证据规定》第十一条规定："当事人向人民法院提供的证据系在中华人民共和国领域外形成的，该证据应当经所在国公证机关予以证明，并经中华人民共和国驻该国使领馆予以认证，或者履行中华人民共和国与该所在国订立的有关条约中规定的证明手续。当事人向人民法院提供的证据是在香港、澳门、台湾地区形成的，应当履行相关的证明手续。"再次，当事人收集的证据应当在法院指定的举证期限内提交，否则法院不予采纳和采信。最后，证据材料必须符合法律规定的质证程序。根据我国《民事诉讼证据规定》第四十七条规定："证据应当在法庭上出示，由当事人质证。未经质证的证据，不能作为认定案件事实的依据。"

---

① 宋朝武著：《民事证据法学》，高等教育出版社 2003 年版，第 16 页。

二、真实性

证据的真实性又称证据的客观性,是指证据具有不以人的主观意志为转移的客观存在的属性。证据的客观性包括以下两方面的含义:①证据的形式是客观的,表现为客观存在的实体,无论书证、物证、电子数据、视听资料还是证人证言、鉴定意见等证据,都是客观世界中的现实存在,具备一定的客观外在的载体,能够被人们所感知和认识。②证据所表述的内容是客观的,是对案件事实的客观反映,而不是对案件事实的主观想象、猜测、分析和判断。

从理论上讲,证据的形式和内容都应是客观、真实的,但司法实践中,证据无不经由人的实际运用,甚至直接是由人的言辞来表现的。证据在被发现、认识、运用于证明未知的事实的整个过程都可能染上人的主观色彩。证据具有真实、客观的一面,但更有主观的一面,我们必须对证据的主观性保持足够的警惕。

证据的主观性具体表现有 4 点:①据以认定未知的事实,说明证据之所以成为证据,是由主体决定的。②主体选择了证据的方法认识未知的事物,只是具备证据客观性条件的事实成为证据的大前提,只有在主体再一次选择某事实作为其认识未知事物的证据,某事物转化为证据的可能性才能成为现实性。③最为关键的是,主体的目的性,决定了证据之所以成为证据,首先在于主体的价值观,即主体选择某物而不选择某物,是根据其对主体的有用性决定的。为了证明同一个未知的事物,不同的主体可能根据其主观目的不同做出不同的选择。包括立法上规定哪些客观事实是证据,证据的种类有哪些等。这一点,在诉讼中表现尤其明显。④主体努力将包含在证据之中的主观特性剥离,恢复其客观特性的本来面目,实际是以内在的主观特性排斥外在的主观特性,形成主体对客观特性的正确认识。最终使客观事实转化为证据的过程得以完成。证据的客观特性与证据的主观特性就是这样的“合二为一”。①

三、关联性

证据的关联性是指证据与案件事实之间存在某种联系,并对证明案情具有实际意义。这种联系既可能表现为直接联系或间接联系,也可能表现为肯定联系或否定联系。证据的关联性是确定证据证明力的有无、证据证明力的大小的重要依据。

---

① 朱友学:《证据主观特性新论——主观特性决定证据之为证据》,来源人民法院网。ttp://www.chinacourt.org/article/detail/2004/10/id/137841.shtml

在认定案件事实的过程中,要正确认识和理解证据的关联性,应注意以下几点:

(1)证据与案件事实之间的联系是客观存在的,不以人的主观意志为转移。司法人员在分析证据与案件事实之间的关联性时,既不能主观臆造,也不能牵强附会。

(2)证据与案件事实之间的联系具有多样性。在范围上,有时间和空间之间的联系;在途径上,有直接关联与间接关联;在规律上,有因果关系的必然关联,也有个别情形下偶然巧合形成的偶然关联;在功能和作用上,有肯定关联和否定关联。

(3)证据与案件事实之间的联系具有可认识性。证据与案件事实之间的联系通过人的主观判断可以认识,所不同的是,有的事实比较明显,容易判断;有的事实比较复杂,不大容易判明,甚至需要通过检查、辨认、检验和鉴定才能确定。①

证据的特征是确定证据是否具有证据资格以及证明力大小的标准和依据,三个属性相互联系,缺一不可。

第三节　证据的意义

首先,证据是认定案件事实的依据。诉讼中案件裁判涉及两方面内容,一是事实认定,二是法律适用。其中查明案件事实是对案件进行裁判的基础和先决条件。而查明案件事实的基础和依据就是证据,没有证据或证据不充分,都无法完成对案件事实的认定。

其次,证据是进行诉讼活动的基本条件。证据裁判原则是现代诉讼必须遵循的一个基本原则,在证据裁判原则下,要求裁判及事实认定必须依据具有证据能力且经过调查的证据,也就是说,证据是进行诉讼活动的基本条件。整个诉讼过程是一个证明活动和证明过程,是一个收集证据、运用证据、审查判断证据的过程。没有证据,诉讼活动就缺乏了继续进行的条件和前提,

再次,证据是司法公正的基础。公正是司法的生命线,追求公正的裁判结果是各国孜孜以求的目标。要实现公正的裁判结果,必须以充足的证据材料作为支撑,否则,诉讼活动即成为无源之水,无本之木。只有运用和依赖证据,才能查明案件事实,并运用法律规范对案件做出裁判。

最后,证据是维护当事人合法权益的手段。如果当事人的合法权益受到侵害,有权向人民法院提起诉讼,请求法院维护自己的合法权益。当事人要想借助司法

① 樊崇义主编:《证据法学》,法律出版社 2003 年版,第 134 页。

救济的方式维护和实现自己的合法权益,就需要收集足够的证据,获得胜诉判决,法院才会支持自己的诉讼请求,反之,如果当事人提供的证据不足,不能证明自己的诉讼请求,就会招致败诉的后果,自己的合法权益则难以得到维护。正所谓"打官司就是打证据",生动地揭示了证据对于维护当事人合法权益的重要性。

第四节 证据采信的基本要求

在诉讼法中,不论证据对待证事实的证明力大小如何,凡是能够满足法定基本条件的证据材料,就可以用于证明案件事实。证据采信的基本要求,与各国的诉讼证明要求和法律传统有关,世界上两大法系,由于法律传统和证明要求不同,证据采信的基本要求也各有不同。

我国的诉讼法并没有具体规定证据采信的基本要求,在具体的司法实践中,法院对证据进行采信时普遍依据证据的三个基本特征——客观性、关联性、合法性,作为证据采信的基本要求。

大陆法系的证据采信需满足两个条件,一是证据能力(也有叫证明能力),二是证明力。所谓的证据能力,是指一定的事实材料作为诉讼证据在法律上的能力或资格,也称证据资格。具备证据能力,是证据被采信的前提条件。当事人提交的证据,只有具有证据能力,才能被法官作为认定案件事实的依据。基于发现真实的目标,大陆法系对证据能力很少加以限制。而证明力,是指证明案件事实的能力和作用,也称"证明价值""证明作用""证据力"。

证据要转化为定案证据,必须具有证明力。虽然每个证据的证明力大小各不同,证据只要具有客观性、关联性,就具有一定的证明力。在大陆法系,证据证明力大小由法官根据自己的理性、经验和良知依据自由心证原则进行判断,法律不做限制性规定。

在英美法系国家,证据采信的基本要求包括两个方面:关联性和可采性。《美国联邦证据规则》第四百零一条将"关联性"定义为:"指证据具有某种倾向,使决定某项在诉讼中待确认的争议的事实的存在比没有该项证据时更有可能或更无可能。"如何判断证据与案件事实的相关性,美国学者华尔兹认为,通过依次回答下列三个问题,有助于判断证据的相关性:第一,所提的问题是用来证明什么的,即问题是什么?第二,这是本案的实质性问题吗?第三,所提的证明材料对该问题有证明性吗?实际上,对证据关联性的判断,需要根据具体案件,由法官根据符合逻辑的经验与常识进行判断。证据的可采性,是指当事人提交的证据符合了法律规定的采纳标准,才可准许进入诉讼程序。英美法系国家对证据可采性的判断主要是从反面方式进行的,也就是该证据材料是否具有排除规则的情形,只要不存在证据排除规则的情形,即具有可采性。常见的证据排除规则主要包括非法证据排除规则、自白排除规则、传闻证据排除规则、意见证据排除规则等。此外,有时处于支持公共政策的目的,某些具有相关性的证据也可能被排除。[①]

第五节 我国证据的种类

关于证据种类的规定,我国三大诉讼法稍有不同。我国《行政诉讼法》第三十三条规定了以下八种证据种类:①书证;②物证;③视听资料;④电子数据;⑤证人证言;⑥当事人的陈述;⑦鉴定意见;⑧勘验笔录、现场笔录。我国《民事诉讼法》第六十三条规定了以下八种证据种类:①当事人的陈述;②书证;③物证;④视听资料;⑤电子数据;⑥证人证言;⑦鉴定意见;⑧勘验笔录。我国《刑事诉讼法》第四十八条规定了以下八种证据种类:①物证;②书证;③证人证言;④被害人陈述;⑤犯罪嫌疑人、被告人供述和辩解;⑥鉴定意见;⑦勘验、检查、辨认、侦查实验等笔录;⑧视听资料、电子数据。

在我国,关于这些证据种类的适用要求,具体规定则散见于诉讼法、实体法以及最高人民法院颁布的相关司法解释中,如最高人民法院于 2001 年颁布的《关于民事诉讼证据的若干规定》,2015 年颁布的《最高人民法院关于适用〈中华人民共和国民事诉讼法〉的解释》,2012 年颁布的《最高人民法院关于适用〈中华人民共和国刑事诉讼法〉的解释》,2010 年由最高人民法院、最高人民检察院、公安部等颁布的《关于办理刑事案件排除非法证据若干问题的规定》,2002 年颁布的《最高人民法院关于行政诉讼证据若干问题的规定》等。

本章小结

证据即可指证明案件真实情况的"材料",也可以指证明案件真实情况的"事实",证据既有内容,也有形式。合法性、真实性和关联性是认识证据特征的关键内容,一般称为证据的三属性或三个基本特征,三者也是分析和把握证据内容的关键切入点,在司法实践中广为运用。司法中可以使用的证件种类是由立法明确规定的,这就是证据种类的法定化。我国三大诉讼法各自规定了八种证据,综合起来,我国法定的证据种类包括:当事人的陈述,证人证言,被害人陈述,犯罪嫌疑人、被告人供述和辩解,鉴定意见,书证,物证,视听资料,电子数据,勘验笔录,现场笔录,检查、辨认、侦查实验等笔录。

---

① 李明主编:《证据法学》,厦门大学出版社 2014 年版,第 66 页。

相关知识链接

1. (美)伦伯特编,魏晓娜译:《证据故事》,中国人民大学出版社 2012 年版。
2. 雷海军著:《给力的证据》,法律出版社 2011 年版。
3. 张建伟:《证据法要义》,北京大学出版社 2014 年版。

思考与分析

1. 如何理解证据的含义?
2. 证据的特征包括哪些?
3. 证据的采信要求包括哪些内容?
4. 我国三大诉讼中证据的法定种类包括哪些?

第五章

物证、书证

知识结构图

物证
- 物证的概念、特征
- 物证的分类
- 物证的意义

书证
- 书证的概念及分类
- 书证的特征
- 书证的作用及证据效力

书证和物证的区别
1. 证明案件事实的方式不同
2. 要求不同
3. 是否需要借助专门的技术手段不同
4. 反映的内容不同
5. 能够证明的案件事实不同
6. 保存和固定方法不同

本章导读

书证和物证是三大诉讼法中规定的较为重要的两种法定的客观证据、实物证据。本章的内容是介绍书证和物证，学习者应在了解书证和物证各自概念的基础上，掌握书证和物证各自的特征，了解书证和物证各自的分类，并掌握书讧和物证在实践中的运用规律。

司考重点

基本要求：

掌握书证的概念、特征与分类。

掌握物证的概念、特征与分类。

能够结合具体案例熟练分析运用书证和物证，并能够在案例中区别运用书证和物证。

考试内容：

书证的概念与特征、书证的分类、书证的作用及证据效力，物证的概念与特征、分类及意义，书证与物证在案例中的区别运用。

导入案例

周某与某书店因十几本工具书损毁发生纠纷，书店向法院起诉，并向法院提交了被损毁图书以证明遭受的损失。(2010 年司法考试真题)

关于本案被损毁图书，属于下列哪些类型的证据？(多项选择)

A. 直接证据。

B. 间接证据。

C. 书证。

D. 物证。

第一节 物　证

一、物证概念

物证是以其外部特征、物质属性以及存在场所证明案件事实的物品或痕迹。外部特征是指物证的大小、形态、规则等；物质属性，是指物证的成分、结构、重量、质量等；存在场所是指物证的运动状况和空间位置，比如汽车行驶的速度、车辆停放的位置等。

二、物证特征

(一)物证的表现形式是实物或痕迹

这里的实物既包括有形物,也包括无形物;既包括肉眼看到的实物,也包括肉眼看不到的、需要借助仪器或设备才能观察到的实物。故此痕迹应该也属于实物的范畴。

(二)物证具有较强的客观性和可靠性

物证属于"哑巴证据",主要是凭借其特征、属性及存在状况等客观特性来证明待证的案件事实,不像言词证据容易受到人的主观因素的影响,较之其他证据具有较强的客观性和可靠性。

(三)物证具有"双联性"的特点

物证一头连接已知事实,一头连接未知的待证事实,是已知事实和待证事实之间的桥梁。但物证不能直接证明待证的案件主要事实,比如现场留下的血手套,假定已知血手套的主人是张某这样一个已知事实,仅此一个已知事实还不能证明张某就是杀人凶手,因为要用血手套来证明谁是杀人凶手,需要经过两个证明环节,一是戴血手套的人是杀人凶手,二是谁是血手套的主人。①

(四)物证对事实的证明具有间接性,所以在诉讼证明中只能作为间接证据

物证作为哑巴证据,虽不会说谎,但也不会说话,加之物证的双联性特征,反映的是事物的片段和某一个静态的场景,所以物证对事实的证明必须结合其他证据才能发挥其证明作用,所以物证不能单独、直接证明案件主要事实,属于间接证据。

(五)物证对案件事实的证明往往需要依赖科学技术手段

有些物证是肉眼看不到的,对其进行提取和固定需要采用科学技术手段;有些物证如血迹是通过其中包含的遗传基因来证明案件事实的,必须采用科学技术手段。

(六)物证既有可能是原始证据,也可能是传来证据

凡是直接来源于案发现场、作为原物保存下来的物证都属于原始证据。对于原物无法提取或无法长期保存,需要运用摄影、复制等方法予以固定和收集的物证,则属于传来证据,例如痕迹物证。关于物证,不能机械地强调原始物证的优越性而排斥传来物证,否则就会阻碍许多物证进入诉讼程序,比如,几乎所有的痕迹

① 何家弘、刘品新著:《证据法学》,法律出版社2008年版,第153页。

物证都不可能将原始痕迹取下。

三、物证的分类

(1)根据物证的存在形态或存在状态可以将物证分为固体物证、液体物证、气体物证。还有的学者将其划分为实体物证和痕迹物证。以实体物存在的物证即为实体物证,如赃款、赃物、被损坏的物件、合同标的物等。以某种作用力的印迹作为证据的,即为痕迹物证,如撬痕、指纹、鞋印、轮胎印等。这种划分方法有助于采用恰当的方法去收集、固定证据。

(2)根据物证的体积大小,可以将物证分为巨体物证、常体物证或微体物证。也有的学者称之为宏观物证和微观物证。巨体物证,如飞机、轮船、楼房等。常体物证指可以对原物进行提取并在法庭上予以出示的物证。微体物证指体积较小以至于人的感官不能直接感知到,需要借助于设备和仪器才能发现的物证,如粉末、纤维等。

(3)根据物证的存在特征,可以将物证分为物理物证、化学物证及生物物证。以物理学特征存在的物证叫作物理物证,如痕迹。以化学特征存在的物证,叫作化学物证,如微量元素。从动植物及人体上掉落的具有生物特征的物证叫作生物物证,如毛发、血液、指甲、分泌物等。

(4)根据物证发挥证明作用的途径,可以将物证分为特征物证、属性物证、状况物证。特征物证如物体的结构、形态、光泽、气味等。属性物证如物体的组成成分、质量的好坏等。存在物证如当事人的走路方式、书写习惯、物体的存放位置等。

(5)以发现物证的感官为标准,可以将物证分为视觉物证、触觉物证、嗅觉物证和听觉物证。视觉物证是通过人体视觉器官可以发现的物证;触觉物证是通过人体触觉可以发现的物证;嗅觉物证是指通过人的嗅觉可以发现的物证。听觉物证是指通过人的听觉可以发现的物证。

(6)以其收集、提取方式为标准,物证可以分为原始物证和派生物证。原始物证是指直接将物品原件提取而用作证据的物证。如直接在法庭上出示的衣物、作案工具、涉案的钱款及物品等。派生物证是在原始物证的基础上形成的物证复制品,如涉案物品的照片、录像或模型等。在司法实践中,能够提取物证原件的,应当尽量收集、提取原件;无法出示原件的,也可以提供照片或录像资料。

四、物证的意义

(一)物证是查明事实真相的重要手段

物证是以其外在特征、内在属性及存在状况证明案件事实的,具有较强的说服力,当事人如果能收集到可靠的物证,可增强其胜诉的把握;如果物证一旦灭失,对查明事实真相极为不利。鉴于物证对事实证明的重要性，所以，全面、细致地对物证进行收集、提取和固定对诉讼主体是极为重要的。

(二)物证具有较强的客观性，对当事人、证人等的陈述具有制约作用

所谓铁证如山，就是在物证面前，当事人、证人往往无法抵赖或做虚假陈述，只能就案件事实如实陈述。反之，一旦当事人、证人进行了虚假的、不符合事实的陈述，审判主体可以依据物证判断其陈述的真伪。

(三)物证对同案其他证据具有线索或印证作用

已经发现和收集的证据可以为证据调查提供线索、指明方向，也可以将其与其他同案证据进行甄别、比较，从而通过证据之间的矛盾，发现和鉴别出虚假的、不具有证明效力的证据，并将其排除。

第二节　书　证

一、书证概念

书证是指用文字、符号或图画所表达的思想内容来证明案件事实的证据，也就是说，书证是指以其内容来证明待证事实的有关情况的文字材料。作为书证，必须同时具备以下前提条件：

(1)必须是以文字、符号、图画等记载或者表达了人的一定思想的物品，并且书证所记载和表达的思想内容，按照通常标准，能够为人们所认识和理解，可借以发现信息。书证的内容就是文字等所记载的内容、表达的思想，其形式(载体)包括两个层次，即文字、图画或符号，以及诸如承载文字的纸张、木板、地面、墙壁等载体。

(2)所记载的内容或表达的思想，必须与待证案件事实有关联，能够证明案件事实。

二、书证的分类

书证可以进行不同的分类。

(一)公文书证和私人书证

这是根据书证制作机关的不同所进行的分类。由国家公职机关行使职权制作的书证就叫作公文书证，由公民个人制作的书证叫作私人书证。一般来说，公文书

证制作有着严格的要求，而私人书证制作相对自由，前者一般比后者可靠。

(二)处分性书证和报道性书证

这是根据书证所表达的内容进行的划分。所谓处分性书证，是指书证的内容能够产生、变更或消灭一定的法律关系或者产生一定法律效果的书证。如签订的合同、订立的遗嘱。所谓报道性书证是指，书证的内容不会引起法律后果的产生，但其记录、描述、报道的内容可以证明某一事实的存在或不存在，比如书信、日记、账簿、病例等。诉讼中，法院认定了处分性书证，很有可能需要按照该类书证的内容对当事人之间的权利义务关系做出相应的处理。

(三)普通书证和特别书证

这是根据书证的表现形式所进行的一种分类。所谓特别书证是指对书证的形式有明确要求的书证，比如自书遗嘱要求有两个以上在场人的签字或证明。所谓普通书证是指对书证的形式没有特定的要求，只要其以文字、符号、图画表达一定的思想内容就可以了。特别书证的制作有着相对严格的条件要求等，其一般比普通书证可靠。而且，特别书证也可以从其是否符合制作条件要求等方面判断其是否可以采信。

(四)原本、正本、副本、节录本、影印本

这是根据书证的制作方式不同所进行的一种分类。所谓原本是指书证的制作人最初做成的文件。正本是指对原本进行全文抄录和印制、与原本具有相同效力的文件。原本一般用来存档，正本用来发给受件人。副本的制作方式和内容与正本相同，但不具有正本的效力，副本是用来发给主受件人以外需要了解其内容的其他人，如将起诉状副本送达被告。节录本是通过对原本部分内容的摘抄所形成的文件。影印本是原本或正本的复印件或通过运用摄影技术所形成的二次文书。书证一般应当提交原件，如果提交原件有困难，可以提供副本或节录本。

三、书证的特征

(一)书证的内容具有明确性、直接性

由于书证是以文字、符号、图画等直观的形式表将其内容明确、清楚地显示出来，所以书证的内容具有明确性、直接性的特点。

(二)书证可以作为直接证据使用

所谓直接证据，是指能够单独、直接证明案件主要事实的依据。书证尤其是处分性书证，其记载的内容能够产生一定的法律后果，有时一个书证就能单独证明当事人之间存在的权利义务关系，比如合同书。所以书证可以作为直接证据使用。

(三)书证的内容具有稳定性

书证以文字、符号、图画表示，一经形成，就具有较强的稳定性，既不易消除，也不易更改,不像言词证据一样容易发生变化。

(四)书证具有思想性

文字、符号、图画作为人类文明发展的象征,是表述和反映人的思想、传递信息的物证材料,所以,用文字、符号、图画作为反映媒介的书证必然是人有意识的思想的反映。

(五)书证具有物质性

书证的外形或载体表现为布帛、皮革、金石、竹木等物质材料,所以在某种程度上,书证具有物质性。所以有时候书证与物证容易混淆①。但书证与物证在证明案件事实的方式上有本质的不同,书证是用文字、符号、图画等表达的思想内容来证明案件事实的,而物证是用外在特征、存在状况、内在属性来证明案件事实的。

四、书证的作用

(一)书证使用广泛

文书是日常生活中人们沟通、交流、传递信息的媒介,在社会生活中被广泛使用,这些文书一旦涉讼,就可作为书证使用。另外许多法律行为必须以书面的形式进行,所以书证是诉讼活动中使用较为广泛的证据。

(二)书证内容表达清楚,往往可以作为直接证据证明案件事实

书证是通过纸张等有形的载体,借助于文字、符号、图画等表达的思想内容来证明案件事实的,意思表示较为明确、具体、形象,所谓"白纸黑字",形象解释了书证的作用。还有一些书证是在当事人在民事活动中订立的,能够直接证明民事法律关系的产生、变更和消灭,这类书证往往可以单独直接证明案件事实。

(三)书证具有固定性,证明力较强

书证一旦形成,就可以脱离书写人成为客观实在物。只要书证本身保存完好,它所记载和表述的内容就可以长期保存。即便其依赖的载体如纸张、布帛遭受损坏,但载体上的文字、符号、图画等内容没有受到影响,也不影响其证明力。相对于言词证据,其更稳定和固定,更清楚和准确,具有较强的证明力。②

(四)书证对同案其他证据具有引证和印证作用

书证有清楚的文字表述,揭示了案件的来龙去脉,具有较强的可靠性、稳定性,

---

① 卞建林主编:《证据法(原理 图解 案例 司考)》,中国民主法制出版社2015年版,第194页。

② 陈光中主编:《证据法学》,法律出版社2013年版,第165页。

既可以用来核实其他证据材料是否可信和真实,还可以提供收集其他证据的线索,比如可以根据书证上的签名以及签名人的联系电话和地址寻找签名人等证据线索。

五、书证的证据效力

书证具有两种证据效力,一是形式证据力,二为实质证据力。所谓书证的形式证据力,是指书证本身的证据力,书证只要符合当时的制作情况,制作手续完备,制作人的签名真实,不是伪造或变造的,就具有书证的形式证据力。所谓书证的实质证据力,是指书证内容所反映的事实与案件事实或其他有关待证事实有真实的联系,即书证上所书写的事实能够真实地反映案件发生的事实真相。①

第三节　物证与书证的区别

第一,两者证明案件事实的方式不同。书证是以客观物质材料作为载体,借助文字、符号、图画等表达的思想内容来证明案件事实的,而物证是以存在方式、外部特征、物质属性来证明案件事实的。例如账册和单据,如果以账册和单据的内容来证明当事人之间发生了合同法律关系,则是书证;如果根据账册上涂改笔迹的鉴定确定了进行涂改的人,则该证据是以其外部特征来证明案情,则属于物证。再比如一本书,如果是教师用书来打小学生导致其受损,则该书是物证,如果是用该书来证明侵犯著作权的事实,则该书是书证。

第二,两者的要求不同。对于某些书证,法律有特殊要求,比如必须具备特定的形式,而对于物证则没有这种特殊要求。

第三,书证的内容反映了制作人的主观思想,具有主观属性;而物证并不反映人的主观思想,具有客观属性。

第四,是否需要借助专门的技术手段不同。书证所表达和记载的内容和形式,一般能够为常人所理解,其反映的内容一般较为明确、清楚,一般无须借助专门的技术手段。而物证在表现形式上由客观存在的特殊状态所决定,许多情况下必须借助专门的技术手段,才能揭示其与案件事实的联系。

第五,能够证明的案件事实不同。书证在许多情况下可以证明案件主要事实或案件中的某一部分事实,其证明的案件事实情节比较完整,而物证往往只能证明案件事实的个别片段。

---

① 陈一云主编:《证据学》,中国人民大学出版社2010年版,第192页。

第六,在保存和固定的方法上不同。书证通常以纸张、布帛等物质材料作为载体,所以对书证通常可采用复印等方式予以保存、固定,而物证的保存与固定方式呈现多样化①,一般采用制作勘验笔录、拍照、录像、提取原物、封存、开列清单附卷、绘图、制作模型等方法。

本章小结

书证和物证因具有较强的客观性和稳定性,属于比较重要的证据种类,两者均具有较强的证明力。物证具有以下特征:物证的表现形式是实物或痕迹;物证具有较强的客观性和可靠性;物证具有"双联性"的特点;物证对事实的证明具有间接性,物证属于间接证据;物证对案件事实的证明往往需要依赖科学技术手段。用文字、符号、图画所表达的思想内容来证明案件事实的证据,就是书证。书证具有以下特征:书证的内容具有明确性、直接性;书证可以作为直接证据使用;书证的内容具有稳定性;书证具有思想性;书证具有物质性。书证和物证可以相互转换,但诉讼对二者的使用侧重点明显不同。书证和物证的区别主要表现在证明案件事实的方式、在形式的要求上、在是否反映主观思想上、在是否需要借助专门的技术手段上、在能够证明的案件事实上以及保存和固定的方法上。

相关知识链接

1. 卞建林主编:《证据法》,中国民主法制出版社 2015 年版。
2. 陈光中主编:《证据法学》,法律出版社 2013 年版。

思考与分析

1. 什么是物证? 物证可以进行怎样的分类?
2. 物证的特征包括哪些内容?
3. 什么是书证? 书证可以分为哪些种类?
4. 如何认识书证的特征?
5. 书证和物证的区别表现在哪些方面?

---

① 卞建林主编:《证据法(原理 图解 案例 司考)》,中国民主法制出版社 2015 年版,第 195 页。

第六章

证人证言、当事人陈述

知识结构图

证人证言
- 证人证言的概念、特征、意义
- 证人的分类、证人的资格
- 证人的诉讼权利和诉讼义务

当事人陈述
- 当事人陈述的概念、特征
- 当事人陈述的分类、证据效力
- 当事人陈述的意义、当事人自认

本章导读

本章讲述了证人证言和当事人陈述两种证据种类。关于证人证言,应在了解证人证言的意义、证人分类基础上,重点掌握证人证言的特征、证人资格以及证人享有的诉讼权利和诉讼义务。关于当事人陈述,除了了解当事人陈述的意义和分类外,应重点掌握当事人陈述的特征、当事人陈述的证据效力以及当事人自认的相关知识点。

司考重点

基本要求:

了解证人的分类和当事人陈述的分类;掌握证人证言的概念和特征、证人资格以及证人享有的诉讼权利和诉讼义务;理解并掌握当事人陈述的概念和特征、当事人陈述的证据效力以及当事人自认的分类、构成要件及效力。

考试内容：

证人证言的特征、证人资格、证人享有的诉讼权利和诉讼义务；当事人陈述的特征、证据效力、当事人自认的构成要件及效力。

导入案例

2016年8月5日，刘某把张某作为被告起诉到法院，请求张某返还欠款5万元，刘某除了自己的陈述外，还向法院提供了丁某的证言，丁某声称曾于2015年12月听张某说过借了刘某5万元钱。

问题：

1. 本案中原告提供的证据有哪几种？

2. 在你看来，原告提供的证据能否支持自己的诉讼请求？为什么？

第一节　证人证言

一、证人证言的概念和特征

在我国，证人证言是指当事人以外的第三人就自己所知晓的案件事实向法院所做的口头或书面陈述。证人证言有以下几个方面的特征。

（1）证人证言是由了解案件情况的自然人所做的陈述。证人证言是以语言表述作为存在形式，所以证人一般要亲自出庭，向法庭陈述自己所感知的案件事实，即使证人因客观原因和特殊情况不能出庭而做书面证言，也不能看成是书证，因为证言是证人对案件事实感知情况的口头表述而形成的书面记录，重点还是以口头表述的方式证明案件事实的。

（2）证人证言是由当事人之外的第三人所提供。证人只能由当事人之外的第三人提供，不能由当事人本人提供。

（3）证人具有不可替代性。证人不是任何人都可以担任的，只有了解案件情况的才能成为证人，所以证人具有不可替代性。相比之下，鉴定人在诉讼过程中可以更换。

（4）证人证言的形成具有亲历性和直接性的特点。证人证言必须是自己亲身经历和看到的情况的一种直接表述，不能是自己的分析和推断，也不应是道听途说和辗转传来的消息，否则不具有证明力。

（5）证人证言具有主观性。证人证言的形成取决于证人的主观要件和客观要件。证人的主观要件包括证人自身的品德及证人的感知、记忆、表达能力。证人的客观要件是指证人感知案件时所处的外部环境和条件,如光线、距离、环境等。由于个体的主观条件差异,不同的证人针对同一事件可能会做出不同的描述,证人作证时的外部环境也会对证言的客观性产生影响。此外证人与当事人的关系、证人自身的品德等都会影响证言的真实性,所有这些因素都使得证人证言不可避免地带有主观性的特点。

(6)证人证言具有不稳定性。证人证言的形成有赖于证人的主观条件,随着时间的推移,证人对案情的记忆会淡化甚至消失。基于这个特点,所以要及时用书面形式或录音、录像的形式对证言进行固定和保全。

二、证人的分类

(1)按照证人的身份不同,可以将证人分为普通证人和特殊证人,如放弃外交豁免权的外交人员作证就属于特殊证人。

(2)根据证人的健康状况,可以将证人分为健康证人和残疾证人,如聋哑人、盲人就属于残疾证人。

(3)根据证人与当事人的关系,可以将证人分为关系证人和无关系证人。

(4)根据证人有无违法犯罪行为,可以将证人分为清白证人和污点证人。

(5)根据证人感知案件事实的途径不同,可将证人分为目击证人和传闻证人。目击证人是亲身直接感知案件事实的人。传闻证人是通过别人的讲述了解案件事实的人。

三、证人资格

证人资格就是一个人能够作为证人提供证言的资格。

(1)凡是知道案件情况并有作证能力的人,都可以作为证人。证人首先需要知道案件情况;其次需要具有作证能力,能够感知案件事实,具有辨别是非的能力,具有正确表达的能力,才具有作证能力。

(2)证人只能是当事人以外了解案件情况的人。在我国的立法和司法实践中,当事人不能为自己作证,证人只能是当事人以外了解案件情况的第三人。

(3)证人一般只能是自然人。我国《民事诉讼法》第七十二条规定,凡是知道案件情况的单位和个人,都有义务出庭作证。由此可以看出,我国立法把法人、非法人组织等单位也纳入证人的范围。但值得注意的是,只有自然人才能借助感官感知案件事实,任何机关、团体、企事业单位等法人和非法人团体由于本身不具有感知能力,其作为“证人”,有很多不同于通常的规则并不一定适用。司法实践中,单位出具和提供的档案材料、证明文件和其他书面材料,我们不妨将其划入书证范围，而不认为是书面证言。

(4)不能辨别是非、不能正确表达意志的人，不能作证。不能辨别是非、不能正确表达意志的人，因无法感知案情，也不能向他人陈述所感知内容，所以无法作证，包括那些生理上、精神上有缺陷或年幼的人。所谓生理上有缺陷，主要指存在影响正常感知功能的那些生理缺陷，如盲聋哑或者其他生理缺陷。精神上有缺陷，是指在智力上或者精神上存在障碍。但是在民事诉讼中，待证事实与其年龄、智力状况或者精神健康状况相适应的无民事行为能力人和限制民事行为能力人，也可以作为证人。

(5)办理本案的公诉人、审判人员、书记员、鉴定人、勘验人员、翻译人员，不能同时是本案的证人。以上人员通过履行职务或参加诉讼而了解案情，并且在诉讼中担任特定程序角色，如果同时为证人，则与其诉讼职能相冲突。不过，在刑事诉讼中，需要对控方证据收集的合法性展开法庭调查时，人民检察院可以提请人民法院通知有关侦查人员或者其他人员出庭说明情况。

(6)辩护人、诉讼代理人在同一案件中不得同时兼任证人。辩护人、诉讼代理人在同一案件中如果符合证人条件需要出庭作证的，就不宜再担任本案的辩护人或诉讼代理人。

四、证人证言的意义

(1)丰富、生动、具体的证人证言，有助于诉讼主体了解案件事实的经过和全貌。作为了解或知悉案件情况的证人，其所作的证言较之其他证据比如物证、书证等，内容更为丰富、形象、具体，有助于揭示案件事实的细节及案件发生的经过及全貌。如果证人提供的证言为真实的，便于诉讼主体了解案件情况，避免诉讼证明中少走弯路。

(2)与当事人陈述相比，证人证言的客观性及证明力较强。当事人陈述与证人证言都属于人的证据，但当事人因与案件有直接的利害关系，基于追求胜诉的愿望，当事人陈述往往既具有客观性又具有主观性，其证明力较弱，正如我国《民事诉讼证据规定》规定：除对方当事人认可外，当事人对自己的主张，只有本人陈述而不能提出其他相关证据的，其主张不予支持。而证人一般为中立的第三人，与案件没有利害关系，仅就自己所知晓的案件事实向法庭进行陈述，证人证言的客观性虽没有书证、物证的客观性强，但与当事人陈述相比，其客观性相对较强。

(3)证人证言与其他证据相互印证，有助于审判主体审查判断其他证据的真实性。印证法是审判主体审查判断证据真实性常用的方法，通过证人证言就可印证其他证据的真实性，比如可以印证其他证人证言的真实性，也可印证书证、物证、视听资料、电子数据、当事人陈述的真实性。

五、证人的诉讼权利和诉讼义务

(一)证人的诉讼权利

(1)使用本民族语言文字作证的权利。根据我国《宪法》第一百三十四条、《刑事诉讼法》第九条、《民事诉讼法》第十一条和《行政诉讼法》第九条规定,证人有使用本民族语言文字作证的权利,如果证人不通晓当地语言文字的,司法机关应当为其提供翻译。

(2)安全保障权。证人及其近亲属享有安全保障权,我国《刑事诉讼法》第六十一条规定:“人民法院、人民检察院和公安机关应当保障证人及其近亲属的安全。对证人及其近亲属进行威胁、侮辱、殴打或者打击报复,构成犯罪的,依法追究刑事责任;尚不够刑事处罚的,依法给予治安管理处罚。”我国《民事诉讼法》第一百一十一条规定:“诉讼参与人或者其他人有下列行为之一的,人民法院可以根据情节轻重予以罚款、拘留;构成犯罪的,依法追究刑事责任:……(四)对司法工作人员、诉讼参加人、证人、翻译人员、鉴定人、勘验人、协助执行的人,进行侮辱、诽谤、诬陷、殴打或者打击报复的。”我国《民事诉讼证据规定》第八十条规定:“对证人、鉴定人、勘验人的合法权益依法予以保护。”我国《行政诉讼证据规定》第七十四条第一款也明确规定:“证人、鉴定人及其近亲属的人身、财产安全受到法律保护。”

(3)经济补偿权。证人作证有权获得一定的经济补偿,包括交通费、住宿费、就餐费及误工损失等。我国《民事诉讼法》第七十四条规定:“证人因履行出庭作证义务而支出的交通、住宿、就餐等必要费用以及误工损失,由败诉一方当事人负担。当事人申请证人作证的,由该当事人先行垫付;当事人没有申请,人民法院通知证人作证的,由人民法院先行垫付。”我国《民事诉讼法司法解释》第一百一十八条规定:“民事诉讼法第七十四条规定的证人因履行出庭作证义务而支出的交通、住宿、就餐等必要费用,按照机关事业单位工作人员差旅费用和补贴标准计算;误工损失按照国家上年度职工日平均工资标准计算。人民法院准许证人出庭作证申请的,应当通知申请人预缴证人出庭作证费用。”我国《刑事诉讼法》第六十三条规定:“证人因履行作证义务而支出的交通、住宿、就餐等费用,应当给予补助。证人作证的补助列入司法机关业务经费,由同级政府财政予以保障。有工作单位的证人作证,所在单位不得克扣或者变相克扣其工资、奖金及其他福利待遇。”

(4)依法享有诉讼权利义务的知情权。证人有权知悉其在诉讼中享有的各项诉讼权利,法院应当依法告知。根据我国《民事诉讼法司法解释》第一百一十九条规定:“人民法院在证人出庭作证前应当告知其如实作证的义务以及作伪证的法律后果,并责令其签署保证书,但无民事行为能力人和限制民事行为能力人除外。证人签署保证书适用本解释关于当事人签署保证书的规定。”我国《刑事诉讼法》

第一百二十三条规定:“询问证人,应当告知他应当如实地提供证据、证言和有意作伪证或者隐匿罪证要负的法律责任。”

(二)证人的诉讼义务

1. 出庭作证的义务

证人一般情况下应该出庭作证。在刑事诉讼中,证人除了出庭作证外,还需要按照侦查机关、检察机关的通知,到指定的场所提供证言,比如根据我国《刑事诉讼法》第一百二十二条规定:“侦查人员询问证人,可以在现场进行,也可以到证人所在单位、住处或者证人提出的地点进行,在必要的时候,可以通知证人到人民检察院或者公安机关提供证言。在现场询问证人,应当出示工作证件,到证人所在单位、住处或者证人提出的地点询问证人,应当出示人民检察院或者公安机关的证明文件。询问证人应当个别进行。”需要说明的是,证人向侦查机关或检察机关提供证言后,当人民法院开庭审判时,证人仍应当按照法院的通知出庭作证,如不出庭作证,将会受到惩戒。根据我国《刑事诉讼法》第一百八十八条之规定:“经人民法院通知,证人没有正当理由不出庭作证的,人民法院可以强制其到庭,但是被告人的配偶、父母、子女除外。”“证人没有正当理由拒绝出庭或者出庭后拒绝作证的,予以训诫,情节严重的,经院长批准,处以十日以下的拘留。被处罚人对拘留决定不服的,可以向上一级人民法院申请复议。复议期间不停止执行。”在民事、行政诉讼中,证人出庭作证主要指出庭陈述证言。

不出庭作证的例外情形。在民事诉讼中,证人出庭作证存在下列例外情形。第一,证人确有困难不能出庭。证人确有困难不能出庭的,经人民法院许可,可以提交书面证言或者视听资料或者通过双向视听传输技术手段作证。所谓证人确有困难不能出庭是指下列情形:年迈体弱行动不便无法出庭的;特殊岗位确实无法离开的;路途特别遥远,交通不便难以出庭的;因自然灾害等不可抗力的原因无法出庭的;以及其他无法出庭的情形。第二,证人在人民法院组织双方当事人交换证据时出席陈述证言的,可以视为出庭作证。除上述情形外,证人未出庭所提供的证言,其证据能力和证明力将受到一定的影响,即无正当理由未出庭作证的证人证言,不能单独作为认定案件事实的依据。根据我国《刑事诉讼法司法解释》第二百零六条规定:“证人具有下列情形之一,无法出庭作证的,人民法院可以准许其不出庭:(一)在庭审期间身患严重疾病或者行动极为不便的;(二)居所远离开庭地点且交通极为不便的;(三)身处国外短期无法回国的;(四)有其他客观原因,确实无法出庭的。具有前款规定情形的,可以通过视频等方式作证。”

2. 如实作证的义务

证人应当如实作证,就自己所了解的案件情况,向法庭进行陈述,并且实事求是地回答侦查人员、检察人员、审判人员、当事人、辩护人、诉讼代理人提出的问题。我国《民事诉讼证据规定》第五十七条规定:“出庭作证的证人应当客观陈述其亲身感知的事实。证人为聋哑人的,可以其他表达方式作证。证人作证时,不得使用猜测、推断或者评论性的语言。"我国《行政诉讼证据规定》第四十六条规定:"证人应当陈述其亲历的具体事实。证人根据其经历所作的判断、推测或者评论,不能作为定案的依据。"

如果证人故意做虚假陈述,要承担相应的法律责任。情节较轻的,可以训诫、罚款或者拘留;情节严重的,可以追究刑事责任。根据我国《行政诉讼证据规定》第七十六条规定:"证人、鉴定人作伪证的,依照行政诉讼法第四十九条第一款第(二)项的规定追究其法律责任。"我国《刑法》第三百零五条规定:"在刑事诉讼中,证人、鉴定人、记录人、翻译人对与案件有重要关系的情节,故意作虚假证明、鉴定、记录、翻译,意图陷害他人或者隐匿罪证的,处三年以下有期徒刑或者拘役;情节严重的,处三年以上七年以下有期徒刑。"

3. 遵守法庭纪律和诉讼秩序的义务

证人如果经人民法院通知出庭作证,应当服从法庭指挥,遵守法庭纪律,维护法庭秩序。如果证人违反法庭秩序,应当承当相应的法律责任。比如根据我国《刑事诉讼法》第一百九十四条的规定:"在法庭审判过程中,如果诉讼参与人或者旁听人员违反法庭秩序,审判长应当警告制止。对不听制止的,可以强行带出法庭;情节严重的,处以一千元以下的罚款或者十五日以下的拘留。罚款、拘留必须经院长批准。被处罚人对罚款、拘留的决定不服的,可以向上一级人民法院申请复议。复议期间不停止执行。对聚众哄闹、冲击法庭或者侮辱、诽谤、威胁、殴打司法工作人员或者诉讼参与人,严重扰乱法庭秩序,构成犯罪的,依法追究刑事责任。"我国《民事诉讼法》第一百一十条规定:"诉讼参与人和其他人应当遵守法庭规则。人民法院对违反法庭规则的人,可以予以训诫,责令退出法庭或者予以罚款、拘留。人民法院对哄闹、冲击法庭,侮辱、诽谤、威胁、殴打审判人员,严重扰乱法庭秩序的人,依法追究刑事责任;情节较轻的,予以罚款、拘留。"

第二节 当事人陈述

当事人陈述,是指当事人就自己所了解的案件情况向人民法院所做的陈述。这是我国《民事诉讼法》《行政诉讼法》明确规定的证据种类之一。

一、当事人陈述的特征

(1)当事人陈述有真实性与虚假性并存的特点。即当事人陈述既具有真实性的特点,同时又不排除其虚假性。这是因为,当事人作为案件发生过程中的亲身体验者和经历者,最了解案件的全过程,所以其陈述最具有权威性和真实性;但同时又由于当事人与案件有切实的利害关系,基于人的趋利避害的特点,当事人有可能隐瞒不利于自己的真实情况，而仅仅向法院陈述有利于自己的情况，从而使其陈述又呈现虚假性的一面。即使如此，法院从当事人陈述中还是能够获得对案件一定程度的了解，所以当事人陈述也是一种重要的证据资料。

(2)当事人陈述的内容呈现直观性与易变性共生的特点。当事人亲身经历了案件的发生、经过与结果，如能据实陈述，可以对案件事实做出全面、生动、直观的叙述和说明，为法院认定案件事实提供直观、形象的事实基础。但出于胜诉的主观愿望以及随着诉讼形势的变化，当事人在陈述案情时也可能在不同的场合、不同的时间进行不完全一致的陈述，甚至会自我否定先前陈述的内容。为此，法院在审理案件时应当把当事人在庭审时陈述的内容，特别是当事人的自认和承认，以笔录的方式予以固定，防止其自我推翻。

(3)当事人陈述在指向的主体上具有唯一性。当事人陈述指向的主体具有唯一性，即只能向人民法院进行陈述，才能发生证据法上的效力。当事人向诉讼代理人或其他人就案件事实所做的陈述，不属于当事人陈述这种法定证据种类。

(4)当事人陈述的主体具有排他性。民事、行政诉讼中当事人陈述的陈述主体主要包括原告、被告、诉讼第三人及共同诉讼人，其他主体，如诉讼代理人、证人、鉴定人等向法院所做的陈述都不属于当事人陈述的证据范畴。

三、当事人陈述的分类

(1)书面陈述与口头陈述。根据当事人陈述的形式，当事人陈述可以分为书面的当事人陈述和言辞性或口头的当事人陈述。书面陈述是指当事人以文字或书面的方式向法院叙述有关案件的事实情况。如起诉状和答辩状中当事人对案件事实的陈述。口头陈述是指当事人通过口头言辞方式向法院所做的关于案件事实的叙述和承认。如当事人在庭审中关于案件事实的叙述与回答，都是口头陈述。

(2)本人陈述与代理人陈述。以陈述的主体为标准，可以分为本人陈述和代理人陈述。本人陈述是指当事人本人向人民法院所做的有关案件事实的陈述。本人陈述主要包括当事人向法庭所做的口头陈述，由当事人亲笔签名的起诉状、答辩状、书面申明等。代理人所做的关于案件事实的陈述和承认是为代理人的陈述。由诉讼代理人在法庭上代当事人所做关于案件事实的陈述、对案件事实问题的回答或做出的承认，属于代理人的陈述。

(3)确认性陈述、否定性陈述和承认性陈述。根据当事人陈述内容的性质之不同，可以将当事人陈述分为确认性陈述、否定性陈述和承认性陈述。确认性陈述是指当事人陈述的案件事实是用来证明争议的实体法律关系存在的陈述。否定性陈述是指当事人陈述的案件事实是用来否认争议中某种事实或者认为双方争议的某种法律关系根本不存在的陈述。承认性陈述是指当事人在诉讼中就对方当事人提出的事实或主张、请求予以认可的陈述。

(4)利己陈述和利他陈述。以陈述的内容是否有利于陈述的当事人本人为标准,可以将当事人陈述分为利己陈述和利他陈述。利己陈述是指当事人所做的关于有利于己方的案件事实的陈述。利他陈述是指当事人所做的有利于对方当事人的关于案件事实的陈述。一般来说,确认性陈述、否定性陈述都是当事人处于利己考虑做出的陈述,而承认性陈述一般对陈述的当事人来说是不利的,而是有利于对方当事人。

(5)庭审外的陈述和庭审中的陈述。以陈述的时间、场所为标准,可以将当事人陈述分为庭审外的陈述和庭审中的陈述。庭审外的陈述是指当事人在开庭审理外的时间、地点就案件事实所做的陈述。庭审中的陈述是指当事人在正式开庭审理时在法庭上就案件事实所做的叙述或承认。当事人在庭审外所做的有关案件事实的陈述,如果形成书面记录,可以在开庭时作为书证使用。

四、当事人陈述的证据效力

(一)民事诉讼自认的效力

(1)我国《民事诉讼证据规定》第七十四条规定:“当事人在起诉状、答辩状、陈述及其委托代理人的代理词中承认的对己方不利的事实和认可的证据,人民法院应当予以确认,但当事人反悔并有相反证据足以推翻的除外。”也就说,当事人在起诉状、答辩状、陈述及其委托代理人的代理词中承认的对己方不利的事实,视为已经得到证明,免除对方当事人的举证责任,但当事人反悔并有相反证据足以推翻的除外。另外,当事人在起诉状、答辩状、陈述及其委托代理人的代理词中认可的证据,人民法院应当予以确认。

(2)诉讼过程中,一方当事人对另一方当事人陈述的案件事实明确表示承认的,另一方当事人无须举证。但涉及身份关系的案件除外。当事人在法庭辩论终结前撤回承认并经对方当事人同意,或者有充分证据证明其承认行为是在受胁迫或者重大误解情况下做出且与事实不符的,不能免除对方当事人的举证责任。

(3)对一方当事人陈述的事实,另一方当事人既未表示承认也未否认,经审判人员充分说明并询问后,其仍不明确表示肯定或者否定的,视为对该项事实的承认。

(4)当事人委托代理人参加诉讼的,代理人的承认视为当事人的承认。但未经特别授权的代理人对事实的承认直接导致承认对方诉讼请求的除外;当事人在场但对其代理人的承认不做否认表示的,视为当事人的承认。

(二)可以作为定案根据使用

当事人所做的对自己有利的陈述,经其他证据证明为真实的,法院可以将当事人的陈述作为定案的根据之一。当事人在庭审之前,接受其他单位或组织的事实调查时,对于己不利的案件事实做出承认,如果形成了书面记录的,可以作为书证使用；如果制作成录音录像资料的，则可以作为视听资料证据使用。

（三）不可以独立地作为定案根据使用

根据孤证不能定案规则（即补强证据规则），当事人对自己的主张只有本人陈述而不能提出其他相关证据的，其主张不予支持。但对方当事人认可的除外。[①]

五、当事人陈述的意义

（1）当事人陈述有利于法院迅速了解案情。当事人在起诉状、答辩状以及在法庭上以口头或书面形式向法院所做的关于诉讼请求、案件事实、理由的陈述，有利于法院明确双方争议的实体法律关系是什么、引起争执的缘由、发展过程和造成的后果，双方争议的焦点和需要调查收集的证据以及需要查明的案件事实有哪些，从而为查明案情，正确判决提供充分依据。一般来说，当事人为了维护自己的合法权益，取得胜诉判决，在提起诉讼后，总会积极地向法院提供案件的情况，阐述自己的主张、理由和根据。故作为证据的当事人的陈述，有利于法院迅速了解案情。

（2）当事人陈述有利于向法院揭示收集其他证据的信息。当事人是案件的亲身经历者，与案件有利害关系，是最了解案件情况的人，当事人不仅掌握一定的证据，而且可能了解其他与案件有关的证据。法院通过询问当事人，可以获取有关收集证据的线索，从而为查明案情获取充分的证据。

（3）当事人的陈述有利于审查鉴别其他证据的真伪。当事人陈述如果审查属实，有助于鉴别其他证据的真伪。如通过和证人证言的内容相核对，看当事人的陈述和证人的证言是否能相互印证，从而鉴别证言的真伪。当事人陈述也可用来印证书证、物证、视听资料、电子数据的真实性等。

（4）当事人如果在诉讼中承认对方当事人的主张为真实，更有利于迅速结案。在当事人没有反悔也没有相反证据足以推翻的情形下，当事人在起诉状、答辩状、陈述及其委托代理人的代理词中承认的对己方不利的事实和认可的证据，人民法院应当予以确认；此外，除了身份关系案件外，诉讼过程中，一方当事人对另一方当事人陈述的案件事实明确表示承认的，另一方当事人无须举证。当事人的承认或自认直接免除了对方当事人的举证责任，减轻了对方当事人的举证负担，也减轻了法院的审查认证的负担，更有利于迅速结案，完成诉讼任务。

六、当事人的自认

所谓自认，是指当事人承认对自己不利的（对方当事人主张的）事实。自认分

---

① 参见2001年最高人民法院颁布的《关于民事诉讼证据的若干规定》第七十六条。

为口头自认和书面自认；裁判上的自认和裁判外的自认；明示的自认和默示的自认（也叫拟制自认）；完全自认与限制自认；当事人自认与代理人自认等。

（一）当事人自认的分类

1. 裁判上的自认与裁判外的自认

（1）裁判上的自认。所谓裁判上的自认，是指在言辞辩论或准备程序中形成的，与对方当事人主张的事实一致并且是对自己不利事实的陈述。

裁判上自认的成立需要符合以下要件：其一，自认的对象限于具体的事实，而且是主要的事实，法规与经验法则不构成自认的对象，间接事实与辅助事实也不发生自认的效力。其二，双方当事人的陈述需保持一致才能构成自认。其三，自认的事实必须是对当事人自己不利的陈述。其四，只有在言辞辩论或准备程序中，以诉讼行为进行的自认才构成裁判上的自认，否则即属于裁判外的自认。

（2）裁判外的自认。不是在言辞辩论或准备程序中所做的自认叫作裁判外的自认，例如在往来的旧书信中所做的不利于自己的陈述，于借用证书中之承认借用事项，于收领证书中承认收领事项，在第三人面前承认本案系争事实，均属诉讼外自认①。另外在其他案件中所做的自认也叫作裁判外的自认。诉讼外自认，不会产生诉讼上自认的效力，法院不可以直接将自认事实等同于已经证明的事实，仅仅可以作为一项证据使用，该诉讼外的自认事实如果是以书面形式做出，可以作为书证使用，如果是在第三人面前以言辞方式做出，可以作为一项言辞证据使用。也就是说，这些诉讼外自认的事实可以作为法院依照自由心证认定案件事实的资料，其证据力如何，应由法院结合其他证据加以判断。对方当事人即使援用此项自认作为证据，并非因为有此项自认而毋庸举证。

2. 明示自认与默示自认

明示自认是指当事人对不利于的事实在诉讼程序中以明示的方式（比如口头或书面的形式）所做的自认。默示自认是指当事人在诉讼程序中对不利于己的事实以沉默或其他不予争执的消极方式表现出来，该不予争执的事实被法院推定或拟制为一种自认。原则上默示自认具有与明示自认相同的效力，但为了公平起见，默示自认适用条件上应严格限制，默示自认的认定应该限定在言辞辩论终结之前，看当事人是否真的不予争执，法官也应反复询问沉默当事人对该事实的真实态度。根据日常生活中的经验法则，当事人以不知道或者记不起来等情形作为理由时，当然不得推论其有默示自认的意思。如果对于对方当事人主张的事实，其应该知道而故意说不知道，或者对于其所经历之事，历时时间并不长，应当能够回忆却佯装不知或不记忆，就可以将此情形视同自认，但前提条件是法官应当审酌案内一切情况来判断。

---

① 李学灯：《证据法比较研究》，五南图书出版公司 1992 年版，第 125 页。

3. 完全自认与限制自认

完全自认是指一方当事人对于他方当事人主张的不利于己的事实全部无条件地予以承认。限制自认是指一方当事人对他方当事人主张的不利于己的事实附条件、有限度地予以承认[①]。比如原告主张被告欠其货款,被告承认欠原告货款,但提出该货款已经由第三人替自己偿清。实际上限制自认中的限制条件是被告的一种攻击防御方法。对于限制自认,法院应当区分出该限制自认中双方当事人无争议的部分,对于这一部分发生自认的效力,对于限制自认中作为一方攻击防御方法的事实部分,不产生自认的效力,法院应当让主张的当事人提交证明该事实的证据,并斟酌全案的辩论意旨和证据调查结果对限制自认中作为抗辩事实的真伪予以判断和认定。

4. 当事人的自认与代理人的自认

对于当事人及其法定代理人的诉讼上自认当然产生自认的效力是毫无疑问的,委托代理人进行自认需在代理权限内行使,如果当事人认为该自认违反了自己的意志,可以行使撤销权撤销该自认。

(三)当事人自认的构成要件

1. 自认的时间

当事人的自认必须发生在诉讼过程中,包括在审前准备程序中进行的自认以及法庭审理过程中做出的自认。比如当事人在起诉状、答辩状中承认的对己不利的事实,以及法庭审理中陈述的对己不利的事实,都构成自认。但当事人在诉讼之外做出的自认,不能免除对方当事人的举证效力;在某一案件审理过程中做出的自认对于其他案件而言则属于诉讼外的自认,不产生自认的效力。[②]

2. 自认的客体或对象

当事人自认的对象只能限于法律允许自认的事实,超出法律允许范围之外的事实所做的自认不具有法律效力,比如涉及身份关系的事实,不允许当事人自认。另外,当事人不能针对另一方提出的诉讼请求、法律法规以及对法律解释进行自认。当事人对诉讼请求所做的承认称为认诺。认诺不同于自认,认诺会直接导致败诉的后果,而自认只会使该事实成为无须证明的事实,至于胜诉还是败诉由法官依据证据做出裁判。至于法律法规、法律的解释问题属于法院职权范围内的事项,不能以当事人的自认拘束法院的审判权。

(四)当事人自认的效力及范围

1. 对自认方的效力

对于做出自认的当事人而言,该当事人一旦承认于己不利的事实,就应当受自

---

① 韩象乾主编:《民事证据理论新探》,中国人民公安大学出版社2006年版,第264页。

② 陈光中主编:《证据法学》,法律出版社2011年版,第178页。

认内容的约束,不能再对自认所涉及的事实做出相反的主张,自认一经做出非法定原因不得撤回。

2. 对对方当事人的效力

对方当事人对于自认方自认的事实无须再承担举证责任。比如我国《民事诉讼证据规定》第八条规定:"诉讼过程中,一方当事人对另一方当事人陈述的案件事实明确表示承认的,另一方当事人无须举证。但涉及身份关系的案件除外。"

3. 对人民法院的效力

人民法院应当将当事人自认的事实作为认定案件事实的依据,当事人自认的事实不必再进行证据调查,更不得做出与自认事实相反的事实认定。但自认对法院的约束力不是绝对的,如果法院认为当事人的自认出于恶意或者自认是为了达到规避法律或其他非法目的,或自认可能会给国家利益、社会公共利益或他人合法权益造成损害时,法院可以不受当事人自认的约束。此外,以下几种情形也禁止适用自认。第一,身份关系的案件。包括婚姻关系和亲子关系案件,这类案件不但涉及双方当事人的私人利益,甚至影响社会秩序和国家利益。第二,属于法院主动依职权调查的事项,比如涉及诉讼成立要件的事实以及一些程序法事实,如涉及依职权追加当事人、中止诉讼、终结诉讼、回避等与实体争议无关的程序事项,不适用自认。第三,属于显著的事实或法院必须予以认定的事实。主要包括:众所周知的事实;自然规律及定理;根据法律规定或者已知事实和日常生活经验法则能推定出的另一事实;已为人民法院发生法律效力的裁判所确认的事实;已为仲裁机构的生效裁决所确认的事实;已为有效公证文书所证明的事实。这些事实由于其公认的或法律上的效力,对法院和当事人都有着当然的约束力,排斥自认的适用。①

(五)当事人自认的撤回

自认已经做出,就会对双方当事人及人民法院发生拘束力。一般情况下,自认是不允许撤回的,这是出于程序安定和禁反言原则的要求。但有时为了避免显失公平,也有必要规定自认的撤回。当事人在法庭辩论终结前撤回承认并经对方当事人同意,或者有充分证据证明其承认行为是在受胁迫或者重大误解情况下做出且与事实不符的,不能免除对方当事人的举证责任。当事人自认的撤回需要满足以下条件:其一,当事人撤回自认的时间必须发生在法庭辩论终结前。其二,当事人撤回自认必须经对方当事人同意或者有充分证据证明其承认行为是在受胁迫或者重大误解情况下做出且与事实不符。

需要注意的是,当事人自认的撤回仅适用于明示的自认。对于默示的自认,由于当事人在自认时并没有明确的意思表示,只要在法庭辩论终结前或在上诉审程

---

① 樊崇义主编:《证据法学》,法律出版社 2003 年第三版,第 195 页。

序中,对默示的自认所涉及的事实加以争执,就可以使自认不再发生法律效力。[①]

本章小结

本章重点讲述了证人证言和当事人陈述两种证据种类。证人证言是由了解案件情况的自然人所做的陈述。证人是当事人之外的第三人,证人具有不可替代性。证人证言具有客观与主观的两面性。不能辨别是非、不能正确表达意志的人,不能做证。证人享有使用本民族语言文字做证的权利以及安全保障权和经济补偿权、依法享有诉讼权利义务的知情权。证人负有出庭做证的义务、如实做证的义务、遵守法庭纪律和诉讼秩序的义务。当事人陈述具有真实性与虚假性并存、内容的直观性与易变性共生等特征;当事人陈述可以分为书面陈述与口头陈述、本人陈述与代理人陈述、确认性陈述、否定性陈述和承认性陈述、利己陈述和利他陈述,以及庭审外的陈述和庭审中的陈述等。当事人自认是民事诉讼的重要制度,一旦一方当事人承认于己不利的事实,其无理由不得撤回,对方当事人对该事实无须再举证,法院原则上应将自认的事实作为裁判的依据。

相关知识链接

1. 李浩:《当事人陈述:比较、借鉴与重构》,《现代法学》2005 年第 3 期。

2. 邵明:《我国民事诉讼当事人陈述问题之"治"——从民事诉讼证明的角度分析》,《中外法学》2009 年第 2 期。

3. 徐昕:《法官为什么不相信证人?证人在转型中国司法过程中的作用》,《中外法学》2006 年第 3 期。

思考与分析

1. 如何理解证人证言的概念和特征?
2. 试分析质证在证人证言中的作用。
3. 如何理解当事人陈述的概念和特征?
4. 如何理解当事人陈述的证据效力?
5. 当事人自认的构成要件包括哪些内容?
6. 当事人自认有什么法律效力?

---

① 陈光中主编:《证据法学》,法律出版社 2011 年版,第 180 页。

第七章

被害人陈述，犯罪嫌疑人、被告人供述和辩解

知识结构图

被害人陈述
- 被害人陈述的概念
- 被害人陈述的特点
- 被害人的法律地位

犯罪嫌疑人、被告人的供述和辩解
- 犯罪嫌疑人、被告人的供述和辩解的概念
- 犯罪嫌疑人、被告人的供述和辩解的特征
- 犯罪嫌疑人、被告人的供述和辩解的种类

本章导读

本章通过对被害人陈述的概念、特点以及被害人的法律地位，犯罪嫌疑人、被告人供述和辩解的概念、特点，运用规律进行分析，正确认识被害人陈述以及犯罪嫌疑人、被告人的供述和辩解，进而真正了解我国刑事诉讼的价值追求。

司考重点

基本要求：

了解：被害人陈述的概念，犯罪嫌疑人、被告人的供述和辩解的概念。

理解：被害人陈述以及犯罪嫌疑人、被告人的供述和辩解的特点和运用，重证据不轻信口供、禁止刑讯逼供原则的要求和意义。

熟悉并能够运用：非法证据排除规则，被害人陈述以及犯罪嫌疑人、被告人的

供述和辩解的适用和审查判断。

考试内容:

被害人陈述的概念、特点,犯罪嫌疑人、被告人的供述和辩解的概念、特点、审查判断,共犯口供的适用。

导入案例

花园小区发生一起入室抢劫杀人案,犯罪现场破坏严重,未发现有价值的痕迹物证。经查,李某有重大犯罪嫌疑,其曾因抢劫被判有期徒刑12年,刚刚刑满释放,案发时小区保安见李某出入小区。李某被东湖市公安局立案侦查并被逮捕羁押。审讯期间,在保安的指认下,李某不得不承认其在小区他处入室盗窃3000元,后经查证属实。但李某拒不承认抢劫杀人行为。审讯人员将李某提到公安局办案基地对其实施了捆绑、吊打、电击等行为,3天3夜不许吃饭,不许睡觉,只给少许水喝,并威胁不坦白交代抢劫杀人罪行、认罪态度不好法院会判死刑。最终,李某按审讯人员的意思交代了抢劫杀人的事实。在此期间,侦查人员还对李某的住处进行了搜查,提取扣押了李某鞋子等物品,当场未出示搜查证。

案件经东湖市检察院审查起诉后,向东湖市中级法院提起公诉。庭审中,应李某辩护人的申请,法庭启动了排除非法证据程序。

(2012年司法考试真题卷四第7题)

问题:

1. 本案哪些行为收集的证据属于非法证据?哪些非法证据应当予以排除?
2. 本案负有排除非法证据义务的机关有哪些?
3. 针对检察院的指控,东湖市中级法院应当如何判决本案?
4. 结合本案,简要说明刑事诉讼法对保障刑法实施的价值。
5. 结合本案,简述非法证据排除规则的完善过程,阐明非法证据排除规则的诉讼价值。

第一节　被害人陈述

一、被害人陈述的概念

被害人的陈述是指刑事诉讼中的被害人遭受犯罪行为的直接侵害后,将自己所知道的案件情况向司法机关所做出的陈述。

(一)刑事案件的被害人指合法权益直接遭受犯罪行为侵害的人

这里所讲的合法权益包含人身权利、财产权利、民主权利以及受法律保护的其他权益。所遭受的侵害既包括经济或物质遭受的损失,又包括精神或名誉遭受的损害,还包括身体或生命遭受的直接侵害。这种被害人既可以是自然人也可以是法人,只有其合法权益直接遭受犯罪行为侵害的人才是被害人,间接受到侵害的人不属于被害人。例如,杀人案件中死者亲属的合法权益当然受到犯罪行为的侵害,但是这种侵害是间接的,因此他们不属于被害人,其陈述当然不属于被害人陈述。

(二)根据不同的刑事案件性质

被害人的身份可以表现为公诉案件的被害人、自诉案件的自诉人、刑事附带民事诉讼的原告。他们对于案件情况所做的陈述都属于证据意义上的被害人陈述。

(三)被害人陈述既可采用口头方式,也可采用书面方式

对于被害人的口头陈述,司法机关应当制作笔录,或者采用录音、录像的方式记录。对于被害人的书面陈述,一般都应当由被害人亲自书写,若被害人不具有书写能力的,应当采取口头陈述的形式。只有被害人不具有书写能力,并且确实无法或者不适合口头陈述的情况下,才可以由他人代为书写。

二、被害人陈述的特点

作为刑事诉讼案件中的当事人,被害人在犯罪行为发生时与犯罪分子有直接或间接的接触,并且遭受犯罪行为的直接影响,其能够为司法机关提供较多有利于侦破案件、认定犯罪行为等有价值的陈述。被害人陈述作为刑事诉讼中特有的一种证据种类,具有以下特点:

(一)被害人陈述具有不可替代性

在刑事案件中,被害人自身直接遭受犯罪行为的侵害,与犯罪行为有至关重要的联系并有无法替代的证明作用,这决定了被害人陈述的特定性,即被害人陈述的不可替代性。任何刑事案件中的被害人陈述必须是被害人本人向司法机关提供,不能由其亲属或家长代替。即使被害人是法人,代表法人陈述的人员或人数不特定,但是他们都是代表法人陈述,具有特定性、不可替代性。

(二)被害人陈述在证明案件事实方面具有直接性

被害人是直接遭受犯罪行为侵害的人,对犯罪行为的侵害过程、后果以及作案人情况最为了解,因此被害人的陈述可以直接证明案件事实。在某些案件中,被害人和作案人有过正面接触,或者亲身遭受、经历了犯罪行为的侵害过程,有些被害人甚至与作案人认识,所以其陈述就是证明案件事实的直接证据。即使被害人与作案人没有正面接触,对作案人身份并不了解,但是被害人的陈述与其他物证、书

证相比，在证明案件事实方面更具有证明力。

（三）被害人陈述具有一定的复杂性

一是被害人是直接受到犯罪行为侵害的人，与最终的诉讼结果有着直接的利害关系，因此其陈述往往容易受到情绪、情感等主观因素的影响。例如，有些被害人可能会夸大犯罪行为的侵害程度或侵害后果的严重程度，有些被害人可能隐瞒某些犯罪侵害过程、情节，甚至可能部分编造或全部编造所谓的“案件事实”。

二是被害人陈述的内容不仅包括对犯罪行为所造成的侵害事实进行叙述和说明，还可能包括对作案人的指责、对犯罪的控诉或对社会、对有关人员，甚至对司法机关进行抱怨、要求等。总之，这些与犯罪事实无关的内容虽然并不具有证明力，但是司法人员也要认真听取并记录下来，根据实际情况进行综合辨识和评判。

三、被害人的法律地位

我国《刑事诉讼法》第一百零六条规定：“‘当事人’是指被害人、自诉人、犯罪嫌疑人、被告人、附带民事诉讼的原告人和被告人。”由此可见，被害人在我国具有独立的当事人地位，是诉讼的主体，因此其陈述是刑事诉讼中一种独立的诉讼证据。被害人在刑事诉讼中享有较为充分的诉讼权利。

（一）控告犯罪权

被害人是犯罪行为的直接受害者，为了惩罚犯罪、维护自己的合法权益，被害人对于侵犯其人身、财产等权利的犯罪事实或犯罪嫌疑人，有权向公安机关、人民检察院和人民法院报案或控告，要求有关机关立案；对于不立案的决定，有权获知原因，并可申请复议；被害人对不立案决定不服的，在申请复议权利的基础上，人民检察院认为公安机关对应当立案侦查的案件而不立案侦查的，或者被害人认为公安机关对应当立案侦查的案件而不立案侦查，向人民检察院提出的，人民检察院应当要求公安机关说明不立案的理由。人民检察院认为公安机关不立案理由不能成立的，应当通知公安机关立案，公安机关接到通知后应当立案；自诉案件的被害人有证据证明对被告人侵犯自己人身、财产权利的行为应当依法追究刑事责任，而公安机关或者人民检察院不予追究被告人刑事责任的案件，被害人有权直接向人民法院起诉。

（二）委托代理人的权利

被害人及其法定代理人或者近亲属，附带民事诉讼的当事人及其法定代理人，自案件移送审查起诉之日起，有权委托诉讼代理人。自诉案件的自诉人及其法定代理人，附带民事诉讼的当事人及其法定代理人，有权随时委托诉讼代理人。

（三）申请回避的权利

在整个诉讼过程中，被害人对于承办案件的审判人员、检察人员、侦查人员等在具有法定的回避理由时,有权申请其回避。

(四)提起附带民事诉讼的权利

被害人由于被告人的犯罪行为而遭受物质损失的,在刑事诉讼过程中,有权提起附带民事诉讼。被害人死亡或者丧失行为能力的,被害人的法定代理人、近亲属有权提起附带民事诉讼。

(五)获得保护的权利

被害人认为因在诉讼中作证,本人或者其近亲属的人身安全面临危险的,可以向人民法院、人民检察院、公安机关请求予以保护。被害人不愿公开自己的姓名和报案、控告行为的,可以要求公安机关保密。人民法院在审理涉及被害人隐私的案件时也不能公开进行。

(六)其他诉讼权利

起诉阶段:被害人有权向检察机关陈述对案件的意见;对于不予起诉的决定可以向上一级检察机关提出申诉或直接向人民法院提起诉讼等。

审判阶段:被害人有权参加法庭审理和调查,包括有权就起诉书控告被告人的犯罪事实进行陈述;应审判长许可,向证人、被告人、鉴定人发问;对当庭宣读的各种证据发表意见;参加法庭辩论;提出各种申请;对法院的一审判决不服,公诉案件的被害人有权请求检察机关提出抗诉,对自诉案件的判决及裁定不服,有权提出上诉等。

第二节　犯罪嫌疑人、被告人的供述和辩解

一、犯罪嫌疑人、被告人供述和辩解的概念

犯罪嫌疑人、被告人的供述和辩解,又被称为“口供”,是指犯罪嫌疑人、被告人对被指控的犯罪事实及其他有关案件事实向司法人员所做的陈述。这种证据必须是由犯罪嫌疑人、被告人亲自以口头的方式向办案人员陈述,由办案人员按照法定程序以讯问笔录的形式加以固定。由于办案需要或犯罪嫌疑人、被告人本人请求,经办案人员同意,也可以由其亲笔书写供词。讯问时还可以录音,经核对无误,录音记录和讯问笔录有同等效力。

不论是犯罪嫌疑人,还是被告人,也不论是公诉案件的被告人,还是自诉案件的被告人,他们向司法机关陈述的案件情况都属于犯罪嫌疑人、被告人的供述和辩解。犯罪嫌疑人、被告人的供述和辩解包括三个方面的内容。

（一）承认犯罪事实的供述

其具体表现为自首、坦白和承认，即犯罪嫌疑人、被告人主动向司法机关投案，承认并交代自己的犯罪事实，或者被抓获归案后，自愿承认对他指控的犯罪事实，并向司法机关坦白实施犯罪的全部情况。

（二）否认或减轻、免除罪行的辩解

其具体表现为否认、反驳、申辩等，即犯罪嫌疑人、被告人否认自己实施了被指控的犯罪行为，或者虽然承认自己实施了犯罪，但有依法不应追究刑事责任或者有从轻、减轻、免除处罚情节而所做的申辩和解释。辩解是犯罪嫌疑人、被告人在刑事诉讼中享有的一项最基本、最重要的诉讼权利。司法机关对犯罪嫌疑人、被告人的辩解必须依法予以保护。

（三）检举揭发与己有关的同案他人犯罪事实的陈述，即攀供

犯罪嫌疑人、被告人为了立功赎罪，或为推卸责任等，常常在承认自己犯罪的同时，揭发共犯或检举他人的犯罪行为，或者在否认自己犯罪的同时，举报他人的犯罪。如果检举、揭发的内容是同案犯在本案中的共同犯罪事实，这样的陈述属于犯罪嫌疑人、被告人的口供。如果检举、揭发的是共同犯罪之外的他人犯罪或同案犯在其他案件中的犯罪事实，这样的陈述属于证人证言。

二、犯罪嫌疑人、被告人供述和辩解的特点

犯罪嫌疑人、被告人的供述和辩解是司法人员了解案件事实真相，正确处理案件的重要依据，同时，犯罪嫌疑人、被告人与案件处理结果有直接利害关系，这就决定了他们的供述和辩解具有一些显著的特征。

（一）犯罪嫌疑人、被告人的供述和辩解可以直接、全面反映案件事实

犯罪嫌疑人、被告人对自己是否实施犯罪，对如何实施以及实施犯罪的具体过程、情节等最为清楚，无论是承认犯罪还是做罪轻或无罪的辩解，对于查明案件事实往往具有直接的证明意义，它属于直接证据的范畴。

（二）犯罪嫌疑人、被告人的供述和辩解不真实的可能性较大

为了逃避法律的制裁或减轻罪责，犯罪嫌疑人、被告人会极力掩盖犯罪事实，避重就轻，避实就虚，很难将全部的犯罪事实如实供述出来，甚至会编造谎言做虚假陈述。此时，司法人员必须采取正确的态度，只有在认真审查、核实犯罪嫌疑人、被告人供述真实性的基础上，才能实现其证据价值。

（三）犯罪嫌疑人、被告人的供述和辩解易出现反复

犯罪嫌疑人、被告人的供述与辩解会直接影响案件的裁判结果，而案件的处理

结果与犯罪嫌疑人、被告人有直接利害关系，关系到其人身自由，甚至生命，因此在刑事诉讼进行过程中，犯罪嫌疑人、被告人的心理活动十分复杂。面对司法机关的调查、指控，面对讯问人员的讯问以及环境的变化，恐慌、侥幸、悔过、抗拒等心理变化在犯罪嫌疑人、被告人心里交错出现，使其供述和辩解极易出现反复，呈现出明显的不稳定、反复多变的特点，令人真假难辨。

三、犯罪嫌疑人、被告人供述和辩解的运用

（一）犯罪嫌疑人、被告人供述和辩解的收集

根据刑事诉讼法的规定，犯罪嫌疑人、被告人的供述和辩解是以口头讯问的方式收集的。讯问的基本程序和要求，刑事诉讼法及相关司法解释也做了具体规定：在侦查阶段，讯问犯罪嫌疑人只能由侦查人员进行，并且侦查人员不能少于二人，以防发生意外或其他违法行为的发生。在审查起诉阶段，讯问犯罪嫌疑人只能由检察人员进行；在审判阶段，讯问被告人应在审判长的主持下由控辩双方进行，审判人员也可以讯问被告人。

对于不需要逮捕、拘留的犯罪嫌疑人，可以传唤犯罪嫌疑人到所在市、县内的指定地点或者到他的住处进行讯问，但是应当出示人民检察院或者公安机关的证明文件。对已被羁押的犯罪嫌疑人、被告人，应当在其羁押场所进行。如果需要提押到司法机关讯问，应当办理提押手续。

公安机关对于被拘留及经人民检察院批准逮捕的人，人民检察院对于自行决定拘留、逮捕的人，人民法院对于自行决定逮捕的人，第一次讯问都必须在拘留或逮捕后的 24 小时以内进行。传唤、拘传后的讯问时间不得超过 12 小时。不得以连续传唤、拘传的形式变相拘禁犯罪嫌疑人。如果 12 小时没有讯问完毕，可变更强制措施以获得讯问时间。

对共同犯罪案件的犯罪嫌疑人、被告人应当分别进行讯问，以防他们互相串供，影响诉讼的顺利进行。侦查人员在讯问犯罪嫌疑人的时候，应当首先讯问犯罪嫌疑人是否有犯罪行为，让他陈述有罪情节或者无罪的辩解，然后向他提出问题。犯罪嫌疑人对侦查人员的提问，应当如实回答，但对与本案无关的问题有权利拒绝回答。在讯问时，严禁采用刑讯逼供和以威胁、引诱、欺骗等非法方法。

讯问不满 18 岁的未成年人，可以通知犯罪嫌疑人、被告人的法定代理人到场。讯问聋哑犯罪嫌疑人，应当有通晓聋哑手势的人参加，并将这种情况记录在案。

讯问时，应如实记录讯问情况。讯问结束，应将讯问笔录交犯罪嫌疑人核对。对于没有阅读能力的，应当向他宣读。如果记载有遗漏或者差错，犯罪嫌疑人可以提出补充或改正。在确认笔录无误后，犯罪嫌疑人应在笔录上签名或盖章，讯问人也应签名。如果犯罪嫌疑人请求自行书写供述，应当准许。必要时，侦查人员也可要求犯罪嫌疑人亲笔书写供词。

根据2012年修订后的《刑事诉讼法》第三十三条的规定，犯罪嫌疑人自被侦查机关第一次讯问或者采取强制措施之日起，有权委托辩护人；在侦查期间，只能委托律师作为辩护人。被告人有权随时委托辩护人。侦查机关在第一次讯问犯罪嫌疑人或者对犯罪嫌疑人采取强制措施的时候，应当告知犯罪嫌疑人有权委托辩护人。人民检察院自收到移送审查起诉的案件材料之日起三日以内，应当告知犯罪嫌疑人有权委托辩护人。人民法院自受理案件之日起三日以内，应当告知被告人有权委托辩护人。犯罪嫌疑人、被告人在押期间要求委托辩护人的，人民法院、人民检察院和公安机关应当及时转达其要求。犯罪嫌疑人、被告人在押的，也可以由其监护人、近亲属代为委托辩护人。辩护人接受犯罪嫌疑人、被告人委托后，应当及时告知办理案件的机关。

（二）犯罪嫌疑人、被告人供述和辩解的审查确认

犯罪嫌疑人、被告人的供述和辩解依法收集来以后，并非都能作为定案的证据使用。这就要求司法人员在运用口供时，必须做到：

（1）对一切案件的判处都要重证据，重调查研究，不轻信口供。只有被告人供述，没有其他证据的，不能认定被告人有罪和处以刑罚；没有被告人供述，证据充分确实的，可以认定被告人有罪和处以刑罚。对被告人供述和辩解应当着重审查以下内容：①讯问的时间、地点，讯问人的身份、人数以及讯问方式等是否符合法律、有关规定。②讯问笔录的制作、修改是否符合法律、有关规定，是否注明讯问的具体起止时间和地点，首次讯问时是否告知被告人相关权利和法律规定，被告人是否核对确认。③讯问未成年被告人时，是否通知其法定代理人或者有关人员到场，其法定代理人或者有关人员是否到场。④被告人的供述有无以刑讯逼供等非法方法收集的情形。⑤被告人的供述是否前后一致，有无反复以及出现反复的原因；被告人的所有供述和辩解是否均已随案移送。⑥被告人的辩解内容是否符合案情和常理，有无矛盾。⑦被告人的供述和辩解与同案其他被告人的供述和辩解以及其他证据能否相互印证，有无矛盾。必要时，可以调取讯问过程的录音录像、被告人进出看守所的健康检查记录、笔录，并结合录音录像、记录、笔录对上述内容进行审查。

（2）严禁以非法的方法收集证据。审判人员、检察人员、侦查人员必须依照法定程序，收集能够证实犯罪嫌疑人、被告人有罪或者无罪、犯罪情节轻重的各种证据。严禁刑讯逼供和以威胁、引诱、欺骗以及其他非法方法收集证据，不得强迫任何人证实自己有罪。凡经查证确实属于采用刑讯逼供或者威胁、引诱、欺骗等非法的方法取得的证人证言、被害人陈述、被告人供述，不能作为定案的根据。采用刑讯逼供等非法方法收集的犯罪嫌疑人、被告人供述和采用暴力、威胁等非法方法收集的证人证言、被害人陈述，应当予以排除。除此之外，被告人供述具有下列情形之一的，不得作为定案的根据：①讯问笔录没有经被告人核对确认的；②讯问聋、哑人，应当提供通晓聋、哑手势的人员而未提供的；③讯问不通晓当地通用语言、文字的被告人，应当提供翻译人员而未提供的。

讯问笔录有下列瑕疵，经补正或者做出合理解释的，可以采用；不能补正或者不能做出合理解释的，不得作为定案的根据：①讯问笔录填写的讯问时间、讯问人、记录人、法定代理人等有误或者存在矛盾的；②讯问人没有签名的；③首次讯问笔录没有记录告知被讯问人相关权利和法律规定的。

(3)审查被告人供述和辩解，应当结合控辩双方提供的所有证据以及被告人的全部供述和辩解进行。被告人庭审中翻供，但不能合理说明翻供原因或者其辩解与全案证据矛盾，而其庭前供述与其他证据相互印证的，可以采信其庭前供述。被告人庭前供述和辩解存在反复，但庭审中供认，且与其他证据相互印证的，可以采信其庭审供述；被告人庭前供述和辩解存在反复，庭审中不供认，且无其他证据与庭前供述印证的，不得采信其庭前供述。

本章小结

被害人的陈述是指刑事诉讼中的被害人就自己所知道的案件情况向司法机关所做出的陈述。它能够直接证明案件事实，具有不可替代性和复杂性的特点。被害人享有控告犯罪权、委托代理人的权利、申请回避的权利、提起附带民事诉讼的权利、获得保护的权利以及其他诉讼权利。

犯罪嫌疑人、被告人的供述和辩解，又被称为“口供”，是指犯罪嫌疑人、被告人对被指控的犯罪事实及其他有关案件事实向司法人员所做的陈述。它能够直接、全面反映案件事实，但是易有虚假成分，易出现反复。在收集犯罪嫌疑人、被告人的供述和辩解时要符合法律法规的基本程序和要求，审查被告人供述和辩解，应当结合控辩双方提供的所有证据以及被告人的全部供述和辩解进行，对一切案件的判处都要重证据，重调查研究，不轻信口供，严禁以非法的方法收集证据。

相关知识链接

1. 陈光中:《刑事诉讼法》，北京大学出版社、高等教育出版社 2013 年版。
2. 卞建林、杨宇冠:《非法证据排除规则实证研究》，中国政法大学出版社 2012 年版。

思考与分析

1. 如何正确理解被害人的法律地位？
2. 什么是犯罪嫌疑人、被告人供述和辩解？如何正确理解犯罪嫌疑人、被告人供述和辩解？
3. 收集和审查犯罪嫌疑人、被告人供述和辩解的基本要求有哪些？

第八章

视听资料、电子数据

知识结构图

视听资料
- 视听资料的概念
- 视听资料的特征
- 视听资料的种类
- 视听资料的意义

电子证据
- 电子证据的概念
- 电子证据的特征
- 电子证据的种类

本章导读

本章主要介绍视听资料与电子证据的概念、特点以及种类,阐述了两者作为新的证据形式在司法实践中的重要意义,要求能够掌握两者的特点解决实践运用问题。

司考重点

基本要求:

了解:视听资料与电子证据的概念。

理解:对视听资料、电子证据进行划分的标准。

熟悉并能够运用:视听资料与电子证据的特点,结合实践情况判断某一材料属于何种证据。

考试内容:

视听资料的概念、特征与效力,电子证据的概念,电子证据与视听资料的区别。

导入案例

张某驾车与李某发生碰撞,交警赶到现场后用数码相机拍摄了碰撞情况,后李某提起诉讼,要求张某赔偿损失,并向法院提交了一张光盘,内附交警拍摄的照片。该照片属于哪一种证据?(2014 年司法考试真题卷三第 48 题)

第一节 视听资料

视听资料,又被称为“音像资料”,是以录音、录像、电子计算机及其他电磁方式记录储存的音像信息来证明案件事实的证据,包括录像带、录音带、传真资料、电话录音、扫描资料和电脑储存的数据及资料等。

一、视听资料的特征

视听资料和其他证据一样,具有客观性、关联性和合法性的特征,除此之外,视听资料还具有以下几个方面的独有特征:

(1)视听资料具有高度的科学技术和物质载体依赖性。视听资料属于“高科技证据”,对科学技术手段和设备有很强的依赖性。一般情况下,视听资料的客体的声音特征和形象特征均可被人们直接感知,但是要想把这些信息记录并储存,就必须依靠一定的科学技术和有形的物质载体,如录音、录像等。另外,绝大多数的视听资料要通过录音机、录像机或者是计算机等高科技设备来进行播放或展示才能够让我们获取和使用与案件事实有关的信息内容。视听资料的收集、制作、审查、鉴定和运用都依赖于科学技术手段或设备,这种高度的科学技术和物质载体依赖性是其他证据所不具有的。

(2)视听资料具有直观性。视听资料能够以声音、语调、表情、连续动作、周围的环境等情况直观地展示、再现与案件有关的事件或活动的动态过程,使人们能够较为真实、全面地感知有关案件事实的情况和有关客体的声音、形象等特征。例如,录音证据可以让人们亲耳听到某人的声音,但人们难以用语言描述的声音特征全面、准确地表现出来,但视听资料却能准确、逼真、随时地再现声音,并且可以重复播放,强化了证据的证明作用,较为客观地反映一定的法律行为和法律事实。

(3)视听资料具有高效性和便利性。与其他证据相比,视听资料具有明显的高效性和便利性：视听资料具有本身体积小、储存信息量大、便于保存、便于检索、便于使用等特点，并且可反复使用，具有一定的稳定性和耐用性。而其他证据最终多以纸张为载体，以语言、文字等方式再现出来，不仅体积大，查找烦琐且不便保存。例如，一盒小小的录像带就可以记录成千上万个画面，而且可以长期保存、反复使用；利用计算机储存的音像资料在查阅和使用上更是快捷方便，可以大量节约办案人员的工作时间。由此可见，视听资料的使用有利于提高司法机关的办案效率。

二、视听资料的种类

1. 录音资料

录音资料是运用声学、电学、机械学方面的科学技术，把正在进行的演说、唱歌、对话、爆炸、自然声响、机械摩擦等声音如实地记录下来，然后经过播放，再现原来的声音，以证明案件的真实情况的证据。

录音资料对案件的证明方式主要有两种：一是以录音资料所反映的内容证明案件事实，例如有关遗嘱的录音、有关犯罪预谋策划的录音等。二是以录音资料中所反映的语速、语调、音质、语言习惯等特点来证明案件事实。在这种情形下，某人的讲话内容可能与案件无关，但是通过讲话人的某些语言特征，可以确定说话人的真实身份。当播放这些录音时，熟悉情况的人很快就能做出辨认，讲话人也难以随意加以否认，其证明力远远超过其他证据。因此，人们称之为“会说话的证据”。

2. 影像资料

影像资料是运用摄像机、录像机、监视器等多种综合性技术方法，将事物发生、发展、运动、变化的客观真实情况原本地记录下来，然后经过播放，重新显示原始形象，用来证明案件事实的证据。它具有准确、完整、连贯、再现原状的特点，它的内容广泛丰富，容量较大，有连续运动的人、物、形象，有变动着的背景做参照物，可以提供许多客观情况。

影像资料对案件的证明方式主要有两种：一是主图像对案件事实起证明作用，即影像中所显示的主画面就是案件事实的一部分或者是与案件事实有直接联系，例如银行视频监控设备所录制的有关抢劫过程的影像、当事人提供的有关合同签字仪式的录像等。二是背景图像对案件事实予以证明。例如，在摄制某一事件的过程中无意拍摄到与犯罪有关的事实，主图像可能与案件毫无关系，但是背景图像却对证明案件事实具有重要意义。

3. 电子计算机储存资料

电子计算机储存资料是指计算机磁盘中储存的与案件事实有关的图形、文字、数据、符号或者其他信息。电子计算机将需要储存的信息编制为程序并通过输入装置输进计算机主控制系统中间处理器，将信息固定在磁盘。需要使用时，通过一定的程序就会自动检索,在终端显示器显示出这些资料,人们可以直观地进行感知。

4. 运用其他科学技术取得的信息资料

其他技术设备提供的视听资料的范围较为广泛,主要是指利用激光技术、空间技术、红外线技术、遥感技术等高科技制成的专门技术设备经过其自身运转所获取并显示出来的反映案件事实的、可供人们直接判断的信息和数据资料。

三、视听资料的意义

(1)视听资料的特殊证明力为诉讼活动提供了强有力的证明手段。由于视听手段的科学性强,技术性高,保密程度好,对某些人类器官无法感知的事实来说,就显示了特殊的证明作用。而且通过视听手段得到的证据形象逼真,可以向人们提供事情发生的原貌,因此具有重要的证明价值。

(2)视听资料便于收集、保存和使用,促进侦查手段的科学化。视听资料使用的是现代化的设备,这些现代化的设备最重要的特点之一就是具有高度的自控、自用、自检、自传功能。对于取得的资料,有些可以直接输入电子计算机予以储存,长期使用,这样,就可以大大节省人力,物力和财力。视听资料的广泛运用,为侦查、审判、监狱管理提供新的技术手段,司法部门可以以物代人,遥控检查目标,秘密跟踪取证。

(3)视听资料可以随时再现,便于分析案情,总结经验,改进工作。视听资料的实际运用,可以把案犯的作案过程,侦查预审过程,民事行为过程,法庭审判过程原始原貌记录下来。观察并分析这些资料,一方面,可以直接全面地了解案发过程,确定侦查方向,广泛收集证据,进而可以做到案件事实清楚,定性准确,处理量刑适当,正确、及时地打击刑事犯罪,保障无罪的公民免受刑事追究,处罚民事违法活动,保护国家利益和公民的合法利益。另一方面,可以通过对这些原始资料的研究分析,检查我们的侦查、预审、审判工作有无失误和违法现象,分析被告人的认罪态度和悔悟表现,以总结经验,改进工作。

(4)视听资料为诉讼证据的发展开拓了广阔的前景。视听资料的出现,为司法部门运用现代化技术改进工作开拓了一个新领域。把视听资料引入证据领域,使人们认识了自然科学、技术科学同社会科学相互联系、相互渗透的客观必然性,认识到人类的社会生活同科学技术的密切关系。视听资料新证据形式的存在,开拓了人们的视野,促使我们学会运用新科学技术手段来查明案情,揭露犯罪,执行法律。

第二节　电子数据

2012 年，我国新修订的《刑事诉讼法》第四十八条和《民事诉讼法》第六十三条，正式确认了“电子数据”法定证据种类的地位。

电子数据，又被称为电子证据或电子数据证据，是指借助现代信息技术或电子设备形成的一切证据，或者以电子形式表现出来的能够证明案件事实的一切证据，包含通过电子邮件、电子数据交换、网上聊天记录、博客、微博客、手机短信、电子签名、域名等形成或者存储在电子介质中的信息。

一、电子数据的特点

（1）电子数据具有高科技性。电子数据的高科技性表现在电子数据依赖于一定的技术设备和技术手段而存在。它是电子技术发展的产物，依靠芯片、磁带、软盘、硬盘、光盘等新型信息介质而存在，储存数据量或信息量巨大，具有很高的技术含量，集合了文本、影像、图片、声音、图画等多种媒体形式。因此，电子数据的调取与再现也必须通过一定的技术手段、借助一定的设备、依赖于特定的系统软件环境、借助于一定的专业技术人员来实现，如果离开这些储存技术、计算机技术、网络技术或软件环境发生变化，存储在电子介质上的信息可能无法显示或者无法正确显示。

（2）电子数据的传递速度极快。电子数据主要存在于虚拟空间，通过光缆、互联网等方式无限快速地将信息传递到世界的任何角落，即使这样，它仍然存在于原始出处，并且信息失真的可能性很小甚至没有。由此看来，电子数据的传递实质是信息的精确复制。

（3）电子数据的脆弱性与安全、稳定性并存。电子数据生成储存传输的信息容易被截取、篡改或删除等。例如，在查看电子邮件时误按删除键；信息内容被篡改，从表面上看难以区分真实件和伪造件；电子数据所依存的介质被蓄意毁坏，则电子数据很难被复原，因此电子数据具有脆弱性的特点。但是，若电子数据所依存的介质未被毁坏，那么计算机硬盘上的每一次擦写记录都可以轻松被捕捉到，因为电子数据任何被删除、复制修改都能够通过技术手段分析认定。由此看来，电子数据也具有安全性和稳定性。

二、电子数据的种类

（1）根据依存的信息技术不同，可以把电子数据分为电子通信证据、计算机证据、网络证据与其他电子证据。电子通信证据主要包括电传资料、传真资料、手机录音证据、手机摄像证据等;计算机证据主要包括电子计算机文件证据、计算机输出物以及计算机打印物等。网络证据主要是基于计算机技术与通信技术融合而产生的,例如电子邮件、电子聊天记录、电子签名、网页以及网络痕迹等。其他电子证据是指基于广播技术、电视技术、录音技术、录像技术等信息技术而产生的证据。

(2)根据形成机制的不同,可以把电子数据分为电子设备生成证据、电子设备储存证据和电子设备混成证据。电子设备生成证据是指完全基于计算机等设备的内部命令运行的,依靠设备的性能和运行状况而自动生成的证据。电子设备储存证据是指由电子计算机等设备录制的信息而得来的证据。这种证据的证明力大小,除了受到电子设备的性能及运行状况影响,还会受到录入准确性的影响。电子设备混成证据是指电子计算机等设备录入信息后,再根据内部指令制动运行而得来的证据。

(3)根据内容和功能的不同,可以把电子数据分为数据电文证据、附属信息证据与系统环境证据。数据电文证据就是电子数据本身,即记载法律关系发生、变更与灭失的数据,如电子邮件(E-mail)、电子数据交换(EDI)的正文。附属信息证据是指对数据电文生成、储存、传递、修改、增减而引起的记录,如电子系统的日志记录、电子文件的属性信息等,主要作用是证明电子数据的真实性。系统环境证据是指数据电文运行所处的硬件和软件环境,就是电子数据在生成、储存、传递、修改、增减的过程中所依靠的计算机环境,尤其是硬件或软件名称和版本。

本章小结

视听资料是以录音、录像、电子计算机及其他电磁方式记录储存的音像信息来证明案件事实的证据,包括影像资料、电子计算机储存资料以及运用其他科学技术取得的信息资料。视听资料除了具有客观性、关联性和合法性的特征之外,还具有高度的科学技术和物质载体依赖性、直观性、高效性和便利性。电子数据作为一种由现代电子技术产生的新形式证据,又被称为电子证据或电子数据证据,是指借助现代信息技术或电子设备形成的一切证据,或者以电子形式表现出来的能够证明案件事实的一切证据,包含电子通信证据、计算机证据、网络证据、电子设备生成证据、电子设备储存证据、电子设备混成证据、数据电文证据、附属信息证据与系统环境证据,它的传递速度极快,具有高科技性、脆弱性与安全、稳定性。我们在利用视听资料和电子数据分析案情时,两者的特点和特殊证明力不仅为诉讼活动提供了强有力的证明手段,而且对于总结经验,改进工作具有积极的推动作用,为诉讼证据的发展开拓了广阔的前景。

相关知识链接

1. 何家弘:《电子证据法研究》,法律出版社 2002 年版。
2. 刘品新:《论电子证据的定位》,《法商研究》2002 年第 4 期。
3. 郭美松:《视听资料的证据能力及采信规则》,《现代法学》2004 年第 1 期。

思考与分析

1. 什么是视听资料、电子数据? 它们具有什么特点?
2. 视听资料、电子数据的主要表现形式有哪些?
3. 怎样对视听资料、电子数据进行审查判断?

第九章

鉴定意见、笔录

知识结构图

鉴定意见
- 鉴定意见的概念和特点
- 鉴定意见的种类
- 鉴定意见的意义
- 我国的鉴定制度

勘验、检查、辨认和现场笔录
- 勘验笔录
- 检查笔录
- 辨认笔录
- 现场笔录

本章导读

学习鉴定意见,应理解鉴定意见的概念和特点,了解鉴定意见的种类和意义,对我国的鉴定制度存在的问题应有所了解。学习勘验、检查、辨认和现场笔录,应理解各种笔录的特点,了解各种笔录的制作要求,并能初步掌握各种笔录的制作技能。

司考重点

基本要求:

了解:鉴定意见、各种笔录的概念,我国的鉴定制度。

理解:鉴定意见的种类、意义,各种笔录的制作。

熟悉并能够运用:鉴定意见及各种笔录的特点,并能做出准确的区分。

考试内容:

鉴定意见的概念和特点,鉴定意见的种类(法医学鉴定、司法精神病学鉴定、文书物证鉴定、司法会计鉴定、工程技术鉴定、笔迹鉴定、司法化学鉴定、声像资料鉴定、DNA 鉴定),鉴定意见的意义(证明作用、认识和判断作用),我国的鉴定制度(鉴定人、鉴定的程序、民事诉讼鉴定制度的变革)。

勘验笔录(勘验笔录的概念和特点、勘验笔录的内容、勘验笔录的制作),检查笔录(检查笔录的概念和意义、检查笔录的制作),辨认笔录(辨认笔录的概念和特点、辨认笔录的制作,辨认笔录的审查),现场笔录(现场笔录的概念和特点、现场笔录的制作)。

导入案例

2012 年 12 月 12 日 16 时许,被告人王某某携带作案工具单刃尖刀至黑龙江省大庆市红岗区张铁匠小区门口,骗乘被害人李某某(男,37 岁)驾驶的牌照号为黑 EMK×××白色捷达牌轿车至大庆市让湖区大庆市钻井三公司工程开发公司生产服务队院内。李某某停车后,王某某持尖刀切割李某某颈部,致李某某失血过多死亡。后王某某通过电话将抢到车辆之事告诉同案被告人刘某某(已判刑),刘某某按王某某要求携带黑 EFT×××号车牌照和用塑料桶装的柴油至大庆市采油五厂路口与王某某会合。王某某、刘某某将李某某尸体移至捷达牌轿车后备厢内,并换上黑 EFT×××号车牌照后,由王某某指路,刘某某驾车至大庆市大同区和平牧场四队南侧一树林内。王某某、刘某某将李某某尸体抬下车,浇上柴油后,刘某某点火焚烧尸体。王某某劫得李某某现金 600 余元、捷达牌轿车 1 辆(价值 6.5 万元)。

上述事实,有原审开庭审理中经质证确认的根据被告人王某某供述在其家院内查获其劫得被害人李某某的白色捷达牌轿车及从车内提取李某某的多处血迹,在查获的捷达牌轿车内提取留有王某某右手拇指指纹并沾有李某某血迹的作案工具单刃尖刀、王某某的机动车驾驶证及其套用的黑 EFT×××号车牌,在焚尸现场发现被烧焦的李某某尸体和从现场眼镜片、矿泉水瓶口提取的李某某血迹及提取的检出王某某 STR 分型的南京牌香烟烟蒂,提取与同案被告人刘某某所穿棉鞋的同类鞋右脚鞋所留的鞋印,从王某某住处提取其作案所穿沾有李某某血迹的黑色棉鞋;公路视频资料截图,车辆转移登记信息;证人张某甲、周某某、李某、王某某、田某某等的证言;尸体鉴定意见,DNA 鉴定意见,足迹鉴定意见,价格鉴定意见;现场及车辆勘验、检查笔录,辨认笔录和同案被告人刘某某的供述等证据证实。被告人王某某亦供认。足以认定。

(案例来源:最高人民法院《王某某抢劫死刑复核刑事裁定书》,有删减)

问题：

作为法定证据种类，鉴定意见、勘验笔录、辨认笔录、检查笔录等应如何理解？

如何认识鉴定意见、勘验、检查等笔录在本案中的作用？

如何审查鉴定意见、勘验、检查等笔录？

第一节 鉴定意见

2012年修订的《刑事诉讼法》《民事诉讼法》及2014年修订的《行政诉讼法》陆续将原来规定的“鉴定结论”修改为“鉴定意见”。两个字的改变，体现了我国法律对鉴定机构所做出的鉴定结果态度的转变。这是在形式上对鉴定结果确定性的否认，认可了鉴定结果在法律地位上只是一种意见，而非必须采用、内容不可作任何改变的“科学证据”。作为证明案件事实的来源之一，鉴定意见的能否采信、证明力大小等问题，同样应由法官判断。

一、鉴定意见的概念与特点

鉴定意见是我国法定的证据种类，就是鉴定人运用自己的专门知识和现代科学技术手段，对诉讼中所涉及的某些专门性问题经过检测、分析，并做出判断后出具的书面意见。

鉴定意见是独立的证据种类，有其自身的特点，主要有以下几点：

(1)鉴定意见是一种意见证据。鉴定意见必须由鉴定人通过对各种鉴定资料进行检验、分析后才能得出，这种结论反映的是鉴定人对案件事实某些部分的认识，不是对客观事实的直接反映，案件事实也不可能直接反映出鉴定意见的内容。作为专家、鉴定人的判断性意见，鉴定意见依赖于专家的个人知识和技能，反映出鉴定人的个人见解和看法，其意见必然有一定的主观性。

(2)鉴定意见有较强的可靠性、科学性。就诉讼中涉及的专业性问题而言，与普通人直观的认识、判断不同，鉴定人具有相关专业的专门知识，鉴定意见也是鉴定人运用科学知识、采用一定的科学方法对案件专门问题进行分析、检验后得出的结果，具有较强的科学性和真实性。但鉴定意见的可靠性依赖于诸多条件，如鉴定人公正、科学的态度，以及鉴定材料的可靠性，满足这些条件要求，是鉴定意见可靠性的最基本保障。此外，鉴定的方法、手段、标准也会影响鉴定意见的真实性、科学性。

(3)鉴定意见是案件发生后形成的。在案件发生后或在诉讼程序中，诉讼主体发现专门性问题需要鉴定，而指派或聘请鉴定人进行鉴定并形成鉴定结果。鉴定意见与证人证言有所区别，证人是了解案件事实的人，其了解源于其自身对案件事实的亲身经历,其对案件事实的了解是在案件事实发生过程中形成的。

二、鉴定意见的种类

鉴定是指在诉讼活动中鉴定人运用科学技术或者专门知识对专门性问题进行鉴别和判断并出具鉴定意见的活动。随着社会经济的发展,诉讼中需要鉴定的专门问题越来越多。

(1)法医学鉴定。法医学鉴定是指根据法医学专门知识和技术手段,对尸体或者人身、血液、精液、唾液等进行的医学鉴定。目的在于检验死亡的时间、原因,以及伤害程度、造成损伤的部位和致伤器具的种类,鉴别血型、遗传基因是否同一,鉴别医疗事故的原因、损害程序以及当事人劳动能力等专门性问题。

(2)司法精神病学鉴定。司法精神病学鉴定是根据精神病学专门知识,对人的精神健康状况、智力发育情况进行的鉴定。目的在于鉴别犯罪嫌疑人、被告人、被害人的精神是否正常及其严重程度,以确定当事人对其行为的控制能力,进而判断其有无行为能力和责任能力。

(3)文书物证鉴定。文书物证鉴定是对案件有关的各种文书(包括图表、字迹、图章、纸张及相关资料)本身的物质特性展开的鉴定活动,鉴定人进行比对、分析、推断,以判明文件内容的真实程度,或文件所用图章的真伪,或确定文件的书写人和文件制作方法等。这类鉴定又可分为笔迹鉴定、伪造或变造文书鉴定、图章印文鉴定、打字机文字鉴定、文书做成时间鉴定、文书物质材料鉴定等。

(4)司法会计鉴定。司法会计鉴定是运用会计学的原理和专门知识,对有关财务账目、簿册、报表、单据等依法进行审核鉴定,以确定账目表册是否符合规范及是否真实等。司法会计鉴定一般用于审核犯罪线索、提示账目表册隐藏的违法犯罪行为的信息,为司法审判提供证据。

(5)工程技术鉴定。这是利用建筑工程专业知识进行的一类鉴定,可以对工程以及造成工程事故的原因、损失的程度和事故责任进行鉴定。在工程事故类的诉讼中,此种鉴定对于确定损失是由自然原因还是当事人责任造成的具有重要的参考价值,往往成为处理案件的重要依据。

(6)笔迹鉴定。笔迹鉴定是指对笔迹的特征进行鉴定,以确定文件是否伪造或用以比较的文字材料是否具有同一性。在一些案件中,笔迹鉴定的结果直接决定了案件的最终结果。

(7)司法化学鉴定。司法化学鉴定是指运用化学知识、设备和相关材料对司法活动中涉及的毒物等进行鉴定,以确定毒物等的化学性质和剂量,从而判断其对人体或其他物体的危险性或损害程度、伤害性质等。

(8)声像资料鉴定。声像资料鉴定是依据声像资料自身特性、形成机理及其他相关知识,对录音带、录像带、磁盘、光盘、图片等载体上记录的声音、图像信息的真实性、完整性及其所反映的情况过程进行的鉴定和对记录的声音、图像中的语言、人体、物体做出种类或者同一认定。

(9)DNA 鉴定。DNA 鉴定是根据遗传学原理，运用现代生物技术，对被鉴定者进行特定 DNA 片段的提取和检测，并对结果进行相应的计算和分析，得出鉴定结论的过程。DNA 存在于人体细胞中，由四种碱基组成。每个人的 DNA 都不完全相同，人与人之间不同的碱基对数目有几百万之多，因此通过分子生物学方法显示的 DNA 图谱也因人而异，由此可以识别不同的人。

三、鉴定意见的意义

在许多案件中，法官及当事人对案件涉及的专门性问题都不精通，甚至一无所知，在这种情况下，专门性问题就需要通过鉴定来解决，因此，鉴定意见有着独特的诉讼意义。

(一)鉴定结论意见的证明作用

(1)证明案件事实。现实生活中很多案件事实的争议都涉及专门的知识。但是公安司法人员不可能是通晓所有专门知识而且又精通法律的“通才”。即使公安司法人员精通各种专门知识，也不能仅凭自己的判断意见对专门问题形成鉴定意见，因为如果公安司法人员一旦成为“鉴定人”，这就与他们所肩负的侦查、审判职责相矛盾。有关专家运用某种专门知识和科技手段对专门问题进行的鉴定，只要查证属实，就能够有力地证明案件事实，从而为司法人员认清案件事实，确定案件性质，做出恰当的裁判提供基础。当然，鉴定意见能否发挥证明作用，取决于鉴定过程是否合法以及鉴定意见的形式合法性。同时，鉴定意见的证明力还与鉴定内容的客观性、可靠性和准确性有关。

(2)印证和补强作用。鉴定意见是鉴定人从科学的角度提出的分析判断意见，鉴定人与案件事实和当事人没有利害关系，所以鉴定意见的客观性比较强。特别是对于案件中的专门性问题，鉴定意见是必备的证明手段，其他证据本身的真伪、证明力大小、证据价值的高低，都需要鉴定意见来加以辅助证明。但是我们不能由此认为鉴定意见的证明力必然高于其他证据形式。在司法实践中，对某一鉴定意见证据力的评价和认定，一定要结合其他证据，使其与其他证据相印证，综合分析，做出正确的判断。

(二)鉴定意见的认识和判断作用

(1)认识作用。鉴定意见本身就是对专门性问题所做的科学认识，尽管这种科学认识不可避免地受到各种主观因素的影响，但鉴定人遵循一定的鉴定程序、使用必要的仪器设备、依据科学原理和一般规律所做出的这种结论无疑具有较强的客观性和科学性。鉴定意见主要有两个方面的认识意义：第一，它解决了法官在审判实践中依靠常识无法解决的专门性问题，是一种对法官认识能力的拓展和延伸；第二，它解决了某些条件的争议焦点，使争议的一方心服口服，使诉讼各方达成共识，从而可以统合、协调不同的见解。

（2）判断作用。不管是什么性质的专门性问题，只要它是准确无误的，并经查证属实且和其他证据相互印证，都可以作为法官判断事实的重要依据。

需要补充的是，鉴定意见只有在被查证属实后才能作为定案根据，这是现代证据裁判主义的基本理念。我国《刑事诉讼法》第四十二条第二款，《民事诉讼法》第六十三条第二款，《行政诉讼法》第三十一条第二款对此都有明确规定。故一项鉴定意见的做出是不具有“终局性”意义的。各国法律中关于“补充鉴定、重新鉴定”的明文规定，足以说明所谓“终局鉴定”在法律上是站不住脚的。

四、我国鉴定制度

（一）鉴定人

（1）鉴定人是具有某一领域的专门知识，并接受委托对专门性问题进行鉴定的自然人。鉴定人有多个特征值得注意。

1）鉴定人必须是自然人。2012 年《民事诉讼法修正案》第七十六、七十七、七十八条对我国民事诉讼中的鉴定制度做了较大幅度的调整，其中，涉及鉴定主体方面的变化，主要是进一步强化作为自然人的鉴定人自身的法律地位，弱化了鉴定机构在鉴定中的主导作用，将鉴定人的确定和选择权更多地交给当事人把握。鉴定部门能够为鉴定人完成鉴定活动提供必要的物质技术设备和场所，保证鉴定在程序上的合法性，不能将鉴定部门与鉴定人混为一谈。正因为鉴定人为自然人，法庭审理时鉴定人应当到庭，接受审判人员、当事人及其诉讼代理人对鉴定意见提出的询问。鉴定人可以是一人，也可以是数人。

2）鉴定人须具有专门的知识技能。鉴定人必须对本案涉及的专门性问题具有专门的知识或特种技能。这些专门的知识和技能包括专业知识条件、实践能力条件、技术职务条件等。与之相适应，鉴定人还必须掌握使用必要的仪器、设备等鉴定手段，并且能够熟练地使用、掌握这些技术手段。

3）鉴定人是诉讼参加人。鉴定人是我国诉讼法规定的诉讼参加人之一，享有相应的诉讼权利，也承担一定的诉讼义务。鉴定人同诉讼结果不具有法律上的利害关系，他们基于委托或指定参加诉讼，以协助人民法院和当事人查明案件事实。

鉴定人和证人都是民事诉讼参加人，在诉讼中二者都要享有一定的诉讼权利，在某种意义上可以说鉴定人和证人在诉讼中具有相同的作用，都有助于人民法院查明案件事实。但鉴定人与证人存在诸多不同之处：法律对他们知识结构的要求不同，鉴定人必须具备某种专门知识，且能够解决案件中的专门性问题，证人只要了解案情就可出庭作证；他们知悉案件的时间不同，证人是在案件发生的过程中感知案件事实的，而鉴定人是案件发生后通过阅卷和访谈等途径才了解案件情况的；鉴定人具有可替代性，而证人不可更替。

(2)鉴定人作为一种独立的诉讼参加人，享有以下基本权利：

1)了解和查阅鉴定所需材料的权利，我国现行《民事诉讼法》第七十七条第一款规定："鉴定人有权了解进行鉴定所需要的案件材料，必要时可以询问当事人、证人。"

2)独立发表见解的权利。当一个案件有几个鉴定人共同鉴定时，他们可以相互讨论，意见一致时，可以共同做出鉴定意见，意见不一致时，有分别表示意见的权利，且可以在法庭上相互辩论。

3)特定情况下，特别是当事人对鉴定人有非法要求时可以拒绝鉴定。

4)鉴定报酬和鉴定费用的请求权。

5)请求保护人身安全的权利。

鉴定人应承担以下义务：

1)认真、负责、客观、公正地进行鉴定。

2)妥善保管鉴定材料，遵守鉴定程序和鉴定纪律。

3)按时出庭当众陈述鉴定意见，并回答审判人员、公诉人、当事人、辩护人等的提问。为检验鉴定意见的可靠性，鉴定人应按要求出庭接受质证。我国二次修改后的《民事诉讼法》第七十八条规定，当事人对鉴定意见有异议或者人民法院认为鉴定人有必要出庭的，鉴定人应当出庭作证。经人民法院通知，鉴定人拒不出庭作证的，鉴定意见不得作为认定事实的根据；支付鉴定费用的当事人可以要求返还鉴定费用。为强化对鉴定意见的质证力度，此次民事诉讼法修改还新增加一条规定，即第七十九条："当事人可以申请人民法院通知有专门知识的人出庭，就鉴定人作出的鉴定意见或者专业问题提出意见。"

4)自动回避、保守秘密的义务。

(二)鉴定的程序

为了保证鉴定结论的准确性，《刑事诉讼法》及其他有关规定明确要求鉴定必须遵循一定的程序制度要求。

(1)严格依照法定条件选择合适的鉴定人。鉴定人必须是自然人，与本案当事人没有利害关系，而且必须具有相应的专门知识。

(2)侦查人员应当对需要鉴定的问题提出明确的要求，并为鉴定提供必要的条件。为了保证鉴定的准确性，侦查机关应当向鉴定人提供可靠、充分的材料和条件；鉴定人也有权了解与鉴定事项有关的案件情况，必要时可以参加勘验、检查，向当事人和证人提问。如果鉴定材料不明确，或者不充分，鉴定人有权要求侦查机关予以说明或补充。否则，鉴定人有权拒绝鉴定。

(3)鉴定人进行鉴定后，应当写出鉴定意见并签名。鉴定意见应当由鉴定人签名。如果鉴定人有数人，应当分别签名。在必要时，可以要求鉴定人所在单位盖章，但是，单位的盖章只能证明鉴定人的身份和签名属实，不能代替鉴定人签名。

(4)用作证据的鉴定意见，应当告知犯罪嫌疑人、被害人。如果犯罪嫌疑人、被害人提出补充鉴定或者重新鉴定申请的，侦查人员应当及时审查，做出是否同意补充鉴定或者重新鉴定的决定，并通知申请人。

(5)对人身伤害的医学鉴定有争议需要重新鉴定或者对精神病的医学鉴定，应当由省级人民政府指定的医院进行。鉴定人进行鉴定后，应当写出鉴定意见，并且由鉴定人签名，医院加盖公章。

(三)我国民事诉讼鉴定制度的变革

十多年来，我国民事司法鉴定制度受诟病颇多，特别是早期的医疗事故鉴定，仅仅就鉴定主体而言，“老子给儿子鉴定”的制度设置，鉴定人能否守住公平公正底线，很多民众抱着不信任的态度。从《民事诉讼证据规定》到《侵权责任法》，诸如医疗事故责任认定等方面的鉴定制度，都朝着有利于社会公正方向发展。相对而言，2012 年《民事诉讼法修正案》在民事司法鉴定制度方面的变革更为显著。

首先，该修正案将此前的“鉴定结论”改为“鉴定意见”，二字之改，充分反映了我国立法机关对鉴定制度态度、立场的转变，使鉴定制度回归了其在司法中的正确定位。鉴定，本来是为司法遇到的专业性难题提供专业服务和辅助的制度体系，虽然其针对的是专业性较强的问题，司法者可能会有隔行如隔山的感觉，但是，无论怎么说，鉴定仅仅是司法、诉讼的一部分，鉴定得出的“结论”，需要法官在整个诉讼中综合衡量和把握，并由其最终决定如何认定和运用鉴定的结果，鉴定人不是司法中的“科学法官”，其鉴定“结论”无从约束司法，而只能是司法、诉讼的参考“意见”。否则，如果司法必须认可鉴定“结论”，事实上就等于鉴定人取代了法官，鉴定人在专业性问题的判断上享有了司法权。

其次，2012 年《民事诉讼法修正案》将鉴定以及运用鉴定意见的程序控制权由法院转给当事人，而且，司法鉴定社会化倾向明显。二次修改前的《民事诉讼法》第七十二条规定，人民法院对专门性问题认为需要鉴定的，应当交由法定鉴定部门鉴定；没有法定鉴定部门的，由人民法院指定的鉴定部门鉴定。按照这样的法律规范的要求，法院主导着民事司法的鉴定事项，按照该法律规范可以推论，当事人甚至没有鉴定的申请权。而按照二次修改后的《民事诉讼法》第七十六条的规定：“当事人可以就查明事实的专门性问题向人民法院申请鉴定。当事人申请鉴定的，由双方当事人协商确定具备资格的鉴定人；协商不成的，由人民法院指定。”“当事人未申请鉴定，人民法院对专门性问题认为需要鉴定的，应当委托具备资格的鉴定人进行鉴定。”由此可以看出，当事人申请鉴定成为原则，法院自主鉴定的，则成为补充。

再次，2012 年《民事诉讼法修正案》突出强调作为自然人的鉴定人的鉴定权利和义务，弱化鉴定机构的法律地位。随着鉴定机构的社会化和多元化局面的出现，该修正案取消“法定鉴定部门”优先鉴定的权限，仅仅强调鉴定人的鉴定资质，修正后的《民事诉讼法》第七十七条第二款规定:“鉴定人应当提出书面鉴定意见,在鉴定书上签名或者盖章。”而按照修正前的《民事诉讼法》第七十二条规定:“鉴定部门和鉴定人应当提出书面鉴定结论,在鉴定书上签名或者盖章。鉴定人鉴定的,应当由鉴定人所在单位加盖印章,证明鉴定人身份。”照此规定,事实上,鉴定部门处于鉴定的前位,鉴定人更多的可能是隐而不显的背后实际的鉴定操作者,与鉴定部门相比,作为自然人的鉴定人的责任处于第二位。

最后,二次修正后的《民事诉讼法》进一步强调了鉴定意见作为证据的某些特征,突出了对该证据质证的某些特殊要求。现行《民事诉讼法》第七十八条规定:“当事人对鉴定意见有异议或者人民法院认为鉴定人有必要出庭的,鉴定人应当出庭作证。经人民法院通知,鉴定人拒不出庭作证的,鉴定意见不得作为认定事实的根据;支付鉴定费用的当事人可以要求返还鉴定费用。”第七十九条规定:“当事人可以申请人民法院通知有专门知识的人出庭,就鉴定人作出的鉴定意见或者专业问题提出意见。”这种强化对鉴定意见的质证,特别是专业化的质证要求,是以前诉讼规则中所没有的。

第二节 勘验、检查、辨认和现场笔录

一、勘验笔录

(一)勘验笔录的概念和特点

勘验笔录是指公安、司法机关对于与案件有关的物证或案件现场进行勘查、检验时所制作的实况记录。勘验笔录是以文字的形式固定勘验工作情况和现场状况。勘验笔录及时固定了现场原貌,是证明案件现场状况的重要证据材料,经查证属实,可以作为定案的根据。

勘验笔录具有以下特点:

(1)勘验笔录的制作主体和对象特定。勘验笔录只能由公安、检察、审判机关的工作人员制作,除此之外的其他机关和个人都无权制作。勘验笔录的对象是与案件有关的物证、案件现场等,也是特定的。

(2)勘验笔录客观性较强。对于勘验的基本要求之一是对发现的情况进行客观的记载。为便于查清案件事实,法律要求公安司法机关工作人员要客观、公正地对勘验对象的情况进行记载,并制作勘验笔录,因此,勘验笔录一般具有较强的客观性和证明力。但并非绝对,实践中也可能由于勘验人员的疏忽或方法不当而导致勘验笔录与实际情况不符,因此对勘验笔录也需要认真地审核判断,不能盲目相信。

(3)勘验笔录以书面形式反映现场或物品的客观情况。勘验笔录是对物品、现场进行勘查、检验时制作的实况记录,它是对物品、现场情况的客观反映,它既不同于物证,也有别于书证,更非鉴定意见,而是一种独立的诉讼证据。

(二)勘验笔录的内容

勘验笔录由现场文字记录、现场绘图和现场照片三部分组成。

1. 现场文字记录

现场文字记录是指记载现场实地勘验结果的文字材料,它通常由三部分组成,即前言部分、正文部分、结尾部分。

(1)前言部分。包括:笔录文号,接报案件时间和内容,现场地点,现场保护情况,勘验、检查的起止时间,天气情况,勘验、检查利用的光线,组织指挥人员,现场方位和周围环境等。

(2)正文部分。包括:与犯罪有关的痕迹和物品的名称、部位、数量、性状、分布等情况,尸体的位置、衣着、姿势、损伤、血迹分布、形状和数量等。

(3)结尾部分。包括:提取痕迹、物证情况,扣押物品情况,制图和照相的数量,录像、录音的时间。笔录人、制图人、照相人、录像人、录音人,执行现场勘验、检查任务人员的单位、职务及签名,见证人签名。

2. 现场绘图

现场绘图是运用制图学的原理和方法,固定和反映犯罪现场情况的一种记录形式。现场勘验时,根据现场情况可以制作现场平面示意图、现场平面比例图、现场平面展开图、现场立体图和现场剖面图等。

3. 现场照片

勘查任何一个现场,都应拍摄现场方位照片、现场全貌照片、现场重点部位照片和现场细目照片。现场方位照相主要反映犯罪所在的地理位置及其周围环境关系。现场全貌照相主要反映犯罪现场及其内部状况。现场重点部位照相主要反映现场与犯罪有联系的重点物品和部位的状况、特点以及痕迹、物品间的联系。现场细目照相是固定犯罪现场痕迹及其他物证特征的照相。

(三)勘验笔录的制作

根据我国法律的规定,勘验笔录的制作应遵守以下程序:

(1)由侦查、审判人员主持制作。《刑事诉讼法》第一百二十六条规定:“侦查人员对于与犯罪有关的场所、物品、人身、尸体应当进行勘验或者检查。在必要的时候,可以指派或者聘请具有专门知识的人,在侦查人员的主持下进行勘验、检查。”第一百二十八条规定:“侦查人员执行勘验、检查,必须持有人民检察院或者公安机关的证明文件。”《民事诉讼法》规定:“勘验物证或者现场,勘验人必须出示人民法院的证件……。勘验人应当将勘验情况和结果制作笔录。”《最高人民法院关于适用〈中华人民共和国民事诉讼法〉的解释》第一百二十四条规定:“人民法院认为有必要的,可以根据当事人的申请或者依职权对物证或者现场进行勘验。”由上述规定可以看出,勘验是由侦查、审判人员主持进行的,与之相对应,作为反映勘验活动情况的勘验笔录的制作也应由上述人员主持制作。

(2)邀请见证人见证,通知民事、行政诉讼当事人或其成年家属到场。为保证勘验笔录的客观、公正,勘验人员在进行勘验时应邀请有关人员到场见证,同时应在勘验前事先通知当事人或其成年家属到场。我国《民事诉讼法》第八十条第一款规定:“勘验物证或者现场,勘验人必须出示人民法院的证件,并邀请当地基层组织或者当事人所在单位派人参加。当事人或者当事人的成年家属应当到场,拒不到场的,不影响勘验的进行。”通知当事人或其成年家属到场,也可以防止当事人事后对勘验笔录提出异议。

(3)由勘验人员、见证人等签字或盖章。为了保证勘验笔录的客观、准确,保证有关人员对勘验笔录负责及便于核查,勘验笔录应由勘验人员签字,见证人及案件当事人也应在笔录上签字或盖章。《刑事诉讼法》第一百三十一条规定:“勘验、检查的情况应当写成笔录,由参加勘验、检查的人和见证人签名或者盖章。”《民事诉讼法》第八十条第三款对此也有类似规定:“勘验人应当将勘验情况和结果制作笔录,由勘验人、当事人和被邀参加人签名或者盖章。”

二、检查笔录

(一)检查笔录的概念和意义

检查笔录是公安司法机关对与犯罪案件有关的物品、人身、尸体进行检查时,所制作的客观记录。

检查笔录是刑事诉讼特有的证据种类,在民事和行政诉讼中不存在该种证据。我国《刑事诉讼法》第一百二十九条规定:“对于死因不明的尸体,公安机关有权决定解剖,并且通知死者家属到场。”第一百三十条规定:“为了确定被害人、犯罪嫌疑人的某些特征、伤害情况或者生理状态,可以对人身进行检查,可以提取指纹信息,采集血液、尿液等生物样本。犯罪嫌疑人如果拒绝检查,侦查人员认为必要的时候,可以强制检查。检查妇女的身体,应当由女工作人员或者医师进行。”

与勘验笔录一样,检查笔录以文字的形式反映了检查的过程和结果,它能够客观地反映检查工作情况和检查的物品、人身或尸体的特征,是证明案件事实的诉讼证据。同时,检查笔录所记载的内容,又可以成为审查、鉴别检查程序方法和手段是否合法、是否科学的重要根据。

(二)检查笔录的制作

检查的情况应当制作成笔录。检查笔录的内容与勘验笔录一样,同样包含文字记录、现场绘图和照相、录像等内容。检查笔录的制作,同样也需要遵循与勘验笔录相同的程序，即要由侦查人员主持制作，邀请见证人到场见证，并根据《刑事诉讼法》第一百三十一条的规定，由参加检查的人和见证人签名盖章。

三、辨认笔录

(一)辨认笔录的概念和特点

辨认笔录是指侦查人员为了查明案情，主持被害人、证人、犯罪嫌疑人对于与案件有关的物品、人员场所等进行辨别、指认的过程中制作的书面记录。

辨认笔录具有以下特点：

(1)辨认笔录的制作主体是侦查人员。辨认笔录是对辨认活动的书面记录，而辨认是在侦查阶段，为了查明案情，由侦查人员主持进行的活动，故辨认笔录的制作主体只能是侦查人员，其他人员无权制作辨认笔录。

(2)辨认笔录具有较强的证明力。辨认笔录是以静态文字的方式全面、客观地呈现辨认活动的全过程和辨认结果。可以通过辨认对象来证明案件事实，也可以通过辨认过程来证实其本身的合法性。辨认笔录属于直接证据、言词证据、原始证据，证明力较强。

(3)辨认笔录是独立的证据类型。1996 年的《刑事诉讼法》规定的证据各类中并没有辨认笔录，而在 2012 年修订的《刑事诉讼法》中则将辨认笔录规定为证据的一种类型，赋予辨认笔录独立证据的地位。

(二)辨认笔录的制作

制作辨认笔录，应当遵循法定的辨认程序。根据最高人民检察院《人民检察院刑事诉讼规则(试行)》和公安部《公安机关办理刑事案件程序规定》，辨认程序有以下要求：

(1)公安、人民检察院在侦查案件过程中，需要辨认犯罪嫌疑人的，应当分别经办案部门负责人或者检察长批准。

(2)辨认应当在侦查人员的主持下进行。侦查人员不得少于 2 人；在辨认前，应当向辨认人详细询问被辨认对象的具体特征，禁止辨认人提前见到被辨认人或者被辨认物，并应当告知辨认人有意作虚假辨认应当承担的法律责任。

(3)多个辨认人对同一对象进行辨认时，应当单独辨认。必要时，可以有见证人在场。

(4)辨认时应当列队辨认。公安机关侦查的案件，在辨认犯罪嫌疑人时，被辨认的人数不得少于 7 人；辨认照片时，被辨认的照片不得少于 10 张。人民检察院自侦的案件，辨认犯罪嫌疑人时，被辨认的人数不得少于 5 人；辨认照片时，被辨认的照片不得少于 5 张；辨认物品时，同类物品不得少于 5 件。

辨认应当制作辨认笔录，由侦查人员、辨认人、见证人签名。必要时，应当对辨认过程进行录音或者录像。

(三)辨认笔录的审查

辨认笔录的审查,主要从以下两个方面进行:一是程序的合法性,即是否存在严重违反辨认程序和规则的情形;二是内容的真实性,即辨认结果是否存在因程序违法而失真的情形。

四、现场笔录

(一)现场笔录的概念和特点

现场笔录是国家行政机关工作人员制作的,符合法定形式要求的,即时记录行政执法过程中被管理对象的状况和行政执法过程的一种证据。

现场笔录具有以下特点:

(1)现场笔录的制作主体特定。现场笔录的制作主体是行政机关的工作人员,法院、检察院及公安机关的工作人员所制作的笔录,不属于现场笔录。

(2)现场笔录的内容体现为即时记录行政执法过程中被管理对象的状况和行政执法过程。行政管理中的有些事实转瞬即逝,事后很难收集证据予以证明,需要将执法时所呈现出来的状况即时记载下来,作为事后证明执法情况的证据。现场笔录的核心功能就在于通过内容的即时性来真实反映行政活动的情况。

(3)现场笔录是独立的证据类型。现场笔录以对行政执法过程中被管理对象的状况和行政执行过程的即时记载来证明行政行为的合法性,它不同于书证,也不同于物证,而是行政诉讼特有的、独立的证据种类,刑事诉讼和民事诉讼中并不存在此证据类型。

(二)现场笔录的制作

现场笔录的制作形式应当符合法定要素。《最高人民法院关于行政诉讼证据若干问题的规定》第十五条对现场笔录的制作形式做出了明确规定,要求行政机关向人民法院提供的现场笔录,应当载明时间、地点和事件等内容,并由执法人员和当事人签名。当事人拒绝签名或者不能签名的,应当注明原因。有其他人在现场的,可由其他人签名。法律、法规和规章对现场笔录的制作形式另有规定的,从其规定。

与《最高人民法院关于行政诉讼证据若干问题的规定》相同,法律、法规和规章在规定现场笔录时往往都对其制作形式做出了明文要求,其中特别强制当事人的签名、认可,如果当事人拒绝签字或按指印的,应由 2 名以上的执行人员在笔录上签字并注明情况。

综合案例

被告人付某某交通肇事一案，检察机关向人民法院提起公诉，并提供了以下证据：

1. 证人吴某某的证言证实，6月17日早晨4时20分，他和其他人发现有一个人被轧死，其用手机拨打110电话报警，警察10分钟后赶到现场。

2. 现场勘查笔录、现场图及照片证实，案发现场位于巴林左旗林东西城三道街恒远印刷厂对过处，上京路与三道街落口西北角，三道街路面有225厘米×53厘米沙土，被害人尸体头部位于沙土西侧180厘米处，距离三道街北侧马路肩117厘米，尸体呈头北脚南半俯卧状，尸体西侧有1040厘米拖痕，拖痕起始处西侧60厘米有皮鞋一只，拖痕起始处有脑组织及血泊，被害人衣裤均有破损，尸体背部、臀部有轮胎印痕。

3. 巴林左旗公安局左公物证鉴字(2010)第203号尸体检验报告证实，李某某系因脑、心、肺等重要器官损毁伤导致死亡。

4. 克什克腾旗公安局克公物检字(2010)第(045)号人体血液乙醇含量检验报告证实，李某某血液中乙醇含量为342.46mg/100ml。

5. 2011年9月15日巴林左旗公安局物证鉴定室补充说明及关于对李某某死亡时间的分析意见证实，2010年6月24日对李某某胃及胃内容物进行了提取，根据胃内容物的消化程度分析，李某某应在饮食后4～5小时死亡。

6. 辨认笔录证实，(1)2010年12月16日15时许，巴林左旗公安局侦查人员带蒙D×××××号货车车主张某某对2010年6月16日晚上停放蒙D×××××号东风货车的位置进行辨认，张某某指认:2010年6月16日晚上将车停放在上京路西三道街，车头朝东8～9米处，车身在三道街中心线靠北，左车轮离中国银行巴林左旗支行南墙1.6米。车头离中国银行巴林左旗支行东南墙角8米。(2)2010年12月17日9时，巴林左旗公安局侦查人员提被告人付某某在见证人高亚林的见证下，对2010年6月17日早晨蒙D×××××号货车停车位置进行辨认，付某某指认：2010年6月17日早晨开蒙D×××××号货车时，车在上京路西三道街，车头朝东，车头离中国银行巴林左旗支行东南墙角7.9米，车身在三道街中心线靠北，左车轮离中国银行巴林左旗支行南墙1.7米。

7. 提取笔录及照片证实，案发后公安机关拍照提取了李某某尸体背部轮胎花纹，采取即时贴粘取的方式提取蒙D×××××大货车左侧2、3轴，蒙D××××挂车1轴轮胎印模。

8. 巴林左旗公安局左公检字(2010)03号刑事科学技术检验意见书证实，送检的可疑车轮胎可形成尸体上的碾压印痕。赤峰市公安局赤公物证鉴字(2011)941号鉴定文书证实，嫌疑车辆蒙D×××××号货车及蒙D××××挂车左侧轮胎可以形成死者李某某尸体背部的三种轮胎碾压痕迹。

9. 公诉机关提供的安装在京华餐厅楼上的监控录像证实,录像显示时间2010年6月17日凌晨0点58分左右(北京时间凌晨1点20分左右)被告人付某某驾驶的重型机动车驶出事发路段,录像记录该车启动后,车灯光有轻微晃动,车辆行驶数秒后曾停车,后又启动驶离。有录像记录的时段内,没有其他重型机动车辆驶入、驶出该路段。

10. 巴林左旗公安局交通警察大队左公交认字(2010)第0017号道路交通事故认定书认定,(1)付某某未取得机动车驾驶证;(2)付某某没有按照操作规范安全驾驶、文明驾驶;(3)机动车靠左侧停车、逆向行驶,其过错在此事故中作用大,认定付某某承担事故的主要责任。李某某醉酒后躺卧在蒙D×××××号车下,其过错在此事故中作用小。认定李某某承担事故的次要责任。

11. 证人贾某某的证言证实,其与李某某是好朋友,2010年6月16日端午节那天,早晨和中午其均和李某某一起喝酒。后二人找张某甲,张某甲带李某某离开,其就回家了。晚上五六点钟,李某某给其打电话约其去喝酒,其借故没去。第二天早晨7点多钟给郑某某打电话得知李某某出事的消息。

12. 证人张某甲证言证实,2010年6月16日下午,李某某到其家吃饭。其和李某某每人喝了半瓶洞山老酒,其走着把李某某送回家时是晚上9点37分,李某某家里没有人。李某某家在林东镇上京路西四道街,他家东院是个歌厅,歌厅外面有个摄像头朝上京路方向。李某某出事后,其到这家歌厅看了监控录像,只看见其送李某某回家和其离开的录像,没看见李某某出来。时间大约是16日晚上9点40分左右。

13. 证人李某某的妻子孙某某的证言证实,端午节那天晚上8点58分其给李某某打电话,李某某说他在张某甲家吃饭。

14. 证人张某某的证言证实,其是蒙D×××××号货车的所有人。2010年6月16日端午节那天,其打电话给付某某和张某某次日起早去煤矿拉煤。当晚八九点钟,其把车停在三道街口处,头东尾西,车头距路口有十多米远,车左侧后面有变压器,还有立着的广告牌。在17日凌晨要走之前,其到张某某车跟前拿内存卡,上车之后找不着内存卡了,后来在身边的小座子上找到了。那天下午四五点钟,其妻杨某某打电话说三道街那儿撞死人了,其表示不可能是其车出事,随后其和付某某对车辆底盘进行查看,还让张某乙帮着看,没发现异常。另外,车启动时其和付某某谁都没有感觉。

15. 证人张某乙的证言证实,2010年6月16日其与张某某商量晚上12点多钟走车,次日凌晨1点多钟接张某某的电话后,其就开车到一个广场前边停车后与张某某会合,张某某和其要走了下载歌的内存卡并说他的车在胡同里停着。张某某的车开出来后,其就开车跟着一起走了。6月17日下午,张某某让其过去看看车,说他妻子打电话说他们停车的路口处有一个人被轧死了,看一看是不是张某某的车,其就围着车转了一圈。

16. 证人池某某的证言证实,其在巴林左旗城管局工作,负责林东镇内所有的监控设施。6月17日早晨发现林东镇三道街路口处发生了交通事故,18日8点许交警队的人去查过监控资料,有公安局的杨某甲副局长、交警队王某某队长、孙某甲副队长。其与交警队的人一起在监控室查看京华餐厅楼顶上的监控录像,并帮助复制和播放。从6月16日路灯亮了开始,一直查看到次日0点58分,又继续查看到交警队到达事故现场。其间就有一辆大货车带着挂车在0点58分从三道街出来上了上京路,除了这辆大货车以外再没有其他大型汽车出入三道街。资料库的显示时间比北京时间慢23分钟。还证实,下载京华餐厅楼上的监控录像中6月17日1点13分至6月17日3点14分这段只能看不能下载,因服务器在赤峰联通公司。

17. 证人巴林左旗公安局副局长杨某甲的证言证实,2010年6月17日在三道街处发生交通事故,6月18日其到城管局查看设在京华餐厅楼顶的录像资料,是从交警队人员出现场开始往前查看的录像资料,看到6月17日1点左右三道街口从西向东行驶出来一辆大型车辆(一主一挂),到上京路左转向北行驶。其给交警队王某某、孙某甲打电话,他们两个到城管局后,共同查看了从6月17日0点左右,到交警队出现场的监控录像资料,除17日1时左右三道街口驶出一主一挂车外,无其他大型车辆从三道街口向事故方向进出。6月19日,其和王某某、孙某甲又到城管局,从6月16日晚上8点左右路灯亮一直看到6月17日1点左右,一主一挂车从三道街驶出,其间没有其他重型车辆从三道街进出。由于监控系统原因,有一时间段录像资料不能下载。

18. 证人巴林左旗公安局交警大队民警王某某的证言证实,2010年6月18日杨某甲副局长先到城管局查看设在京华餐厅楼顶的录像资料。其和孙某甲副队长后去的,从6月17日0点左右查看京华餐厅处的监控录像资料,一直看到4点30分左右警察出现场,从录像看6月17日1点左右从三道街驶出一主一挂重型车辆,左转驶向上京路方向,其间没有其他重型车辆从三道街口进出。6月19日,其和杨某甲、孙某甲又到城管局查看录像资料,从6月16日晚上七八点开始查看,一直看到6月17日1点左右,有一辆一主一挂重型车辆从三道街驶出,再无其他大型车辆进出,但有一时间段的录像不能下载。

19. 证人巴林左旗公安局交警大队民警孙某甲证言证实的内容与王某某的证言内容一致。

20. 被告人付某某的供述证实,2010年6月17日1点左右,张某某给其打电话说出车,其媳妇骑电动车把其送到二道街小广场附近,看见张某乙的车在那儿停着。张某某赶到后,二人去三道街口取车。其发动着车,张某某给车打大气压。1分钟后其驾驶着车往前走,刚走出一米多远时张某某说其内存卡找不着了,让其停车,后来张某某在兜里找着了。这样耽误了2分多钟后继续往前走,与张某乙的车会合后,加完油后去煤矿。早晨张某乙的车走岔道,进河沟里出不来了,其就停车去帮助张某乙往外倒车,没倒出来,其给张某某打电话,让其帮忙把车倒出来。6月17日下午4

点多钟，张某某的媳妇给张某某打电话说他们停车的三道街那儿出事了，张某某接完电话后招呼其趴到车底下看有没有血迹，看了一会儿没发现什么，张某某问其启动车时有啥感觉吗，其说没啥感觉，张某某说也没啥感觉，张某某又说没感觉就没啥事儿。在他们看车时张某乙也帮助查看，但张某乙没往车底下看。

案例来源：内蒙古自治区高级人民法院(2015)内刑再终字第00001号刑事裁定书。

问题

1. 本案认定被告人付某某构成交通肇事罪的证据中哪些属于勘验笔录？

2. 本案认定被告人付某某构成交通肇事罪的证据中哪些属于笔录，分别是什么笔录？

本章小结

鉴定意见是指鉴定人运用专门知识和现代科学技术手段，对诉讼中所涉及的某些专门性问题经过检测、分析，并做出判断后出具的书面意见。根据鉴定对象的不同，鉴定可以分为法医学鉴定、司法精神病学鉴定、文书物证鉴定、司法会计鉴定、工程技术鉴定、笔迹鉴定、司法化学鉴定、声像资料鉴定、DNA鉴定等。鉴定意见在诉讼中有其独特的作用，可以起到证明作用、认识和判断作用。

笔录分为勘验笔录、检查笔录、辨认笔录和现场笔录。勘验笔录是公安、司法机关就与案件有关的物证或案件现场进行勘查、检验时所制作的实况记录；检查笔录是指公安司法机关对与犯罪案件有关的物品、人身、尸体进行检查时，所制作的客观记录；辨认笔录是指侦查人员为了查明案情，主持被害人、证人、犯罪嫌疑人对与案件有关的物品、人员场所等进行辨别、指认的过程中制作的书记记录；现场笔录是指国家行政机关工作人员制作的，符合法定形式要求的，即时记录行政执法过程中被管理对象的状况和行政执法过程的一种证据。

相关知识链接

房保国、陈宏钧主编：《鉴定意见研究》，中国政法大学出版社2012年版。

思考与分析

1. 什么是鉴定意见？
2. 如何正确认识鉴定意见的作用？
3. 什么是勘验笔录？勘验笔录的内容是什么？

第十章

证据的理论分类

知识结构图

证据的来源{原始证据、传来证据}

证据的存在和表现形式{言词证据、实物证据}

证据与负有证明责任的当事人主张的事实之间关系{本证、反证}

证据与证明对象的证明关系{直接证据、间接证据}

本章导读

从不同角度，对证据进行分类研究，有助于司法人员在司法实践中正确分析、运用和判断证据。本章内容旨在促使学习者了解我国有关证据分类的学术争议，掌握证据理论分类的概念、特点、意义、标准及如何运用，学会用证据分类的有关理论来指导司法实践。正确认识原始证据、传来证据、言词证据、实物证据、本证、反证、直接证据、间接证据等。

司考重点

基本要求：

了解：对证据进行理论分类的标准。

理解：我国的证据分类。

熟悉并能够运用：各类证据的特点，结合实践情况判断某一材料属于何种证据。

考试内容：

证据的分类：言词证据与实物证据；原始证据与传来证据；本证与反证；直接证据与间接证据。

导入案例

张某伪造、变造国家机关公文、证件、印章案中，伪造、变造的国家机关公文、证件、印章，用于伪造、变造国家机关公文、证件、印章的设备、工具，张某关于实施伪造、变造行为的供述，判别国家机关公文、证件、印章真伪的鉴定意见，哪一项既属于言词证据，又属于间接证据？

(2011 年司法考试卷二单选第 25 题)

张某伪造、变造国家机关公文、证件、印章案，下列哪一证据既属于言词证据，又属于间接证据？

A. 用于伪造、变造国家机关公文、证件、印章的设备、工具；

B. 伪造、变造的国家机关公文、证件、印章；

C. 张某关于实施伪造、变造行为的供述；

D. 判别国家机关公文、证件、印章真伪的鉴定结论。

第一节　言词证据与实物证据

一、言词证据和实物证据的概念

以证据的存在和表现形式为标准，可以将证据分为言词证据和实物证据。

言词证据是指以人的陈述为存在和表现形式的证据，因此又称为人证，包括当事人陈述，证人证言，被害人陈述，犯罪嫌疑人、被告人的供述和辩解。鉴定意见虽然具有书面形式，但其实质是鉴定人就案件中某些专门问题进行鉴定后所做的判断和出具的意见，在法庭审理时，当事人有权就鉴定意见进行质证，鉴定人有义务对各种发问做出口头回答，以阐明或补充其鉴定意见，所以鉴定意见也应归入言词证据。言词证据的内容应当是陈述人对案件事实直接或间接的感知，而非自己的主观臆断或评论意见。言词证据通常是通过询问或讯问取得的，往往固定于一定的载体中，比如，言词证据通常表现为一定的询问或讯问笔录，有时也附有录音或录像带。但人的陈述不管以何种形式表现出来，不管其物质载体是什么，都改变不了其言词证据的属性，而不会因其存在于一定的物质载体（纸张、录音带、录像带等）中而成为实物证据。

实物证据与言词证据相对，是指以实物形态为存在和表现形式的证据。这类证据或者以物体的外部特征、性质、位置等证明案情，或者以其记载的内容展现案件事实。比如，物证、书证、音像证据等。实物证据多以物品或痕迹等实在物为其存在状态和表现形式。法定证据种类中，物证，书证，勘验、检查笔录，现场笔录，视听资料等都属于实物证据。应当指出，刑事诉讼中的勘验、检查笔录，民事、行政诉讼中的勘验笔录和现场笔录，是对有关现场、人身、物品、痕迹等与案件有关的实物证据特征的书面记录，是对实物证据内容的固定和反映，因而，属于实物证据；另外，作为贮存有特殊信息（语言、图像、密码、数据等）的可供证明主体以视听手段进行感受的视听资料，都是通过一定的录音带、光盘等实物加以贮存和反映的，亦属于实物证据。

二、言词证据和实物证据的特点

（一）言词证据的特点

（1）言词证据与待证事实的关联性一般比较明显。言词证据所反映的案件情况存在于人的大脑之中，通过人的陈述表达出来，它虽然不像实物证据那样是可见的，但也不像实物证据那样处于静止和被挖掘的地位，人们可以主动地提供他所感知的案件情况，从而对案件事实起到及时的证明作用。同时，言词证据是陈述人对他所感知的案件事实的复述，往往能够把刑事案件或民事、行政争议发生的原因、过程、后果等具体情节描述清楚，从而比较全面地证明案件事实，而且陈述人能在司法人员和有关诉讼参与人（如辩护人、代理人）询问的引导下，补充、修正他所感知的事实，澄清疑问，从而更加全面地揭示案件的事实真相。

（2）言词证据能够动态、直接地证明案件事实。言词证据是陈述人对他所感知的案件事实的复述，往往能够从动态上揭示刑事、民事或行政案件发生的起因、过程和具体情节，从而有助于全面掌握案件事实。对于刑事案件，往往可以通过言词证据判明案件的性质，更具体地分清被告人主观上的罪过，并确定罪责的轻重。同时，言词证据信息量比较大、比较广，常常能够证明案件的主要事实，而且由于言词证据具有明确的意思表达，它所表述的内容也容易为侦查人员所理解，这较之实物证据往往需要通过推理才能认识其意义来讲，证明作用更为直接和明显。

（3）证据源不容易灭失。言词证据是人的陈述，是人对于储存在自己大脑中的关于案件事实的记忆的表达。由人的记忆规律所决定，人们记忆的内容往往能够保存相当长的时间不变化或者不发生大的变化，这与实物证据很容易受自然条件等的影响而发生变化或灭失的特点有很大的不同。所以，对于言词证据，收集时间的迟延并不必然导致证据证明力的下降；言词证据载体的灭失也并不意味着证据的必然灭失，我们往往还可以通过重新询问或讯问再次获得。但是，我们并不能因为言词证据源不易灭失就忽视言词证据的收集和保全工作。虽然说言词证据具有相对的持久稳定性，但其稳定性毕竟是相对的，人的记忆也会随着时间的推移和物质环境、心理因素的变化而逐渐模糊直至消失，言词证据还会由于人的死亡、丧失记忆能力等偶然因素而永久丧失。因此，对于言词证据也应及时地收集、妥善保管。

（4）言词证据容易受各种主客观因素的影响而失真。言词证据的突出缺点就是不稳定性，从主观方面来说，陈述人，不管是被害人、犯罪嫌疑人和被告人以及民事、行政案件当事人等与案件存在直接利害关系的诉讼主体，还是与案件不存在直接利害关系的证人，都很有可能出于自身利益的考虑或受到外界的干扰而做出虚假陈述，或者做出前后矛盾的陈述，从而使这类证据在诉讼中往往呈现出反复多变的“易变性”，造成真假难辨。另外，言词证据的形成一般要经过感知、记忆、表达三个阶段，而每个人的感知、记忆、表达能力各不相同，每个案件的客观环境也各不相同，这些客观因素都可能使言词证据在三个阶段失真，从而与案件的真实情况不相符合。

（二）实物证据的特点

（1）实物证据客观性、稳定性强，不易失真。实物证据本身是客观存在的，一般存在于一定的物质载体之中，在一定时间内往往能够保持相对的静止和稳定，而不容易受到人的主观因素的影响，且往往伴随着案件的发生而形成，一般难以伪造，不像言词证据那样易受人的主观因素的影响而出现虚假或失真；而且实物证据在很多情况下是经司法和执法人员勘验或搜查、扣押而到案的，一经发现和提取，即加以妥善保存、固定和保全，它们是证实案情的有力证据。

（2）实物证据的关联性不明显，对案件事实的证明一般是静态的、片断的。实物证据是人们无法与之相互交流的“哑巴证据”，它如实地记录下客观发生的事实却不能主动地向人们展示，只能通过科学技术和实践经验用人的语言对其进行翻译和解读，这同时说明实物证据与案件客观事实的关联性不如言词证据那般明显，通常只能从静态上证明案件事实的一个片断，一个情节。实物证据不能以自身的特征主动说明案件事实，必须通过人的作用才能发挥其证明作用。比如，犯罪现场上提取了一枚可疑指纹，指纹本身并不能自然说明其与案件之间的联系，必须通过指纹比对认定是某犯罪嫌疑人留下的，才能揭示它与案件之间一定的关联性。另外,实物证据对案件主要事实的证明往往只能起到间接证据的作用,需要通过与其他证据结合对案件事实做出间接的推论,而一般不能直接证明案件的主要事实。比如,前面的那枚指纹,即使已鉴定出是某犯罪嫌疑人留下的,也只能证明此嫌疑人曾经到过犯罪现场,而不能证明此人就是实施犯罪行为的人,欲证明此人就是犯罪行为人还必须与其他证据相结合才行。但在此特点上,实物证据当中也有一些特殊情况,比如,书证一般具有比较明显的意思表示,通常能较为直接地反映案件的某一事实情节甚至反映案件的主要事实;视听资料主要以声像的动态复原来反映案件事实,一般具有直接性和逼真性强、稳定性强的特点。因此,实物证据中的书证和视听资料中有相当一部分与案件事实是具有明显关联性和直接证明性的。

三、言词证据和实物证据的运用

对证据的运用,主要是指如何收集、保全和审查判断证据。通过对言词证据与实物证据的概念、特点的分析,司法人员应当能够根据两类证据的不同特点采取相应的收集、保全、审查判断方法。

(一)证据收集

根据言词证据的特点,采用合适的方法对其进行收集和保全。言词证据收集的主要方法是讯问和询问,对犯罪嫌疑人、被告人供述和辩解采取讯问方式取得,对证人证言、被害人陈述、当事人陈述采取询问方式取得。讯问和询问应当按照法律规定的程序进行,以保证陈述人能够如实陈述,保证证据收集的合法性。收集言词证据一般应以口头询问的方式进行,使陈述人按照感受的案件事实的顺序进行陈述,切忌诱导、暗示。对被害人、证人和鉴定人,应告知其有义务如实提供证据,并讲明作伪证和虚假陈述所应负的法律责任。辨认也是一种收集言词证据的方法,是一种特殊的讯问或询问。鉴定意见的收集较为特殊,一般通过委托有关的鉴定人员做出相关鉴定的方式取得。由于言词证据容易受到主观因素的影响,具有"多变性",这就要求司法人员在收集言词证据的同时要注意收集相关的实物证据相互印证。

实物证据主要通过勘验、搜查、扣押、查封、冻结、调取、当事人提供等方法收集。由于实物证据具有容易灭失的特点,所以收集实物证据应当坚持迅速及时的原则,对于有明显犯罪现场的案件要争取第一时间赶到犯罪现场进行现场勘查、提取固定各种实物证据。在犯罪手法越来越高明,犯罪分子愈加诡秘的形势下,特别应当注意提取各种细微物证,比如纤维、油脂、灰尘等。为保证实物证据证明力和判明其真实性,司法人员和当事人等在收集这些证据时应充分利用现代科学技术手段,采用适当的方法及时对实物证据进行收集和提取。

(二)证据保全

言词证据常以笔录形式予以保全,但也可以辅以录音、录像。实物证据的保全要比言词证据复杂一些，因为实物证据种类繁多、特点各异，需要根据每种实物证据的不同特点采取相应的保全措施，比如，血液与指纹的保全方式不同，干的血痕与湿的血液的保全方式又不同。实物证据是否保管良好，通常直接影响到将来的有关鉴定结论的真实、可靠性，再加上实物证据的毁损或灭失往往是永久性的，所以实物证据的保全工作就更具有特别的意义。实物证据的保全以不损毁、不变形、不丢失为原则，要尽量形成保管链条，尤其是要注意分案分别保管，以防止不同案件的证据相互混淆。对实物证据所拍摄的照片，也应注意证据的种类、拍摄的时间、地点、案别等。

（三）证据的审查判断

对于言词证据，应当主要审查其内容是否属实，比如对于证人证言，应当着重审查证人的感知、记忆能力，当时客观环境对于证人感知能力的影响以及证人有没有受到外界威逼、利诱等因素的干扰，等等；对于被害人陈述，应当着重审查其被害时及陈述时的情绪和心理状态，影响其感知能力的客观环境因素等；对于犯罪嫌疑人、被告人供述和辩解应主要审查其陈述时是否曾被施以了刑讯逼供、引供、诱供、欺骗或其他非法取证措施和手段。对于实物证据，应当主要审查其与案件事实之间的关联性。对于证据的提取、保全直至做出鉴定的各个环节都不容忽视。对于涉及检验鉴定的实物证据，检验材料来源的可靠性、特征的稳定性都对证据的证明能力以及证明力的大小至关重要，因此必须保证实物证据的提取方法科学适当，保全环节完整严密，坚决防止证据被污染、丢失或者检验材料被偷换等情形的发生。在审查实物证据时，应当查明其与案件的关联性。在法庭调查阶段，实物证据由一方当事人向法庭和对方当事人出示，双方进行质证并经过法庭查证属实后才能作为定案的根据。

第二节　原始证据与传来证据

一、原始证据与传来证据的概念

原始证据与传来证据的划分标准是证据的来源不同，这一分类所揭示的是不同类别证据的可靠性程度。

原始证据是指直接来源于案件事实或原始出处的证据。所谓“直接来源于案件事实”，是指证据是在案件事实的直接作用或影响下形成的，“直接来源于原始出处”，是指证据直接来源于证据生成的原始环境。正是由于原始证据来源于案件事实或原始出处，因而又被称为从第一来源获得的证据或原生证据。所谓“第一来源”，是指没有经过传抄、复制、转述等中间环节而获取证据的来源。在原始现场提取的犯罪凶器、犯罪痕迹、物证；证人、被告人、被害人、民事当事人、行政诉讼当事人等对直接目睹、感受的与案件有关情况所提供的证言、口供、陈述都是原始证据。原始证据具有真实性。由于原始证据取源于案件的本身状况，故其与案件真相之间的关系更密切，差异更微小，其反映出的信息没有经过复制、转述而具有更强的操作性和更真实的证明力。如合同纠纷案件中，载明当事人争议的合同的原件；刑事盗窃案件中被盗的办公电脑等。原始证据具有可采性。由于原始证据具有与传来证据相比较而言更强的真实性、关联性，因此，原始证据具有一般证据不可比拟的可采性，但需要注意的是，与传来证据相比较而言，两者具有同源性又具有可比性。同时，言词证据与实物证据在原始与传来反映上存在证明力的差异。

传来证据是指不是直接来源于案件事实或原始出处，而是从间接的非第一来源获得的证据。也就是由证据的第一来源经过传抄、复制、转述等中间环节传播后，间接来自于第一来源的证据，故又被称为非第一来源的证据或派生证据。如物证的模型，书证的复印件、照片，当事人、证人从其他人那里得知案件事实的陈述等。与原始证据比较而言，传来证据具有与第一来源关系较远的特性，其特点表现为：其一，传来证据的证明价值（力）会随着传来环节的增加而减少，即传来的环节愈多，其反映内容的效果愈差。其二，传来证据的证明力也可以用不同的方式予以保存。视证言或物证的方式不同，尽量减少中间环节的传播，可以使传来证据的证明力尽量地予以增加。

传来证据与传闻证据是两个容易混淆的概念。应该说，传闻证据是传来证据的下位概念。传闻证据包括三个方面：①证人转述他人的陈述，如某人向法庭陈述某现场目击证人对他讲述的案件发生经过；②证人以书面陈述代替到庭口头陈述，即直接感知案件事实的人在审判期日外把自己感知到的案件事实写成书面形式，提交给法庭，如证人在侦查阶段就直接了解到的案件情况亲笔写的书面证言；③证人在法庭外的陈述。即没有感知案件真实的人听取直接感知案件真实的人的陈述后所制作的笔录，如侦查人员根据嫌疑人和其他知情人对案件事实进行陈述而做的询问笔录。

传闻证据与我国的传来证据主要有以下区别：①包含的证据种类不同。传来证据包括“第二手”以上的人证、书证、物证、视听资料；而传闻证据仅指传闻陈述，不含书证、物证、视听资料等实物证据。②划分标准不同。划分原始和传来的基本标准是陈述人是否对案件事实直接感知。被告人、被害人、证人就案件事实的亲自所为、亲身感受、亲眼所见所做的陈述，无论是在侦查、起诉阶段，还是在审判过程中做出，无论是书面证言还是言词陈述，都属于原始证据。只有转述从他人处得知的案件真实，才是传来证据。而在英美等国，实行审判中心主义，在划分原始与传闻证据时以审判为标准，尤其对人证坚持言词原则，凡在审判前和审判外取得的言词证据，只要未能在审判中以言词方式提出，则无论其内容是不是证人亲身感知，均为传闻证据。证人当庭以外的陈述都被视为传闻证据。③证据能力不同。在我国,传来证据与原始证据都可以纳入诉讼证明过程,通常都具有证据能力。这种区分只是学理上的分类,而并不涉及证据的能力问题。在司法实践中,区分原始证据与传来证据只是让司法人员明白证据因来源不同而证明力往往也有所不同,提醒他们传来证据由于很容易失真,所以运用时需要更加谨慎。然而,在英美法中,这种划分意义重大。在区分原始证据与传闻证据基础上确立的“传闻证据排除规则”,是英美证据法的一项重要的法律原则。根据传闻证据规则,原则上只允许原始证据进入诉讼过程,而传闻证据通常不具有可采性(有不少例外情形),也即不具备证据能力。

二、划分原始证据和传来证据的意义

原始证据与传来证据的划分,是从证据来源的角度对证据加以研究的一种分类方法,它所揭示的是不同类别证据的可靠性程度和证明力的强弱。原始证据与传来证据的不同来源,决定了原始证据较传来证据更为可靠,有着更强的证明力。证据是证明的根据,证据的可靠性取决于它是否更接近真实,证据的证明力取决于它与案件事实的关联性的紧密程度,联系的程度不同,证据的证明力便有所不同。关联性越强,证明力就越大。反之,关联性越弱,证明力就越小。而证据的来源如何,就成为衡量证据可靠性与证明力的一个标准。对于大多数证据而言,证据是伴随着案件事实的发生而形成的,当证据与案件事实的关系越直接、越接近时,它的可靠程度就越高,证明力也就越强;而当它与案件事实的关系被传抄、复制、转述等中间环节所阻隔时,证据中所蕴藏的信息则极有可能在信息的传转过程中损耗、变异、扭曲,而使证据失真,不能如实地反映案件事实的原貌。所以,证据的可靠性程度与证明力的强弱,除了其他因素的影响之外,与案件事实距离的远近是一个重要因素。这样,原始证据与传来证据的划分,就为司法和执法实践提供了衡量证据可靠性与证明力的一个尺度,告诫司法和执法人员在办案过程中应尽可能地获取原始证据,在不能取得原始证据的情况下,也应尽可能地获取最接近案件事实的传来证据。

三、原始证据和传来证据的运用规则

原始证据最显著的特点在于它能够比较客观地反映案件的本来面貌,比传来证据更为真实和可靠;而传来证据在其传抄、复制、转述过程中容易失真,且一般情况下其证明价值低于原始证据,因此,在司法实践中运用原始证据和传来证据时应遵循一定的规则。

1. 遵循原始证据优先原则

一般说来,原始证据比派生证据更具可靠性,原始证据的证明力优于传来证据。这是由于受技术设备、人的领会转述能力等因素的影响,经转述、传抄、复制的内容容易发生差错。实践证明,传来证据经过转述、传抄、复制的次数越多,出现差错的可能性就越大。因此,应尽量收集原始证据。由于原始证据的证明力较高,所以不管是司法机关、律师还是当事人都应当努力寻找、发现并尽可能获取并提交原始证据。对于物证,应当尽量提取原物,只有在原物特别巨大、不易搬动或者有其他不能直接提取的情形下才采用拍照、录像、绘图等方式予以提取。但拍照、录像、绘图应当全方位、多角度进行,以最大限度地保持证据原有特征被全面获取。在原物提取时,也同时应当考虑到对其他利益的保护,如果提取原物将对相关人的财产等方面造成严重损害,就应当予以利益的权衡,如果此证据可以用其他方法予以全面提取,一般就应采取其他方法提取,而不能形而上学地一味坚持提取原物。对于书证应尽量提取原件,只有在非常特殊的情形下才可以采用复印、复制的方法提取复制品。对于证人证言,要尽量寻找目击证人,从这些耳闻目睹了案件事实的证人那里收集证据。对于被害人陈述、犯罪嫌疑人和被告人陈述,也应当尽可能地直接听取。司法和执法人员应当尽量收集和使用原始证据,积极主动地追根溯源,尽最大努力去发现原物、原件,直接听取原始证人、当事人的口头陈述,以获得对案件事实的最深入的了解。在无法取得原始证据的情况下,也应当尽可能地获取最接近案件事实的传来证据。

2. 不能忽视对传来证据的运用

传来证据虽然经过了中间传转环节,间接地来源于第一来源而影响了其证明力,但我们并不能因此否定传来证据的作用,并非是说传来证据毫无价值,传来证据对发现、收集原始证据,验证、核实原始证据的真伪都有重要作用,在不可能获得原始证据时,经查证属实的传来证据同样可以用作认定案件事实的根据。我国诉讼法也并未排除传来证据的采用,其亦具有不可轻视的重要作用:一是可据以发现和收集原始证据;二是可据以审查验证原始证据;三是可与原始证据相印证或者与其他传来证据相印证;四是在不能获得原始证据或原始证据无法直接取得或不必直接提取时,经查证属实的传来证据可以作为定案的根据。当然,在运用传来证据时,应尽量收集和运用传播环节较少,传播环节对证据价值影响小的传来证据。同时要着重查明传来证据的来源,没有来源或来源不明的传来证据,不能作为定案的根据;发现传来证据可能错误、遗漏、不合乎常规或存在矛盾时,必须经过查证核对、排除矛盾后,才能使用。对传来证据的审查,应着重来源,查明是否有确切的出处。传来证据之所以证明力较弱,主要就是囿于它的形成环节很多,往往来源不够明确,有的可能就纯粹是道听途说的一些信息,对于没有明确出处和来源的信息,原则上是不能采信的。因此,能否查明传来证据的明确出处对于传来证据能否采信往往起到关键性的作用。只要能够找出传来证据的明确来源,并且与其他证据相印证可以确定其真实可靠性就可以用作定案的根据。

第三节　本证与反证

一、本证与反证的概念

按照证据与当事人所主张的事实之间关系，以及证据与证明责任承担者的关系，我们可以将证据分为本证与反证。本证，又被称为肯定证据，是对某事实由负有证明责任的一方当事人提出的、用以证明自己主张的事实的证据。反证，又被称为否定证据，是不负证明责任的当事人提出的证明对方主张的事实不真实的证据。反证一般是为否定对方当事人所主张事实而提出的，或者为抵销本证的证据力而提出的，提出反证的当事人证明的事实往往与对方当事人主张的事实相反。

反证不同于抗辩，反证不必提出新事实，当事人直接否认对方主张的事实，并提出反证证明自己的否认成立即可。但抗辩则是在对方所提事实基础上另行提出新事实。例如，原告主张被告借款未还，以借据为凭，该借据属于本证。被告提出证据证明该借贷关系不成立，如以自己当庭书写的笔迹证明借条系伪造的，笔迹、借条就是反证。但如果被告主张借款已清偿完毕，就是被告的抗辩，被告主张原告的债权因清偿而消灭的，并出示原告给他的收据，该收据对于被告主张的清偿这一事实来说，仍然属于本证，因为被告对债权已经消灭的事实负有证明责任。如果原告否认被告主张的债务清偿的事实，并提出证据证明自己的否认是真实的，该证据则属于反证。所以，不仅原告为了证明自己主张的事实而提出的证据是本证，被告为了证明抗辩的基础事实所提出的证据也是本证。

在不同的诉讼中，本证与反证往往还有着不同的称谓。在民事诉讼中通常将证据的这一分类称为本证与反证，而在刑事诉讼中常常有着不同的称谓。根据证据在刑事诉讼中不同的证明作用，有学者将证据分为控诉证据和辩护证据。凡是能够证明被告人有罪以及应当从重或加重处罚的证据，就是控诉证据；凡是能够证明被告人无罪、罪轻或者应当减轻、免除被告人刑事责任的证据，就是辩护证据。对于控诉证据和辩护证据在学理上又有不同的称谓，如有的学者称有利被告人的证据和不利被告人的证据、攻击证据和防御证据、积极证据和消极证据，等等。还有一种类似的划分是，有学者将刑事诉讼证据分为有罪证据和无罪证据。我们认为，有罪证据与无罪证据的划分所包含的范围较窄，它只能包含控诉证据和辩护证据中关于有罪指控和无罪辩护的内容，但不能包含其中关于罪重和罪轻的控、辩内容。因此，这种划分不如本证与反证、控诉证据和辩护证据这样的分类更为科学。

本证与反证的划分，有利于当事人明确并更好地履行自己在案件中举证责任，以最大限度地维护自己的合法权益。这种分类也有利于增强诉讼的对抗性，使审判人员“兼听则明”，尽快查明案件事实。

二、本证与反证的运用

在运用本证与反证时，应当特别注意以下几个方面的问题：

(1)在刑事诉讼中，控方要构筑完整的本证体系，又要对反证予以反驳。控方，也通常是事实的主张者，其一般要将案件事实证明到一定的程度，即达到法律所规定的证明标准方可胜诉。在我国刑事诉讼中，要揭露和证实犯罪，控诉方提出的控诉证据，应达到“犯罪事实清楚、证据确实充分 ”的证明要求；在我国民事诉讼中，依据最新的法律法规虽然并不绝对要求控诉方将证据证明到“事实清楚、证据确实充分”的程度，但一般也要将案件事实证明到优势盖然性的程度。因此，不管在哪种诉讼中，控诉方通常都要构筑自己完整或较为完整的本证体系。对控诉方来讲，其所提交的证据除了要具备一定的质，即真实性、关联性、合法性，同时证据还需达到一定的数量，以保证案件的所有事实和相关情节都得到证明或者达到民事诉讼的优势证据标准。在诉讼中，如果控诉方的本证不充分，即使没有反证的存在，法官也很难认定其指控的事实。控诉方除了要积极收集证据，构筑自己的本证体系外，还应当针对对方当事人的反证予以有力的反驳，因为对方反证的目的就是动摇本证，其时刻危及着控诉方本证的成立，控诉方如不积极主动地反驳则很可能因为反证的成立而使自己败诉。

(2)侦查部门要全面收集对犯罪嫌疑人有利和不利的全部证据。在刑事诉讼中，司法人员应当对于犯罪嫌疑人、被告人有利和不利的情况予以同等注意，而不能只关注对犯罪嫌疑人或被告人不利的证据而忽略对犯罪嫌疑人、被告有利的证据。我国刑事诉讼法规定，侦查人员、检察人员和审判人员必须依照法定程序，收集能够证实被告人有罪或者无罪、犯罪情节轻重的各种证据。这就要求我们的侦查人员侦查初期要坚决杜绝“先入为主”“有罪推定”的思想。在实践当中，有的案子发生后，侦查人员仅仅凭借少量貌似吻合的证据，就推定某某为犯罪嫌疑人，并在以后的侦查过程中沿着这条思路一走到底，从而只对证明犯罪嫌疑人有罪、最终的证据感兴趣而对证明犯罪嫌疑人无罪、罪轻的证据则置之不理，以致在实践中造成了冤假错案的发生。

(3)法律对于反证没有量的要求。反证或者辩护证据不需要构筑完整的体系，不需要全面证实案件的事实，而只要有一两个关键证据能够打破控诉方的本证体系，就往往可以使控诉方“一溃千里”“全盘皆输”。所以，反证要争取“四两拨千斤”。例如，在控诉方指控的杀人案件中，只要被告方以确实证据证明其没有作案时间，就可能彻底推翻控诉方全部有罪证据而证明自己无罪。再比如，在指控贪污罪的案件中，被告人举出确实证据证明自己不是国家工作人员，根本不具备贪污罪的主体身份，这些有关身份的证据就可以完全否定控诉方指控。因此，反证或辩护证据通常不要求较大数量，也不要求证据的连贯性或组成完整的证明体系。这是反证或辩护证据运用的一个重要特点。

第四节　直接证据与间接证据

一、直接证据与间接证据的概念

按照证据与案件事实、证明对象的证明关系，即证据能否直接证明案件主要事实为标准，可以把证据分为直接证据与间接证据。

直接证据是指能直接证明案件主要事实的证据。例如，借据可以直接证明双方当事人存在借贷关系；房产证可以直接证明房屋的所有权人身份，等等。

间接证据是指间接证明案件事实的证据，即不能直接证明，而需要与其他证据结合起来才能证明案件主要事实的证据。例如，甲主张乙造成甲人身伤害，请求侵权赔偿，乙否认侵害甲的人身权，并以车票证明甲受伤时自己正在外地。车票虽不能直接证明乙未伤害甲的事实，但依车票所表明的事实，乙当时可能并不在本地，可对乙未伤害甲的事实起到一定的证明作用，车票对于当事人间争执的是否存在侵权行为的事实而言，就是间接证据。

主要事实是指当事人系争最为重要的事实。案件的性质和类型不同，其主要事实的内容也不同。刑事案件的主要事实，是指案件中的犯罪嫌疑人、被告人是否实施了犯罪行为的事实。

需要指出的是，直接证明有罪的证据是直接证据，直接证明无罪的也是直接证据，比如，犯罪嫌疑人自己的无罪辩解就是证明自己无罪的直接证据。民事案件的主要事实，是指民事当事人之间争议的民事法律关系是否发生、变更、消灭的事实。凡是能够单独直接证明民事当事人之间争议的民事法律关系是否发生、变更或消灭的证据就是直接证据。比如，借款合同纠纷中被告为原告出具的欠条，侵权赔偿诉讼中目击侵权行为发生过程的目击证人的证言等，均属于民事案件中的直接证据。行政案件的主要事实是指行政机关的具体行政行为是否违法的事实。凡是能够单独直接证明或否定行政机关具体行政行为的合法性的证据，就是直接证据。比如，行政诉讼当事人关于具体行政行为是否合法的陈述。

二、直接证据和间接证据的特点

(一)直接证据的特点

(1)直接证据具有直接证明性。这是直接证据的一个显著优点。直接证据运用起来比较便捷,一旦查证属实即可直接认定案件的主要事实,而不需要其他证据的印证。比如,一盘记录被告人犯罪全过程的录像带,就是直接证据,只要能够查明这盘录像带是真实的,没有被伪造、篡改等可能性,那么仅凭这盘录像带就可以直接证明被告人实施了此犯罪行为。实践中的直接证据主要有:①当事人的陈述;②能证明案件主要事实的证人证言;③能证明案件主要事实的书证;④能证明案件主要事实的音像证据。这些证据往往能够单独直接证明案件主要事实。

(2)直接证据的收集和审查较为困难。直接证据通常数量较少,往往不易取得,比如很多案件当中没有目击证人,或者目击证人不愿提供证言;犯罪嫌疑人出于畏罪、侥幸等心理不愿供述犯罪,口供难以取得。另外,直接证据多为言词证据,其失真的可能性较大,不稳定性较强。这些都是直接证据的弱点。因此,虽然直接证据具有直接证明性,但其真实性也往往更难把握,这也就要求对直接证据的运用需要更加谨慎,对于直接证据的真实性必须进行严格的检验和证明。所以,表面上看一个直接证据可以直接证明案件主要事实,但实践中往往还需要其他直接或间接的证据来佐证其真实性,这也是所谓的"孤证不能定案"。对于直接证据中的言词证据,由于言词证据是对大脑储存信息的表达,而大脑中的信息又是大家触摸不到的无形的东西,因此对言词证据真实性的审查通常具有更大的难度。人们只能从陈述人的感知能力、记忆能力、表达能力、外界因素的干扰、利害关系等方面进行一个综合的权衡,做出一个相对真实的结论。

(二)间接证据的特点

(1)不能单独证明案件的主要事实。间接证据只能与其他间接证据相结合或与直接证据相佐证才能达到证明案件主要事实的目的。因此间接证据具有证明关系上的间接性、证明方法上的推断性、证明作用的相互依赖性等特点。比如,在一起杀人案件中,公诉机关拥有下列证据:有证人证明被告购买了一把匕首;在匕首上遗留有被告的指纹;经鉴定致被害人死亡的凶器就是这把匕首;有人证实被告有作案时间而且事前曾威胁过被害人等,这些都属于间接证据。因为这些证据就其单个而言,并不能证明被告人杀人这一案件的主要事实,只能证明与主要事实有关的某一事实或某个情节,比如,匕首上有被告的指纹只能说明被告曾经使用过匕首,并不能证明此指纹是被告在杀害被害人时所留;致死凶器是这把匕首只能说明本案的杀人工具是什么,并不能证明是被告实施的杀人行为,因为不能排除"借刀杀人"等情形存在;被告有作案时间及事前曾威胁过被害人的证据也不能证明作案人就是被告人，而只能证明被告人拥有作案的时间和动机。间接证据不具备直接证明性，但是并不意味着凭借这些证据就不能定案。这些证据事实如果能相互结合形成证据锁链，通过逻辑推理，排除了其他的可能性，就可以推断出被告人杀死了被害人这一案件的主要事实。这就是间接证据的依赖性和推断性。这些特点使得运用间接证据定案的难度大而且容易发生差错。

(2)种类和数量较多。间接证据具有种类、数量较多的优点。比如刑事案件中，多数情况下，罪犯实施犯罪行为时都会留下大量的间接证据，比如现场遗留的指纹、足迹、血迹、作案工具及痕迹、遗留物品等通常都是间接证据。间接证据也比较容易收集获取。另外，由于间接证据多为物证、书证、勘验检查笔录等实物证据，因此，一般不容易受人们主观影响发生变异，失真的可能性较小，稳定性相对较高。

(3)范围相当广泛且很难进行分类。通常来讲，物证都是间接证据，因为物证具有与案件事实关联性不明显的特点，并且往往最终只能揭示案件事实的一些侧面和情节，而很少能直接证明案件的主要事实。需要指出的是，人们经常误以为直接证据都是原始证据，而间接证据都是传来证据。但实际上，直接证据可能是传来证据。比如，经查证属实的证明借款关系存在的欠条的复印件是传来证据，但它又是直接证据。又例如，证人甲转述了目击证人乙关于看到本案被告人将被害人杀死的证言，那么证人甲的证言虽然是传来证据，但它是直接证据，直接证明了案件的主要事实。另外，间接证据也可能是原始证据。比如，从杀人现场提取的一把菜刀，经辨认是本案被告人所有，那么这把菜刀并不能直接证明是被告人实施了杀人行为，因此只能是间接证据，但它同时又是原始证据。再比如，证人甲证明在被害人被害的时间段内他看到被告人走进了被害人家里(杀人第一现场)，那么证人甲的证言虽然是原始证据，但由于不能单独证明是否是被告人杀死了被害人，所以只能是间接证据。

三、直接证据和间接证据的运用

将证据划分为直接证据和间接证据，有利于揭示这两类证据的特征及运用规律，帮助办案人员正确认识证据在证明案件事实中的作用，尤其是帮助他们掌握在缺乏直接证据的情况下，靠间接证据定案的要求和方法。但是，在司法实践中，两类证据的运用规则存在差别。

(一)直接证据的运用规则

(1)严禁刑讯逼供及以威胁、利诱、欺骗或其他非法方法获取直接证据。由于直接证据主要表现为犯罪嫌疑人、被告人供述以及当事人陈述、证人证言等言词证据，因此一些司法人员为了直接获取直接证据定案，就不惜采用非法方法来获取这些言词证据，给当事人、犯罪嫌疑人、证人的人身等权利造成严重损害。这不仅侵害了有关公民的人权，损害了司法机关和人员的形象和威信，而且通过这些非法手段所取得言词证据的真实性更难得到保障，运用这些证据来定案也更容易酿成冤假错案。因此，司法人员在询问或讯问相关人员获取直接证据时，一定要依法进行，对此我国刑事诉讼法也有明确的规定。同时，我国最高人民法院和最高人民检察院的司法解释也规定，以刑讯逼供或威胁、利诱、欺骗或其他非法方法获取的言词证据不得作为定案的根据。

（2）直接证据必须查证属实，才能作为定案的根据。直接证据对案件事实的证明起着关键性的作用，因此对其真实性的审查也就显得尤为重要。直接证据通常表现为言词证据，也往往更加真假难辨，尤其是与案件有着直接利害关系的当事人的陈述。直接证据，必须在有其他证据印证其真实性的前提下，才能作为认定案件主要事实的依据，比如说当事人的陈述或者目击证人的证言，必须在有其他相关物证、证人证言等证据的印证下，其真实性才可以被确认，也才能被法官最终采信为定案的根据。同时，各国通常都实行"直接言词"的证据原则，即言词证据的陈述人原则上应当出庭接受控辩双方的询问、质证，否则将不得被作为定案的根据，我国也不例外。比如，《最高人民法院关于民事诉讼证据的若干规定》第五十五条规定："证人应当出庭作证，接受当事人的质询。"第五十九条规定："鉴定人应当出庭接受当事人质询。"

运用直接证据需要特别注意的是，孤证不能定案。这是指，如果案件中只有一个直接证据，而没有其他证据相印证，则不能据以认定案件事实。比如，我国《刑事诉讼法》第四十六条规定："对一切案件的判处都要重证据，重调查研究，不轻信口供。只有被告人供述，没有其他证据的，不能认定被告人有罪和处以刑罚；没有被告人供述，证据充分确实的，可以认定被告人有罪和处以刑罚。"这就表明，对于刑事案件，如果只有被告人的口供可以证明被告人有罪，那么不管此口供是否是被告人自愿坦白，都不能据此认定被告人有罪。在民事案件中，如果只有一方当事人的陈述，一般也不能将此作为认定案件事实的依据，但对方当事人承认的除外。比如，《最高人民法院关于民事诉讼证据的若干规定》第七十六条就规定："当事人对自己的主张，只有本人陈述而不能提出其他相关证据的，其主张不予支持。但对方当事人认可的除外。"

（二）间接证据的运用规则

间接证据与证明对象没有直接关系，不能单独证明案件的主要事实，具有间接性、依赖性、推断性等特点，在司法实践中，间接证据运用起来不如直接证据方便。但是，我们不能因此低估间接证据的作用。间接证据能够证明非主要事实。由于案件的复杂性，有些当事人可能会把直接证据隐藏起来，对方当事人只能从间接证据入手，运用间接证据同样可以使案件事实逐步明朗，最后达到了解民事案件真相的目的，即使达不到证实案件事实的目的，我们至少可以说，间接证据在很多时候可以作为调查研究整个案情的向导。间接证据可以鉴别直接证据的真伪。直接证据有的可能是真实的，有的则可能是伪造的材料，因此，对这些证据必须结合全案所有的证据材料进行鉴别，而间接证据就是鉴别直接证据的重要手段。人们根据间接证据，在经验上可以认定案件事实是否发生、变更和消灭。直接证据和间接证据的划分是相对而言的，直接证据与间接证据对案件真实性的反映都是有条件的，两者都有一定的局限性，几个间接证据联合起来的证明力，可能相当甚至超过一个直接证据的证明力。实践中，可以依靠间接证据发现和获取直接证据，还可以印证直接证据，间接证据在特殊情况下也可以定案。根据间接证据的特点和我国的司法实践经验，通常认为在完全运用间接证据定案的情况下通常要注意以下几点。

(1)真实性。间接证据的真实性，是指对于每一个间接证据来讲，其都必须经过司法人员查证属实之后才能用来定案。如果单个的间接证据的真实性无法得到保证，那么由间接证据所证明而来的案件事实的真实性当然也就无法得到保证。当然，这里的真实性只能是相对真实，而难以达到绝对的真实。

(2)关联性。间接证据的关联性，是指任何间接证据必须具有与案件事实的关联性，才对证明案件事实有实际意义，也才能成为定案的依据。间接证据中的物证一般与案件没有明显的关联性，往往需要通过检验、鉴定等环节才能揭示其与案件之间的内在联系，这就对司法人员审查间接证据与案件的关联性提出了更高的要求。

(3)协调性。间接证据的协调性，是指间接证据之间必须协调一致，而不能出现矛盾。比如，证人甲证明被告人乘坐的交通工具是蓝色的，而证人乙则证明被告人乘坐的交通工具是黑色的，那么这两份间接证据之间就出现了矛盾，也就不能作为定案的根据，而只有继续收集相关证据，直至矛盾排除。

(4)能够形成证据锁链。间接证据能够形成证据锁链是指，所有间接证据必须形成一个完整的证据体系，即案件事实的基本环节都有相应的间接证据予以证明。在刑事案件中，只有犯罪时间、地点、过程、手段、作案工具、犯罪后果、动机和目的等犯罪事实都得到了相应的证明，达到了“事实清楚、证据确实充分”的证明标准才能定案。如果案件中还有一些必须证明的情节没有证据相证明，那么案件中即使有再多的间接证据也不能定案。由于间接证据是间接证明案件的证据材料，这就决定了间接证据的运用较为复杂，要求在运用间接证据证明案件事实时，应当注意间接证据必须有足够的数量，使证据形成一个完整的、严密的证据锁链，而且这个证据锁链是合乎逻辑、无懈可击的。还应当注意间接证据所证明的事实与案件本身要有内在的关联，没有内在关联的间接证据就不能成为认定案件事实的证据。还应当注意各个间接证据之间必须衔接协调一致，必须都是围绕着案件中的一个主要事实加以证实的；如果间接证据之间有矛盾，而无法加以排除，案件事实就无法认定。

(5)结论的唯一性。间接证据结论的唯一性，是指根据全部间接证据不但可以推断出确定的结论，而且该结论还应当是唯一的，否则仅凭间接证据就不能认定案件事实。例如在一起杀人案件中，公诉机关所提交的主要的控诉证据是现场提取的一枚指纹，经鉴定是被告人所留，而被告人辩称他在案件发生前曾去过现场并触摸过某些物品。同时,杀人现场上的非被害人的血迹的血型与被告人的相一致。另外,有证人证明被告人曾与被害人有私仇。本案中,公诉机关的这些间接证据表明被告人是存在杀人的可能性的,但是很明显,仅凭这些间接证据是难以合理排除其他的可能性的,比如,本案就无法排除可能是另外一个与被告人血型一致的人实施了杀人行为。因此,凭借这些证据也不能认定被告人有罪。另外,我们认为,结论唯一性这一要求不适用于民事诉讼。对于民事诉讼,并不必然要达到结论唯一性的要求才能定案。这主要是源于民事诉讼具有与刑事诉讼不同的证明标准。我国刑事诉讼的证明标准是"事实清楚、证据确实充分",也就意味着要排除其他的可能性,但民事诉讼一般只要求达到"优势证据"即可,只要一方当事人的证据明显占优势,即使案件事实不能被完全查清、不能得出唯一的结论也可以判拥有优势证据的一方胜诉。因此,在司法实践中,应当注意对间接证据进行综合性地分析研究,根据间接证据锁链得出的结论应是唯一的,人们运用间接证据既能从正面证实案件的事实真相,又能从反面排除虚假成分,从而得出可靠的结论。

本章小结

证据的分类,是指在理论上将证据按照不同的标准划分为不同的类别。根据证据的形成方法、表现形式、存在状况、提供的方式不同,可以将证据分为言词证据和实物证据。根据证据的来源、出处的不同可以将证据分为原始证据和传来证据。按照证据与当事人所主张的事实之间关系,以及证据与证明责任承担者的关系,我们可以将证据分为本证与反证。根据证据与案件主要事实的关系,可以将证据分为直接证据与间接证据。

相关知识链接

1. 何家弘、张卫平主编:《外国证据法选译》,人民法院出版社 2000 年版。

2. [美]乔恩·R. 华尔兹:《刑事证据大全》,何家弘等译,中国人民公安大学出版社 1993 年版。

思考与分析

1. 言词证据与实物证据的区别主要有哪些?
2. 如何区分原始证据与传来证据?
3. 如何区分本证与反证?
4. 依靠间接证据定案需要什么条件?

第三编

证明论

第十一章

证明概述

知识结构图

诉讼证明概述
- 诉讼证明的概念
- 诉讼证明的特征
- 诉讼证明的意义

诉讼证明的分类与体系
- 诉讼证明的分类
- 诉讼证明的构成

本章导读

本章概要讲述了诉讼证明的概念、特征、意义,以及诉讼证明的分类和体系,通过本章的学习,能够对诉讼证明从全局上有一个比较清晰的认识。

司考重点

了解诉讼证明的概念、特征、意义,以及诉讼证明的分类和体系构成,并重点理解诉讼证明的特征和体系构成。

导入案例

张三和李四本是一对好朋友,因借款起纠纷。张三到法院起诉李四,要求其归还借款人民币300万元。在法庭上,张三出示李四出具的借款为300万元的借条一张,李四承认是自己写的,但写错了,实际上只借了300元。

问题:

此案关于借款事实,双方的主张相互矛盾,应如何证明?证明对象、证明责任以及证明标准应如何确定?

第一节 诉讼证明的概念和特征及意义

一、诉讼证明的概念和特征

诉讼证明是法官及诉讼参与人在民事诉讼活动中通过证据的提出以及论辩、说服、反驳的方式从法律和事实上证明判决或主张合法性、正当性的一种理性思维活动。诉讼证明既是一种理性思维活动,也是一种实践活动。

(1)诉讼证明活动是一种理性思维活动。在诉讼证明中,证明者为了达到自己的证明目标,需要从法律和事实上说明自己的主张合理、正当,法律理由的表述中要运用概念、判断、推理,事实理由的表述中要运用归纳和演绎、分析和综合、从抽象上升到具体等一系列理性思维活动。

(2)诉讼证明具有说服性。诉讼证明是一种运用理由证明其主张或判决为正当、合理,从而说服特定听众接受其证明结论的活动。诉讼证明中的主体包括当事人及其代理律师、法官。当事人所面对的听众主要是法官,对方当事人能说服最好。法官所面对的听众主要包括当事人、律师、上级法院法官、法学学者等法律共同体、普通大众等。每个证明者均具有很强的目标倾向——说服自己所面对的听众。说服目标的达成,要求符合特定的标准,法律理由要达到于法有据及符合公平正义,事实理由要达到证据法中所要求的证明标准,比如民事诉讼中事实的认定达到高度盖然性的标准,刑事诉讼中事实的认定达到排除合理怀疑。除此之外,还应该使自己的论证和听众产生共识和共鸣,从而使其在内心接受自己的主张和判决。

(3)诉讼证明具有程序性、对话论辩性、交涉性的特点。诉讼证明具有场域依赖性,总是发生在法定的诉讼程序中,法官居中裁判,双方当事人在法律和事实上表明自己的观点,通过言辞的方式,与对方进行对话、论辩、交涉,完成自己的论证。在此期间,当事人需要严格遵守诉讼程序的要求,比如要遵守辩论原则、处分原则、关于管辖的规定、时效的规定、上诉期间的规定、答辩状的规定;还要遵守证据法的规定,比如举证责任的规定、举证时限的规定、证据交换的规定、证明标准的规定等。法官在诉讼程序中也不是无所作为,也要进行诉讼程序的指挥、控制及管理,在必要的时候还要行使阐明权,遵循公开审判制度、两审终审制、合议制度、回避制度等要求。在证据的审查和认定中，法官要遵守一系列的证据认定规则，否则其判决会被上级法院否决甚至撤销。

(4)诉讼证明中论题和结论具有一定的不确定性。诉讼证明的论题——诉讼案件，不是由法官自己决定的。在科学界，研究者的研究领域是由研究者自己来确定的，没人强迫他们硬碰硬地去解决难题。法官作为公力救济者和法定的纠纷解决者，不能拒绝裁判，法官在诉讼论证中的问题，自己不能选择，不管这个问题多么棘手、多么难驾驭，都不能回避。

科学论证活动探求的是自然现象之间的因果律，通过科学论证活动所得到的结论确定性较高，有的结论甚至是确定无疑的、唯一的，所以科学界有一种科学知识不断增长的感觉。但法律论证和诉讼论证探求的是社会现象之间的因果关系或者根据法律规范确定的人们之间的权利义务关系，诉讼论证或证明旨在对社会纠纷寻求最佳解决办法，所以通过诉讼论证所得的结论确定性程度不是很高，法官对案件审理结果不可能使所有人都满意。如果某个案件的审理结果确定无疑，那么人们就不可能打官司。①

(5)诉讼证明关注的方向具有多角度性。科学工作者比较关注科学论证的精确性，诉讼证明则不同。诉讼证明解决的纠纷一般是社会矛盾激化的结果，对该纠纷的解决不但关系到当事人的切身的权利义务关系，有些集团纠纷甚至关系到社会利益、公众利益，所以法官审理案件时不能仅仅关注论证形式，而埋头在就案论案的封闭的逻辑推导过程中，还应当关注社会现实，关注社会效应及社会效益，甚或关注常识、公序良俗、社会的善良风俗及政治问题如公共政策等。②

二、证明的意义

(1)证明是查明案件事实的基本方法和重要途径。查明案件事实是法官审判案件的前提和基础，只有在查明案件事实的基础上，审判主体才能据此并依据法律做出相应的裁判。证明离不开当事人双方的证据收集、证据提交以及质证、辩论等证明活动，也离不开法官的审查判断证据的活动。证明是法院发现事实真相最可靠的方法和途径。

(2)证明过程的程序性、法定性、公开性有助于提升司法权威。诉讼证明过程具有程序性、法定性、公开性的特点，需要严格按照法定的程序以公开的方式进行。在证明过程中，证明主体通过提交证据，运用证据证明自己的主张，与对方进行质

---

① [美]理查德·A.波斯纳著:《法理学问题》，苏力译，中国政法大学出版社2005年版，第105页。

② 解兴权:《通向正义之路》，中国政法大学出版社2000年版，第33页。

疑和辩驳,可以预测自己主张被接受的程度以及对方证明的手段和证明程度。同时证明程序保障双方当事人在证明程序中享有平等的举证、质证、辩论的机会和权利,即使败诉也是经由公开、公正的证明程序产生的证明结果,提升了裁判的可接受性,也提升了司法权威。

(3)证明是体现诉讼价值的重要方式。诉讼证明不但应遵循证据法的基本原则,还应当遵循诉讼法的基本原则。首先,诉讼证明中应遵循证据法的基本原则,比如证据裁判原则、程序法定原则、真实发现原则等,即诉讼证明必须依据证据进行事实认定,必须依照法定程序和方式进行,证明还需以查明事实真相为目标。其次,诉讼证明还应遵循诉讼法中的平等原则、程序公开原则、辩论原则、处分原则等,赋予了证明主体平等权、辩论权、质证权、程序选择权等,从而使证明活动充分体现了公平、公正、正义的诉讼价值。最后,证明还体现了诉讼效益价值的实现,诉讼证明制度中的举证时限制度、证据交换制度等,均体现了诉讼效益价值的实现。

第二节 证明的分类与体系

一、证明的分类

(一)刑事诉讼证明、民事诉讼证明与行政诉讼证明

根据诉讼证明所处的诉讼程序不同,可以将诉讼证明分为刑事诉讼证明、民事诉讼证明与行政诉讼证明。进行此种划分有助于区分二大诉讼程序中诉讼证明的相同点和不同点。一般来说,三种诉讼证明在适用某些证据规则上具有相同点,比如都会适用相关证据规则、非法证据排除规则、意见证据规则等。但由于三大诉讼纠纷的性质不同,三种诉讼证明的区别还是比较明显的,主要表现在证据种类、证明责任、证明对象、证明手段及方法、证明程序上。三种诉讼证明在多个方面都有所区别。

1. 法定证据种类不同

刑事诉讼中的证据包括:物证;书证;证人证言;被害人陈述;犯罪嫌疑人、被告人供述和辩解;鉴定意见;勘验、检查、辨认、侦查实验等笔录;视听资料、电子数据。

民事诉讼中的证据包括:当事人陈述、书证、物证、视听资料、证人证言、电子数据、鉴定意见、勘验笔录。

行政诉讼中的证据包括:书证;物证;视听资料;电子数据;证人证言;当事人的陈述;鉴定意见;勘验笔录、现场笔录。

三种证据种类的区别主要在于勘验笔录的范围不同,民事诉讼中仅包括勘验笔录,行政诉讼中包括勘验笔录、现场笔录,刑事诉讼中包括勘验、检查、辨认、侦查

实验等笔录。另外,民事诉讼中和行政诉讼中的当事人陈述,在刑事诉讼中细化为被害人陈述;犯罪嫌疑人、被告人供述和辩解。

2. 证明责任的承担主体不同

在民事诉讼中,证明责任的承担主体为提出诉讼主张的当事人,在举证责任倒置的情形下,由对方当事人承担。

在行政诉讼中,证明责任由作为被告的行政机关或者法律明确授权的组织承担,原告一般不承担证明责任。

在刑事诉讼中公诉案件被告人有罪的证明责任由人民检察院承担,自诉案件中被告人有罪的证明责任由自诉人承担。只有在特定情形下,被告人才承担证明责任,如巨额财产来源不明罪,非法持有国家绝密、机密文件,资料,物品罪,都要求涉案被告人承担一定的证明责任。

3. 证明对象不同

证明对象就是需要依据证据来证明的案件事实。虽然三大诉讼证明中的证明对象在范围上基本相同,都是包括实体法事实和程序法事实,但三大诉讼证明对象的具体内容不同,尤其对于实体法事实的构成内容差别很大。在刑事诉讼中,作为证明对象的实体法事实主要包括犯罪构成要件事实和与量刑情节有关的事实;在民事诉讼中,作为证明对象的实体法事实主要包括能够引起民事法律关系产生、变更和消灭的事实;在行政诉讼中,作为证明对象的实体法事实主要是与被诉具体行政行为合法性相关的事实。

4. 证明标准不同

我国三大诉讼证明标准不同,刑事诉讼的证明标准比民事诉讼和行政诉讼的证明标准严格。刑事诉讼的证明标准为“排除合理怀疑”,民事诉讼的证明标准遵循“高度盖然性”“排除合理怀疑”及“优势证据”等多层次证明标准,而行政诉讼的证明标准介于刑事诉讼和民事诉讼之间,有的案件只能适用占优势的盖然性标准,而有的则应适用排除合理怀疑的标准。

5. 证明的程序不同

就整体的诉讼程序,三大诉讼还是存在一定的区别。在刑事诉讼中,审判阶段包括控、辩、审三方的证明活动,审前阶段主要指侦查机关的侦查、公诉部门的侦查、证据收集以及辩护人的证据收集程序。在民事诉讼和行政诉讼中,虽然也有审前的准备活动,比如民事诉讼中的举证时限、证据交换、庭前会议等诉讼程序,但证明活动主要集中在审判过程中。另外,在行政诉讼中,被告不得自行向原告或证人收集证据。

6. 证明的手段和行为不同

在刑事诉讼中,只有被告人的供述,没有其他相关证据予以佐证,不能确定被告人有罪和处以刑罚。但在民事诉讼中一方当事人对另一方当事人所提出的不利于已的事实和证据或诉讼请求表示承认,可以免除另一方当事人相应的举证责任,法院对当事人自认的事实直接予以认定,无须其他证据。此外,在刑事诉讼中,为了防止国家权力的滥用并保障公民权利,法律对国家专门机关收集证据的主体、方式和程序做了具体而详细的规定,而在民事诉讼和行政诉讼中,仅对人民法院审查核实证据做了原则性规定。在三大诉讼中,刑事诉讼证明受到更多的法律制约。

(二)严格证明与自由证明

以是否利用法定的证据方法并且经过法定的证据调查程序为标准,可以将诉讼证明分为严格证明和自由证明。所谓严格证明,是指运用法定的证据种类并经过正式证据调查程序所做出的证明。所谓自由证明,是指无须运用法定的证据种类并且无须通过正式的证据调查程序做出的证明。只有在法律有明文规定时,才适用自由证明[①],如果法律没有关于适用自由证明的明文规定,则推定适用严格证明。一般来说,必须严格证明的事项主要是符合实体法规范的构成要件的案件事实,可以自由证明的事项主要是诉讼程序事项。

(三)证明与疏明

以是否需要使法官心证达到确信为标准,可将诉讼证明分为证明或疏明。证明是指法官确信待证事实为真的诉讼证明,法官认定的事实应用的是通用证明标准,不得降低。疏明,亦称释明,是指法官根据有限的证据,或已知的事实大致推断待证事实为真的状态。疏明的证明标准较之证明要低。一般来说,对于程序法的事项,进行疏明或释明即可。

二、证明的构成

(一)证明对象

证明对象,是指证明客体,主要解决"对什么予以证明"的问题,具体指在诉讼中需要运用证据加以查明和证明的案件待证事实,具体包括实体法事实和程序法事实。实体法事实是指对于解决案件中的实体问题具有法律意义的事实,比如刑事诉讼中的犯罪构成要件的事实;民事诉讼中关于民事法律关系产生、变更或消灭的事实;行政诉讼中关于行政主体具体行政行为合法性的事实等均属于实体法事实。程序法事实是指与案件的实体问题没有直接的关系,但对于诉讼程序如何处理具有法律意义的事实,比如有关回避理由的事实、有关采取强制措施的事实、有关诉讼期间的事实、涉及证据能力的事实等均属于程序法事实。

(二)证明主体

证明主体是指在诉讼活动中提出自己的诉讼主张并有义务承担证明责任的诉

---

① 李明主编:《证据法学》,厦门大学出版社 2014 年版,第 202 页。

讼主体。在刑事诉讼中证明主体包括公诉人、自诉人和被告人。民事诉讼中的证明主体包括当事人及刑事附带民事诉讼的当事人。行政诉讼中的证明主体主要指行政诉讼当事人,具体指处于被告地位的行政机关和处于原告地位的相对人。不同的证明主体在诉讼中具体承担的证明任务有很大差别,不能一概而论。

(三)证明责任

证明责任是指就特定的待证的案件事实,由特定的诉讼主体所负有的收集提出证据、运用证据加以证明的义务。证明责任主要解决“谁来证明”的问题。在刑事诉讼中,证明被告人有罪的责任,由检察机关或自诉人承担,被告人原则上没有义务证明自己是无罪的,但在法定例外情形下,被告人也要承担一定的证明责任,如我国规定的巨额财产来源不明罪案件或非法持有国家绝密、机密文件,资料,物品犯罪案件。在民事诉讼中,原则上根据实体法的具体规定,按照“规范分类说”提供的理论规则分配证明责任。当事人对其他负有证明责任的事实,必须提供证据加以证明,否则将承担不利诉讼后果。在行政诉讼中,对于所争议的具体行政行为的合法性,原则上由被告,即做出具体行政行为的行政机关提供证据加以证明,原告一般无须承担证明责任,但在法律规定证明责任倒置的情形下,原告承担一定的证明责任。

(四)证明标准

证明标准是指诉讼主体履行证明责任、证明案件事实所需达到的程度。证明标准主要解决“证明到何种程度”的问题。三大诉讼所要求的证明标准依据所保护的权益性质不同,证明标准的要求也不同。很显然,刑事诉讼的证明标准要求最高,多数国家通常实行“排除合理怀疑”的证明标准;民事诉讼一般实行“高度盖然性”的证明标准,特定情形下实行“排除合理怀疑” 及“优势证据”的证明标准;行政诉讼证明标准实行适用“占优势的盖然性”标准,而有的则应适用“排除合理怀疑”的标准。

(五)证明方法

证明方法是指诉讼主体为了证明案件事实所采用的推理、认知、推定、论证、辩论、说服、反驳等一系列方法的总称。诉讼证明中最常用的证明方法包括哲学的证明方法、逻辑的证明方法、经验的证明方法。哲学的证明方法包括从感性到理性、从现象到本质、从抽象上升到具体、归纳、演绎、分析、综合等思维方法。逻辑的证明方法比如概念、判断、推理、同一律、矛盾律、排中律等运用方法,经验的证明方法包括直觉的运用、经验法则的运用、类比推理、归纳推理之运用以及价值判断方法等。

(六)证明程序

证明程序是指证明主体完成诉讼证明活动所经历的一系列阶段和过程,主要包括证据收集保全程序、证据提交程序、证据的审查判断程序、事实认定程序等。

证据的收集保全程序主要发生在审前，比如刑事诉讼中的侦查阶段、审查起诉阶段，民事诉讼中的审前准备阶段等。对证据的收集应当严格按照法定的条件和程序进行，如果采用法律规定的禁止性方法收集到的证据，将被排除。证据提交程序主要发生在审前和庭审阶段，比如审前的证据交换阶段。审查证据是证明主体依照法定的程序对证据的客观性、关联合法性进行审查判断的活动。判断证据是证明主体在审查证据的基础上对证据的证据能力和证明力进行核实和认定的诉讼活动。一般而言，收集证据和审查判断证据的活动并不是截然分开，往往交织在一起。因为证明主体在审查证据后，可能会发现一些疑点，为澄清疑点，证明主体可能还需要继续收集其他证据。

此外，按照证明的阶段，也可将证明程序分为举证、质证、认证程序。举证是控辩双方或当事人双方就自己的主张向法庭提供证据的活动。质证是在法庭审理过程中控辩双方或当事人双方在法官的主持下，采用询问、辨认、质疑、辩驳、核实等方式对证据的效力进行质疑、辩驳等活动。认证是指审判人员在法庭辩论的基础上，对庭审证据材料的客观性、关联性、合法性进行分析判断，从而确认其能否成为案件定案根据的诉讼活动。①

本章小结

本章概要地讲述了诉讼证明的概念、特征、意义、诉讼证明的分类及诉讼证明的构成体系。诉讼证明的特征表现为以下几点：诉讼证明活动是一种理性思维活动；诉讼证明具有说服性；诉讼证明具有程序性、对话论辩性、交涉性；诉讼证明中论题、结论具有不确定性；诉讼证明关注的方向具有多角度性。诉讼证明可以进行以下分类：刑事诉讼证明、民事诉讼证明与行政诉讼证明、严格证明与自由证明、证明与疏明（或释明）。一般来说，诉讼证明的体系包含证明对象、证明主体、证明责任、证明标准、证明方法、证明程序。

相关知识链接

1. 郭小冬、姜建兴：《民事诉讼中的证据和证明》，厦门大学出版社 2009 年版。
2. 李丽峰：《刑、民诉讼证明制度比较研究》，法律出版社 2016 年版。
3. 吴宏耀、魏晓娜：《诉讼证明原理》，法律出版社 2002 年版。

---

① 陈光中主编：《证据法学》，法律出版社 2013 年版，第 292 页。

思考与分析

1. 请简述诉讼证明的概念和特征。
2. 诉讼证明的意义何在?
3. 诉讼证明可以进行哪些分类?
4. 诉讼证明的体系包括哪些具体内容?

第十二章

证明对象

知识结构图

证明对象
- 证明对象的概念
- 证明对象的范围
- 证明对象的分类

本章导读

本章主要介绍证明对象的概念、范围和分类，阐述了实体事实、程序事实与证据事实等常见的证明对象，以及刑事诉讼、民事诉讼以及行政诉讼证明对象的基本内容。

司考重点

基本要求：

了解：证明对象的概念与范围，三大诉讼中的具体证明对象。

理解：证明对象的基本内容。

熟悉并能够运用：证明对象的概念与范围，分析案件中的证明对象。

考试内容：证明对象的概念与范围，免于证明的事实。

导入案例

小刚是一名17岁的职业高中学生,在2000年10月5日国庆节放假期间,他潜入某单位办公室,窃得手提电话3部。在公安机关对此案进行侦查时,下列哪些内容属于刑事诉讼的证明对象?

(2002年司法考试真题卷二第54题)

A. 小刚盗窃的事实

B. 小刚的年龄

C. 2000年国庆节期间放长假的事实

D. 小刚犯罪后的表现

第一节 证明对象概述

一、证明对象的概念

证明对象也称证明客体,是指在诉讼中,需要证明主体用证据予以证明或确认的案件争议事实。在诉讼活动中,证明对象决定着证明如何进行,是证明活动的关键环节。一般来说,证明活动都是围绕证明对象开展的,它既是证明的出发点,也是证明的归宿。

在理解证明对象的概念时,应该注意以下内容:一是证明对象是以诉讼主体的事实主张为基础的,没有主张的事实一般不能成为证明的对象。二是证明对象与证明责任密切相关。凡是证明对象都要有相应的证明责任,所有证明责任都是针对一定证明对象而言的。三是证明对象必须是由证据加以证明的案件事实。如果是无须证明或不证自明的事实,就不属于证明的对象。四是证明对象的确定应以实体法规定为主要依据,特别是实体法规定的某种法律效果构成要件,往往是确定证明对象的关键内容。

二、证明对象的范围

在司法裁判中,法院进行依法裁判的前提和基础是查明案件纠纷事实。在此过程中,对于证据是否可以采信、程序是否合法等其他具有法律意义的争议事实,也需要加以证明。因此,证明对象的范围具体包括:实体要件事实、程序事实、证据事实。

（一）实体要件事实

诉讼的目的是解决纠纷，那么诉讼证明主要是围绕纠纷事实而展开的，而对于直接影响诉讼纠纷解决的实体要件事实的证明，就构成了整个诉讼证明的中心任务。根据纠纷事实的实体要件性质，实体要件事实具体分为民事诉讼实体要件事实、刑事诉讼实体要件事实、行政实体要件事实。

1. 民事诉讼证明中的实体要件事实

民事诉讼案件是发生在平等主体之间的权利义务纠纷案件。主要包括四种类型，一般民事权利义务纠纷案件、婚姻家庭纠纷案件、经济纠纷案件、其他按照民事诉讼程序成立的案件。在民事诉讼证明中的实体要件事实，是指由民事诉讼法规定的，诉讼双方当事人（包括第三人）所主张的事实以及提出的抗辩事实。主要包括以下几个方面：

（1）当事人之间的权利义务关系赖以发生、变更或者消灭的事实。在请求和答辩过程中一般都会涉及此类事实。作为证明对象的事实，应当是能够引起当事人之间权利义务关系的发生、变更和消灭的法律事实，包括行为和事件。

（2）民事权利遭到侵害或者发生争执的事实。当事人向人民法院提出诉讼请求时，必须提出其享有某种实体权利的事实，并且应当陈述这项权利遭受侵害或发生争执的事实。被告在答辩中也会对这些事实做出陈述。

（3）妨碍权利和义务发生的事实。权利义务关系的发生必须具备法定要件，否则就不受法律保护。只要存在这种妨碍权利义务发生的事实，相关行为就不能产生法定的效力。

（4）当事人的个人情况。自然人的个人情况包括姓名、性别、年龄、民族、职业、住址等。法人或其他组织的情况则包括法人或非法人团体的一般情况。

（5）外国现行法和港澳台地区的有关现行法。根据有关法律规定，解决民事纠纷，有时会涉及适用外国的或我国香港、澳门和台湾地区的实体法。在民事纠纷中如果涉及这些法律的适用问题，特别是如果当事人提出适用请求时，这些法律的具体规定和效力问题，也就成为特定案件的证明对象了。如果要求使用判例，就必须提供该判例。

2. 刑事诉讼证明中的实体要件事实

在刑事案件中，实体要件事实具体包括有关犯罪构成要件的事实，作为从重、加重或者从轻、减轻、免除刑事处罚的理由事实，以及犯罪嫌疑人、被告人的个人情况和犯罪后的表现。刑事证明中的实体要件事实具体包括以下几类：

（1）有关犯罪构成要件的事实。根据我国刑法规定以及刑法学理论，犯罪构成要件的事实包括四个方面：犯罪客体、犯罪主体、犯罪的客观方面和犯罪的主观方面。这是刑事诉讼基本的、主要的证明对象。具体为：犯罪事实是否发生；犯罪是否为犯罪嫌疑人、被告人所为；犯罪行为的实施过程，包括犯罪的时间、地点、手段、方法等；犯罪造成的危害后果，包括危害后果与犯罪行为之间的因果关系；被告人是否达到刑事责任年龄、有无刑事责任能力;被告人犯罪的动机和目的、主观过错;应否追究刑事责任。在查明犯罪构成要件的事实时,要注意那些排除行为违法性、可罚性和刑事责任的事实。包括:排除刑事责任的事实,如行为人因精神病正处在不能辨别、控制自己的行为而依法不负刑事责任的时期;排除行为违法性的事实,如正当防卫和紧急避险行为;排除行为可罚性的事实,如犯罪已过追诉时效期限的,经特赦令免除刑罚的,被告人死亡的等事实。

(2)作为从重、从轻、减轻、免除刑事处罚理由的事实。刑事诉讼中除了要查明犯罪构成必备要件方面的事实外,还要查明对正确量刑、罚当其罪具有意义的事实,即查明有无从重、加重或者从轻、减轻、免除处罚的情节。具体包括:法定从重处罚的事实,如主犯、教唆不满18周岁的人犯罪的、累犯等。作为应当或者可以从轻、减轻或者免除处罚理由的事实,如未满18周岁的人犯罪的、犯罪未遂的、犯罪中止的、从犯、胁从犯、犯罪后自首的,等等。

(3)犯罪嫌疑人、被告人的个人情况和犯罪后的表现。犯罪嫌疑人、被告人的个人情况,包括姓名、性别、年龄、籍贯、家庭出身、本人成分、文化程度、民族、职业、住址、工作经历、是否受过刑事处罚和其他处分、政治面貌、一贯表现等。犯罪嫌疑人、被告人在犯罪后的表现,可以准确确定真正的犯罪人,防止出现张冠李戴的情况,避免错案;查明犯罪嫌疑人、被告人犯罪后的表现和态度,如是否自首、坦白或检举立功等悔改表现,或者是否有逃跑、串供、毁灭证据等情况,可借助判断其主观恶性程度、社会危害性的大小和教育改造的难易,量刑时予以综合考虑。

3. 行政诉讼证明中的实体要件事实

行政诉讼,俗称"民告官"而引发的诉讼,是指依照行政诉讼法规定的管辖和程序,由人民法院通过审判活动,对行政执行机关和其执法人员的具体行政行为进行司法审查的活动。它的证明对象与刑事诉讼和民事诉讼的特点会有所不同,它包括有被行政机关裁决的事实;行政机关本身是否有权处理和是否越权处理;行政机关裁决某种事实是否有法律、法规依据;它所依据的法规或规章是否合法有效等问题。由于行政机关是上级领导下级的关系,不仅要审查做出的具体行政行为,有时上级的介入或复议活动也会成为证明对象。具体来说,行政诉讼的证明对象包括以下方面:(1)行政机关的具体行政行为的法律依据和规范性文件及某些行政法规、规章,特别是规范性文件是否有效。(2)行政机关的具体行政行为是否具备法律所规定的事实要件。在作为制裁性的具体行为中,被制裁人违法的事实;在不作为或否决申请的具体行政行为中,不作为的情况和否决申请的事实根据。(3)具体行政行为的程序是否符合法律、法规的规定。(4)行政侵权损害的事实。如果具体行政行为错误造成损害时,特别是原告请求赔偿的,损害事实也将成为证明对象。(5)滥用职权或超越职权的事实。

(二)程序事实

程序法事实是指与案件本身没有关系,但对解决某些诉讼程序性问题具有法律意义的事实。具体包括关于回避、申请再审、不应采用强制措施、违反法定诉讼程序、变更执行依据等方面的事实。例如,我国《刑事诉讼法》第二十八条规定:“审判人员、检察人员、侦查人员有下列情形之一的,应当自行回避,当事人及其法定代理人也有权要求他们回避:(一)是本案的当事人或者是当事人的近亲属的;(二)本人或者他的近亲属和本案有利害关系的;(三)担任过本案的证人、鉴定人、辩护人、诉讼代理人的;(四)与本案当事人有其他关系,可能影响公正处理案件的。”

《民事诉讼法》第二百条规定:“当事人的申请符合下列情形之一的,人民法院应当再审:(一)有新的证据,足以推翻原判决、裁定的;(二)原判决、裁定认定的基本事实缺乏证据证明的;(三)原判决、裁定认定事实的主要证据是伪造的;(四)原判决、裁定认定事实的主要证据未经质证的;(五)对审理案件需要的主要证据,当事人因客观原因不能自行收集,书面申请人民法院调查收集,人民法院未调查收集的;(六)原判决、裁定适用法律确有错误的;(七)审判组织的组成不合法或者依法应当回避的审判人员没有回避的;(八)无诉讼行为能力人未经法定代理人代为诉讼或者应当参加诉讼的当事人,因不能归责于本人或者其诉讼代理人的事由,未参加诉讼的;(九)违反法律规定,剥夺当事人辩论权利的;(十)未经传票传唤,缺席判决的;(十一)原判决、裁定遗漏或者超出诉讼请求的;(十二)据以做出原判决、裁定的法律文书被撤销或者变更的;(十三)审判人员审理该案件时有贪污受贿,徇私舞弊,枉法裁判行为的。”这些再审事由中,多数事由与程序有关,法院在裁定再审之前,应确认原案审理中是否存在相应的程序事实,这些程序事实就成为相应的证明对象。

《行政诉讼法》第七十四条规定:“行政行为有下列情形之一的,人民法院判决确认违法,但不撤销行政行为:(一)行政行为依法应当撤销,但撤销会给国家利益、社会公共利益造成重大损害的;(二)行政行为程序轻微违法,但对原告权利不产生实际影响的。行政行为有下列情形之一,不需要撤销或者判决履行的,人民法院判决确认违法:(一)行政行为违法,但不具有可撤销内容的;(二)被告改变原违法行政行为,原告仍要求确认原行政行为违法的;(三)被告不履行或者拖延履行法定职责,判决履行没有意义的。”同样,这些行政行为的程序性事实也是具体案件的证明对象。

(三)证据事实

证据本身就是证明案件事实的手段,其所反映出来的事实被称为证据事实。其能否成为证明对象,学理上有不同的观点。

(1)肯定说。认为证据事实是证明的对象,理由为:任何证据都需要其他证据证明其真实性、客观性和关联性,除非是无须证明的事实。某项证据相对于案件的要件事实而言,是证明手段;相对于证明它的其他证据事实而言,又是证明对象。因而,证明对象与证明手段都是相对的,证据事实处在由证明对象与证明手段组成的多个因果链条之中，需要其他证据事实来印证、强化或证明，是证明对象和证明手段的统一。

(2)有限肯定说。主张在一定条件下证据事实可以成为证明对象。此说又分为两种观点：一种观点认为，证据事实包括直接证据事实和间接证据事实，直接证据事实能直接证明案件的主要事实，与要件事实重合，故它虽是证明对象，但不必单独列出；间接证据事实不能直接证明案件事实，必须与其他证据事实相联系，才能证明案件主要事实。另一种观点认为，只有当证据事实成为案件的系争点时，才可成为证明对象。①

(3)否定说。认为证据事实只是证明手段，不能列为证明对象。这是诉讼法学界的通说。在一般意义上，"否定说"比较恰当地说明了证明对象与证据事实之间的关系，即证据事实有其特定的内涵，它是证明待证事实的手段。某一证据事实可能需要其他证据印证，但这种印证与被印证的关系，仍然是证明手段之间的关系。只有在确认之诉中，证据事实才能成为证明对象。在一个特定的诉讼中，证据事实永远是证据事实，而不可能成为证明对象。

第二节　三大诉讼的证明对象

根据所处的程序不同，证明对象可以分为刑事诉讼证明对象、民事诉讼证明对象、行政诉讼证明对象。从我国现行证据法律制度来看，刑事诉讼处理的是犯罪行为案件，而民事诉讼处理的是有关民事权利义务关系的纠纷，行政诉讼处理的是有关具体行政行为合法性、合理性的行政争议，刑事诉讼的证明对象比较具体、明确、确定，而民事诉讼和行政诉讼的证明对象则比较复杂。

一、刑事诉讼的证明对象

刑事诉讼解决的是犯罪和刑罚问题，是由案件事实以及其他与定罪、量刑相关的事实来决定的。犯罪问题，包括被告人的行为是否构成犯罪，构成何种罪名的犯罪；刑罚问题，包括是否应当处以刑罚，采用何种刑罚及如何掌握量刑幅度，这些就是刑事诉讼证明对象。与民事诉讼不同，刑事案件各个要件、法律规定的基本内容、基本要求均应有证据证明，诉讼主体之间没有争议，公诉机关也要提供相关证据证明。

《刑事诉讼法》第五十条规定："审判人员、检察人员、侦查人员必须依照法定

---

① 刘金友主编：《证据理论与实务》，法律出版社 1992 年版，第 147 页。

程序，收集能够证实犯罪嫌疑人、被告人有罪或者无罪、犯罪情节轻重的各种证据。”最高人民法院《关于适用〈中华人民共和国刑事诉讼法〉的解释》第六十四条又进一步明确规定：“应当运用证据证明的案件事实包括：(一)被告人、被害人的身份；(二)被指控的犯罪是否存在；(三)被指控的犯罪是否为被告人所实施；(四)被告人有无刑事责任能力，有无罪过，实施犯罪的动机、目的；(五)实施犯罪的时间、地点、手段、后果以及案件起因等；(六)被告人在共同犯罪中的地位、作用；(七)被告人有无从重、从轻、减轻、免除处罚情节；(八)有关附带民事诉讼、涉案财物处理的事实；(九)有关管辖、回避、延期审理等的程序事实；(十)与定罪量刑有关的其他事实。”由此可见，刑事诉讼的证明对象包括多方面的内容。

(一)有关犯罪行为构成要件的事实

犯罪构成要件主要包括：①犯罪客体，是指刑法所保护而为犯罪行为所侵犯的具体社会关系；②犯罪主体，是指实施危害社会的行为、依法应当负刑事责任的自然人和单位；③犯罪的客观方面，是指刑法规定的构成犯罪在客观活动方面所必须具备的条件，包括犯罪主体实施了危害社会的犯罪行为以及与犯罪行为有关的各项客观事实，如犯罪的时间、地点、手段、危害社会的结果等；④犯罪的主观方面，是指行为人对自己危害社会的行为及危害社会的结果所持的主观心理态度，如故意或者过失等。

犯罪构成要件的事实包括：①犯罪事实是否确已发生；②犯罪行为是否为犯罪嫌疑人、被告人所实施；③包括犯罪行为发生的时间、地点、手段、方法在内的反映犯罪的实施过程的事实；④犯罪行为造成何种危害结果，以及危害结果与犯罪行为之间是否存在着因果关系；⑤犯罪嫌疑人、被告人是否达到刑事责任年龄以及有无刑事责任能力；⑥反映犯罪嫌疑人、被告人犯罪的故意和过失的主观罪过情况以及犯罪的动机和目的如何；⑦应否追究刑事责任。这七个方面的内容并非每一犯罪都必须具备，而犯罪的四个构成要件才是每个犯罪行为所应具备的必不可少的要件事实。

(二)与犯罪行为轻重有关的量刑情节的事实

《刑法》第六十一条规定：“对于犯罪分子决定刑罚的时候，应当根据犯罪的事实、犯罪的性质、情节和对于社会的危害程度，依照本法的有关规定判处。”这些有关量刑的事实既包括法定情节事实，又包括酌定情节事实。

(1)法定情节事实，包括从重处罚事实(在法定刑的限度内判处较重的刑罚)、从轻处罚事实(在法定刑的限度内判处较轻的刑罚)、减轻处罚事实(在法定刑以下判处刑罚)和免除处罚事实(对犯罪分子做出有罪判决的同时免除其刑罚处罚)。例如《刑法》第二十九条规定，教唆不满 18 周岁的人犯罪的，应当从重处罚。《刑法》第六十五条规定，被判处有期徒刑以上刑罚的犯罪分子，刑罚执行完毕或者赦免以后，在五年以内再犯应当判处有期徒刑以上刑罚之罪的，是累犯，应当从重处罚,但是过失犯罪除外。《刑法》第十七条规定,已满14周岁不满18周岁的人犯罪,应当从轻或者减轻处罚。《刑法》第十八条规定,尚未完全丧失辨认或者控制自己行为能力的精神病人犯罪的,应当负刑事责任,但是可以从轻或者减轻处罚。《刑法》第十九条规定,又聋又哑的人或者盲人犯罪,可以从轻、减轻或者免除处罚。《刑法》第二十二条规定,为了犯罪,准备工具、制造条件的,是犯罪预备。对于预备犯,可以比照既遂犯从轻、减轻处罚或者免除处罚。

(2)酌定情节,是指根据刑事立法精神和司法实践,在法律上并未明确规定,而在量刑时酌情考虑的情节。常见的酌定情节主要有犯罪动机、犯罪手段、犯罪时的环境和条件、犯罪造成的损害后果、犯罪侵害的对象情况、犯罪分子的一贯表现、犯罪后的态度等。

(三)排除行为违法性、可罚性的事实

刑事诉讼法肩负的任务是在准确、及时地惩罚犯罪的同时,保障无罪的人不受刑事追究。换言之,不仅要查清行为人有罪的事实,而且要查清行为人虽然实施了危害行为但是根据法律规定无须追究其刑事责任的事实。根据刑法的规定,这些排除刑事责任的事实包括:

(1)排除违法性的事实。依据民法、刑法等法律规定,排除了某些行为的违法因素而不构成犯罪。这些行为看似属于违法行为,但是由于客观情况所致或该行为的目的、动机等主观意志具有正当性,例如正当防卫、紧急避险、执行上级命令的行为等。

(2)排除可罚性的事实。这类犯罪行为虽然在法律上符合犯罪构成,但不产生相应的刑事处罚责任。根据《刑事诉讼法》第十五条规定:有下列情形之一的,不追究刑事责任,已经追究的,应当撤销案件,或者不起诉,或者终止审理,或者宣告无罪,包括情节显著轻微、危害不大,不认为是犯罪的;犯罪已过追诉时效期限的;经特赦令免除刑罚的;依照刑法告诉才处理的犯罪,没有告诉或者撤回告诉的;犯罪嫌疑人、被告人死亡的;其他法律规定免予追究刑事责任的。

(四)减免刑事责任的事实

如果行为人尚未达到法定刑事责任年龄,或者行为人在实施犯罪行为时,处于精神不正常的主观状态,则属于无刑事责任能力人,不予追究刑事责任。根据刑法的有关规定,行为人不满14周岁,不负刑事责任;已满14周岁未满16周岁,只有所犯罪行属于故意杀人、故意伤害致人重伤或死亡、强奸、抢劫、贩卖毒品、放火、爆炸、投放危险物质罪的,才应负刑事责任。另外,可判处死刑处罚的责任年龄,必须是实施犯罪的时候年满18周岁。

(五)刑事诉讼程序事实

具体包括:

(1)对犯罪嫌疑人、被告人采取强制措施的事实。公安司法机关可以根据案

件的具体情况,依法对犯罪嫌疑人、被告人采取拘传、取保候审、监视居住、拘留、逮捕五种强制措施,以保障刑事诉讼的顺利进行。

(2)有关回避的事实。公安司法机关办案人员与案件具有利害关系的,应当回避。

(3)关于诉讼程序的进行是否超越法定期限的事实。

(4)公安司法机关是否存在侵犯犯罪嫌疑人、被告人诉讼权利的事实。

(5)与程序合法性有关的事实,如管辖争议的事实。

(6)与执刑合法性有关的事实,如关于犯人"是否怀孕"的事实。

二、民事诉讼的证明对象

民事诉讼的证明对象,主要是由民事法律规定的,由原告、被告和第三人的诉讼请求所根据的事实,以及当事人进行反驳所根据的事实确定的。我国民事诉讼证明对象可以归结为以下四个方面的事实:

(1)民事关系发生、变更和消灭的事实,具体包括民事主体的事实、民事行为及其效果的事实、民事权利义务的成立、变更和消灭的事实等。例如,被继承人死亡才能引起继承的开始;合同的订立是平等主体的自然人、法人、其他组织之间为设立、变更、终止财产权利义务关系而进行协商、达成协议的过程。当事人要使自己订立合同的行为达到预期的法律效果,就应当具有相应的民事权利能力和民事行为能力。

(2)民事争议发生过程中的事实,即当事人之间因民事权利义务的享有、履行发生纠纷、解决纠纷乃至最后诉诸法院的事实。例如,一般侵权民事责任的举证责任由被害人承担,需要证明的主要事实有侵权造成的损害事实、被告的违法行为、行为与损害的因果关系和加害人的过错。

(3)当事人主张的民事诉讼程序事实,具体包括有关当事人资格的事实、有关法院主管和管辖的事实以及有关审判组织、审判程序、强制措施、诉讼期间的事实等。例如,因合同纠纷提起的诉讼,由被告住所地或者合同履行地人民法院管辖;因保险合同纠纷提起的诉讼,由被告住所地或者保险标的物所在地人民法院管辖;因票据纠纷提起的诉讼,由票据支付地或者被告住所地人民法院管辖。

(4)有关外国法律法规的事实。在涉外民事诉讼中,由于客观原因与主观视野所限,裁判人员不可能知晓各国的法律法规,当事人主张适用外国的法律法规的,应当举证证明外国法律法规的存在及其效力。

以上各类事实,特别是实体要件事实,只有当事人之间发生争议才有可能在具体案件中成为事实上的证明对象。

三、行政诉讼的证明对象

我国行政诉讼的证明对象可以分为与被诉行政行为合法性和合理性有关的事实、与行政赔偿构成要件有关的事实和行政诉讼程序事实。

(一)与被诉行政行为合法性和合理性有关的事实

我国《行政诉讼法》第六条规定:“人民法院审理行政案件,对行政行为是否合法进行审查。”行政行为是指行政机关行使行政职权,依法做出的具有法律效力的行为,包括具体行政行为和抽象行政行为。

(1)具体行政行为是指行政机关行使职权,对特定的公民、法人或者其他组织和特定的事件单方做出的直接产生法律效力的行为。与被诉具体行政行为合法性有关的事实就成为一般行政诉讼的证明对象,这类事实主要包括以下几个方面:

一是行政机关是否具有法定职权的事实。依据依法行政原则,被告行政机关是否有权以自己的名义代表国家对外进行行政管理活动,是否有权做出被诉的具体行政行为,这两种事实都是由被诉行政机关单方根据法律法规的规定做出的,这类事实是行政诉讼的证明对象。

二是原告是否实施了被处理行为或者行为是否符合法定条件的事实。在行政执法程序中,原告是行政相对人,行政机关要做出正确的行政行为,必须准确认定相对人。在行政许可和不作为的具体行政行为案件中,行政机关还应当进一步查明相对人是否符合法定的颁发许可证或者享受给付和保护的条件。这些事实可能成为行政诉讼的证明对象。

三是被告做出被诉具体行政行为时的目的是否正当的事实。目的是否正当是被诉具体行政行为合法性的主观标准,法院要查明这个事实,可以从被告的相关记录和当事人陈述的相关内容等方面加以认定。

四是被诉具体行政行为是否合理的事实。根据《行政诉讼法》第七十七条的规定:“行政处罚明显不当,或者其他行政行为涉及对款额的确定、认定确有错误的,人民法院可以判决变更。”这是关于被诉具体行政行为的处理与案件的事实、情节和性质是否相适应的规定,它也是行政诉讼的证明对象。

(2)抽象行政行为是指行政机关依法对不特定的人和事件制定具有普遍约束力的行为规则的行为。依行政复议法的有关规定,行政法规和规章以外的抽象行政行为可以成为行政诉讼的审查对象,与其合法性有关的事实也就相应地成为一般行政诉讼的证明对象,这类事实具体包括以下几方面:一是作为抽象行政行为主体的行政机关是否享有实施该抽象行政行为的行政职权。二是做出抽象行政行为的程序是否合法。三是抽象行政行为的适用范围和效力的情况。

(二)行政赔偿构成要件的事实

行政赔偿是指特定的行政机关及其工作人员在行使行政职权过程中违法侵害

公民、法人或者其他组织合法权益造成损害的，由国家承担的赔偿责任。在行政侵权赔偿诉讼中，行政赔偿构成要件的事实是主要的证明对象，这也是行政赔偿诉讼证明对象区别于一般行政诉讼证明对象的不同之处。行政赔偿构成要件的事实具体包括以下几方面：

(1)侵权行为是否是作为被告的行政机关及其工作人员实施。这里的工作人员是广义上的，既包括具有公务员身份的工作人员，也包括接受行政机关指派或唆使从事实施侵权行为的公民。

(2)侵权行为是否是行政机关及其工作人员在行使行政职权的过程中实施。

(3)侵权行为是否违法。

(4)侵权行为是否给作为原告的受害人造成人身权或者财产权的损害；造成损害的，损害大小如何。

(5)侵权行为与损害结果之间是否具有因果关系。此外，原告单独提出赔偿请求的，法院还应当查明赔偿义务机关做出处理的情况。

(三)行政诉讼程序事实

我国《行政诉讼法》第八十九条规定："人民法院审理上诉案件，按照下列情形，分别处理：(一)原判决、裁定认定事实清楚，适用法律、法规正确的，判决或者裁定驳回上诉，维持原判决、裁定；(二)原判决、裁定认定事实错误或者适用法律、法规错误的，依法改判、撤销或者变更；(三)原判决认定基本事实不清、证据不足的，发回原审人民法院重审，或者查清事实后改判；(四)原判决遗漏当事人或者违法缺席判决等严重违反法定程序的，裁定撤销原判决，发回原审人民法院重审。原审人民法院对发回重审的案件做出判决后，当事人提起上诉的，第二审人民法院不得再次发回重审。人民法院审理上诉案件，需要改变原审判决的，应当同时对被诉行政行为做出判决。"因此，行政诉讼程序事实具体包括有关当事人资格、法院主管与管辖、审判组织、审判程序、采取排除妨害行政诉讼强制措施，诉讼期间执行程序是否合法等方面的事实。

第三节 免证事实

在证据法上，免证事实就是无须当事人举证的事实，即当事人在诉讼中无须提供证据予以证明、直接由法院裁判确定的事实。需要注意的是，免证事实并未免除当事人的主张责任，仅仅只是免除当事人对该类事实的证明责任。由于免证事实关系到当事人证明责任的范围，为了防止法院滥用自由裁量权，各国均将免证事实的范围通过民事诉讼立法加以明确。

一、免证事实的范围

1. 诉讼自认的事实

诉讼自认是指在民事诉讼中,一方当事人就对方当事人所主张的事实以明示或者默示的方式表示承认。简言之,自认就是一方当事人对对方当事人所主张的对自己不利的事实,向法院做出没有争执的意思的陈述。其中,一方当事人所承认的事实就是自认的事实。

如《德国民事诉讼法》第二百八十八条规定:"当事人一方所主张的事实,在诉讼进行中经对方当事人于言辞辩论中自认,或者在受命法官或受托法官前自认而作成记录的,无须再要证据。审判上的自认的效力,不以(对方当事人)承认为必要。"第二百九十一条规定:"于法院已经显著的事实,不需要证据。"《日本民事诉讼法》第一百七十九条规定,当事人在法院自认的事实,无须进行证明。我国台湾地区"民事诉讼法"第二百七十九条规定:"当事人主张之事实,经他造于准备书状内或言辞辩论时或在受命法官、受托法官前自认者,毋庸举证。当事人于自认有所附加或限制者,应否视有自认,由法院审酌情形断定之。自认之撤销,除别有规定外,以自认人能证明与事实不符或经他造同意者,始得为之。"第二百八十条规定:"当事人对于他造主张之事实,于言辞辩论时不争执者,视同自认。但因他项陈述可认为争执者,不在此限。当事人对于他造主张之事实,为不知或不记忆之陈述者,应否视同自认,由法院审酌情形断定之。当事人对于他造主张之事实,已于相当时期受合法之通知,而于言辞辩论期日不到场,亦未提出书状争执者,准用第一项之规定。但不到场之当事人系依公示送达通知者,不在此限。"

2. 公知的事实

公知的事实,又称众所周知的事实,是指具有一般知识、经验的不特定的普通人在毫无怀疑的程度上都能够相信的事实。由于这种事实具有公知的客观性,所以法官以此种事实作为裁判基础时,不需要经过当事人的举证证明,即可在内心达到对该事实确信的状态。

如《德国民事诉讼法》第二百九十一条规定:"于法院已经显著的事实,不需要证据。"《日本民事诉讼法》第一百七十九条规定,显著的事实,无须进行证明。我国台湾地区"民事诉讼法"第二百七十八条规定,事实于法院已显著者,毋庸举证。

3. 司法认知的事实

司法认知的事实是指在案件审理的过程中,无须当事人举证,法官依照当事人的申请或者依职权直接确认其真实性后予以采信的事实。

如《美国联邦证据规则》第二百零一条规定对裁判性事实的司法认知:"(a)适用范围。本条规则仅调整裁判性事实的司法认知,不调整立法性事实的司法认知。(b)可以进行司法认知的事实的种类。法院可以进行司法认知之事实是因下列情况而不存在合理争议的事实:①审判法院辖区内泛知的事实;②通过诉诸某种其准确性不受合理质疑的来源而能够准确和迅速确定的事实。(c)尽心司法认知。法院:①可以进行司法认知;②在当事人提出司法认知请求并向法院提供必要信息的情况下,法院应该进行司法认知。(d)时机。法院可以在程序的任何阶段进行司法认知。(e)听审机会。经及时请求,当事人有权就进行司法认知的适当性和认知事实的性质获得听审的机会。如果法院在通知当事人之前进行了司法认知,经请求,当事人仍有权获得听审。(f)指示陪审团。在民事案件中,法院必须指示陪审团将司法认知的任何事实接受为结论性事实。在刑事案件中,法院必须指示陪审团其可以将司法认知的事实接受为结论性事实,也可以不将其接受为结论性事实。"我国台湾地区"民事诉讼法"第二百七十八条规定,事实于法院已为其职务上所已知者,毋庸举证。

4. 推定的事实

推定是指由法律规定或由法院按照经验法则,从已知的前提事实推断未知的结果事实存在,并允许当事人举证推翻的一种证据法则。其中,据以做出推断的事实,即已知的前提事实,在此基础上而推定存在的事实,即为推定的事实。

如《美国联邦证据规则》第三百零一条规定:"在民事案件中,除联邦制定法或者本证据规则有规定外,推定所反对的当事人负有提出证据反驳该推定的负担。但是,本条规则并未转移说明负担,该证明负担仍由原先承担它的当事人负担。"《德国民事诉讼法》第二百九十二条规定,对于一定事实的存在,法律准许推定时,如无其他规定,许可提出反证。我国台湾地区"民事诉讼法"第二百八十一条规定:"法律上推定之事实无反证者,毋庸举证。"第二百八十二条规定:"法院得依已明了之事实,推定应证事实之真伪。"

二、我国相关司法解释关于免证事实的规定

最高人民法院《关于适用〈中华人民共和国民事诉讼法〉的解释》(2015)第九十二条规定:"一方当事人在法庭审理中,或者在起诉状、答辩状、代理词等书面材料中,对于己不利的事实明确表示承认的,另一方当事人无须举证证明。对于涉及身份关系、国家利益、社会公共利益等应当由人民法院依职权调查的事实,不适用前款自认的规定。自认的事实与查明的事实不符的,人民法院不予确认。"第九十三条规定:"下列事实,当事人无须举证证明:(一)自然规律以及定理、定律;(二)众所周知的事实;(三)根据法律规定推定的事实;(四)根据已知的事实和日常生活经验法则推定出的另一事实;(五)已为人民法院发生法律效力的裁判所确认的事实;(六)已为仲裁机构生效裁决所确认的事实;(七)已为有效公证文书所证明的事实。前款第二项至第四项规定的事实,当事人有相反证据足以反驳的除外;第五项至第七项规定的事实,当事人有相反证据足以推翻的除外。"

最高人民法院《关于行政诉讼证据若干问题的规定》(2002)第六十八条规定:“下列事实法庭可以直接认定:(一)众所周知的事实;(二)自然规律及定理;(三)按照法律规定推定的事实;(四)已经依法证明的事实;(五)根据日常生活经验法则推定的事实。前款(一)、(三)、(四)、(五)项,当事人有相反证据足以推翻的除外。”第六十五条规定:“在庭审中一方当事人或者其代理人在代理权限范围内对另一方当事人陈述的案件事实明确表示认可的,人民法院可以对该事实予以认定。但有相反证据足以推翻的除外。”第七十条规定:“生效的人民法院裁判文书或者促裁机构裁决文书确认的事实,可以作为定案的依据。但是如果发现裁判文书或者裁决文书认定的事实有重大问题的,应当中止诉讼,通过法定程序予以纠正后恢复诉讼。”

最高人民检察院《人民检察院刑事诉讼规则(试行)》(2012)第四百三十七条规定:“在法庭审理中,下列事实不必提出证据进行证明:(一)为一般人共同知晓的常识性事实;(二)人民法院生效裁判所确认的并且未依审判监督程序重新审理的事实;(三)法律、法规的内容以及适用等属于审判人员履行职务所应当知晓的事实;(四)在法庭审理中不存在异议的程序事实;(五)法律规定的推定事实;(六)自然规律或者定律。

本章小结

证明对象,是指在诉讼中,需要证明主体用证据予以证明或确认的案件争议事实。在诉讼活动中,证明对象决定着证明如何进行,是证明活动的关键环节。它包括实体要件事实、程序法事实、证据事实和免证事实。其中,刑事诉讼中的证明对象主要是犯罪和刑罚问题,是由案件事实以及其他与定罪、量刑相关的事实来决定的。民事诉讼中的证明对象主要是民事关系发生、变更和消灭的事实,民事争议发生过程中的事实,当事人主张的民事诉讼程序事实和有关外国法律法规的事实。行政诉讼中的证明对象包括与被诉行政行为合法性和合理性有关的事实、行政赔偿构成要件的事实以及行政诉讼程序事实。

相关知识链接

1. 何家弘、张卫平:《简明证据法学》,中国人民大学出版社 2007 年版。
2. 陈光中:《证据法学》,法律出版社 2015 年版。
3. 何家弘、刘品新:《证据法学》,法律出版社 2013 年第 5 版。

思考与分析

1. 什么是诉讼的证明对象?
2. 诉讼证明对象包括哪些内容?
3. 简述三大诉讼中的证明对象。

第十三章

证明责任

知识结构图

- 证明责任概述
  - 证明责任的概念和意义
  - 证明责任的性质及所属法域
- 刑事诉讼中的证明责任
  - 刑事诉讼中证明责任的特点
  - 公诉案件证明责任的承担
  - 自诉案件证明责任的承担
  - 除法律另有规定外被告人不负证明自己无罪的责任
  - 公安机关和人民法院不负证明责任
- 民事诉讼中的证明责任
  - 民事证明责任的分配
  - 我国民事证明责任分配制度
  - 人民法院依职权调查取证
- 行政诉讼中的证明责任
  - 行政诉讼证明责任的特点
  - 行政诉讼被告的证明责任
  - 行政诉讼原告的举证责任

本章导读

本章是对证明责任的讲述。证明责任对案件的最终裁判结果具有重大的影响，深刻领会并灵活运用证明责任，不仅是法官，也是其他法律职业者应有的基本法律素质。学习本章内容首先要明白证明责任的概念和性质，证明责任有主观证明责任与客观证明责任之分,应注意两者的区别。其次要能够区分刑事诉讼、民事诉讼和行政诉讼中不同的证明责任主体。三种诉讼性质不同,各自的证明责任主体确定亦有不同的特点,民事诉讼中的证明责任主体的确定尤为复杂,对此应予以特别注意。最后,对于人民法院依职权调查取证的行为也应正确看待,不能以此推断人民法院负有证明责任。

司考重点

基本要求:

了解:证明责任的概念和意义。

理解:证明责任的性质、所属法域。

熟悉并能够运用:不同诉讼中证明责任的主体,结合实际情况判断哪一方当事人承担证明责任。

考试内容:

证明责任的概念,证明责任的意义,证明责任的性质及所属法域。

刑事诉讼证明责任的特点,公诉案件证明责任的承担(公诉机关承担证明责任的主要表现),自诉案件证明责任的承担,被告人承担证明责任的情形,公安机关和人民法院不承担证明责任。

民事证明责任的分配(证明责任分配的概念,证明责任分配的主要学说),我国民事证明责任分配制度(证明责任分配的一般原则,证明责任倒置,证明责任的司法裁量)。

行政诉讼证明责任的特点,行政诉讼被告的证明责任(被告履行证明责任应遵循的原则),行政诉讼中原告的举证责任(原告承担举证责任的情形)。

导入案例

2011年7月,李某与陈某签订钢筋买卖合同,由李某卖钢筋给陈某。截至2012年8月,陈某共收到李某钢筋总计价款为7.2万元。双方当事人对此均无异议。但双方对付款的数额产生异议,且各持证据以支持其主张。陈某称,上述货款已付清,且多付了8000元,并向法庭出示了李某出具给陈某的总金额为8万元的收条一张、金额为3.2万元的领款单一张。但上述书证均系撕碎后重新粘贴。陈某称,这8万元是分两次给李某的,第一次给了4.8万元现金,第二次给了3.2万元。书证被撕碎的原因是李某与其对账时发生争执,李某生气将上述书证撕碎,同时提供了黄某、赖某的证言,证实2012年6月2日陈某付了款给李某,但具体数额不清楚。李某称,上述货款陈某只支付了4万元,对陈某出示的收条和领款单的真实性均有异议。李某称,2012 年 6 月 2 日,李某到陈某的工地办公室领款,用该公司领款单填写了金额为 3.2 万元的领款单,但陈某说,你不是公司的人,不能用公司的领款单领款,故将该领款单撕碎后扔在其办公室。同时提供了尹某、张某的证言,二人都证实了 2012 年 6 月 2 日李某打领款单的陈述,并证实李某那天没有领到款。双方争执不下,李某诉至法院,要求法院判决陈某支付剩余货款。法院经审理认定陈某称已付款 8 万元的主张证据不足,判决陈某付给李某货款 3.2 万元。

(案例来源:中国法院网,《从一个案例看证明责任的承担》,

http://www.chinacourt.org/article/detail/2013/11/id/1148195.shtml)

该案例中需要我们思考的问题有:

李某与陈某争议的主要问题是什么?

双方所举证明能否证明自己主张的事实?在事实真伪不明时,应由谁承担败诉风险?

第一节　证明责任概述

一、证明责任的概念和意义

(一)证明责任的概念

证明责任是指证明主体为了避免不利于己的诉讼结果发生,在诉讼过程中所承担的提供、运用证据证明自己诉讼主张的责任,并在证明对象真伪不明时承担败诉风险。证明责任制度是诉讼法中的一项基本制度。

"证明责任"的术语最早源于罗马法。对证明责任有了更深入的认识是在 19 世纪后期,1883 年,德国诉讼法学者尤利乌斯·格尔查将证明责任分为主观的证明责任和客观的证明责任。前者指在诉讼过程中,当事人为避免败诉向法院提出证据的责任;后者指在案件事实处于真伪不明时,由一方当事人承担的受到不利裁判的后果。主观的证明责任是以举证行为为视角,又被视为客观的证明责任在诉讼中的投影,因而又被称为"行为责任""形式的证明责任"。客观的证明责任发生于诉讼终结时,与事实真伪不明引起的法律后果紧密联系,又被认为是主观证明责任的基础,因而又被称为"结果责任""实质的证明责任"。

英美法系国家在一开始也没有将证明责任做实质上的和形式上的划分。直到 1890 年,美国学者赛耶才在其论文《证明责任论》中指出 burden of proof 实际上具有两重含义。并在其后来出版的著作《证据理论研究》中对 burden of proof 的两种含义进行了充分的论证。他认为该词的第一种含义是指"提出任何事实的人,如果该事实为对方所争执,他就有承担特殊责任的危险——如果在所有的证据都提出后，其主张仍不能得到证明，他就会败诉”。第二种含义是指“在诉讼开始时，或是在审判或辩论过程中的任何阶段，首先对于争议事实提出证据的责任”①。现在，英美还在这两种含义上使用 burden of proof。

（二）证明责任的意义

证明责任制度在诉讼中有力地推动着诉讼活动的运行，甚至影响着诉讼结果，因而具有十分重要的意义。

（1）证明责任制度有利于查清案件事实。案件事实皆发生于诉讼之前，当事人是案件事实的亲历者，法官需要依据案件事实进行裁判，则当事人若想使其主张获得支持，就需要提供证据向法官证明案件事实。证明责任制度通过证明责任分配规则的制度设计，赋予当事人对案件事实以证明责任，必会促使当事人竭力去调查收集证据来证明自己主张的事实，从而有利于法官尽快地查清案件事实。

（2）证明责任制度有助于各诉讼主体实现其诉讼目的。在诉讼活动中，各诉讼主体为实现其利益，都有预先设定的目的，比如刑事诉讼中检察机关追求的是追究被告人的刑事责任，被告人追求的是无罪或减轻、免除刑事责任；民事诉讼中原告追求的是自己的诉讼请求能得到法院的支持；行政诉讼中原告追求的是撤销行政机关的具体行政行为等。证明责任通过设计各诉讼主体在证明活动中的义务，指引诉讼主体有效地参与诉讼活动，以实现其诉讼目的，维护其诉讼利益。

（3）证明责任制度有助于办理案件的国家机关尤其是法院在案件事实真伪不明的情况下及时处理案件。法官不能拒绝裁判，即使在事实真伪不明的情况下亦如此。那么在案件事实真伪不明的情况下，法官如何裁判呢？证明责任制度专门确定的事实真伪不明情况下的裁判规则，为法官裁判案件提供了指引。

二、证明责任的性质及其所属法域

关于证明责任的性质，理论界有不同的理解，形成了以下几种观点：

（一）权利说

权利说认为证明责任是当事人的一项诉讼权利。理由有两点：其一各国宪法一般规定“人民有诉讼之权”，由此规定可以推导出当事人有从事主张及举证活动的权利。其二是当事人对诉讼标的有处分权，而主张及举证活动正是来源于这种处分权，所以举证是权利而非义务②。这个观点已经遭到许多学者的批驳。首先，诉讼之权与证明责任并不存在必然的联系，诉讼之权在法治国家中是公民的一项基本人权，但是证明责任却是促使当事人对于自己主张积极举证的一项制度。其

① Cross, On Evidence Butterworth, 1975. p27.

② 骆永家著：《民事举证责任论》，台湾商务印书馆 1982 年版，第 58 页。

次，当事人对于诉讼标的有处分权，并不能认为当事人也可以随意地处置自己的证明责任，如果任由当事人放弃自己的证明责任，诉讼将无法进行下去。

（二）义务说

该说认为举证责任是当事人负担的一种诉讼义务。其理由是当事人履行举证责任是被强制进行的，这种强制力来自于一项诉讼法上的拟制，即"未经主张之事实乃不存在，未经举证之事实乃非真实（虚伪）"①。如该观点所言，证明责任确实具有一定的强迫的因素，当事人必须举证证明自己的主张。但是这种强制力并非来自于诉讼法上拟制，而是当事人对于诉讼结果的追求。当事人完全可以放弃对于这一诉讼结果的追求，法官只会判决其主张不成立，而不会要求其承担任何的惩罚性后果。而如果当事人对于自己承担的义务不履行，则会承担相应的法律后果。例如当事人在法庭审理中应当遵守法庭秩序为当事人的义务，如果当事人在诉讼进行过程中违反这一规定，人民法院就可以对其进行训诫，责令退出法庭或者予以罚款、拘留。再者，义务与权利共同存在的，有权利享有者必有义务的承担者。但是对于证明责任中，却无权利的享有者。

（三）责任说

责任说认为，举证责任属于证明责任的法律责任。责任的内容既包括当事人提供证据证明其主张、司法机关收集证据以便据以认定案件事实的责任，也包括在不能证明时，承担其主张或认定不能成立的风险的责任②。法律责任承担的前提在于义务主体不履行法律规定的义务，所以要求证明责任主体承担证明的法律责任，必须有当事人对于其主张进行举证义务的存在。我们刚才分析过举证对于当事人并不是一项义务，所以该说也不可能成立。

（四）负担说

"负担说"是"败诉风险负担说"的简称。认为证明责任既非权利也非义务，仅为当事人为了获得胜诉判决所产生的必要负担。也就是说，不履行证明责任仅仅导致败诉，如果不想败诉，就不得不负担证明责任③。这种说法是比较科学的。原因在于当事人向法院提出一定主张本身就是一种风险承担，如果自己的主张获得法院的支持，就会胜诉；如果无法获得法院的支持，就要败诉。但是根据辩论原则的要求，在当事人主张之后必须有充分的机会证明自己的主张，当事人对于主张的风险承担就转化为了能够证明自己主张的风险。

再者，从语词学角度来说，证明责任也是一种负担。证明责任一词属于"舶来

---

① 何家弘主编：《新编证据法学》，法律出版社2000年版，第361页。

② 陈一云主编：《证据学》，中国人民大学出版社1991年版，第154页。

③ 樊崇义主编：《证据法学》，法律出版社2003年版，第203页。

语”，在中国古代民事诉讼中没有证明责任这一说法。证明责任最早来源于日本。日本学者松岗义正的《民事证据论》是最早翻译到我国的民事诉讼法著作。在其著作中，他认为“举证责任者，简言之，即当事人为了避免败诉之结果，而有证明特定事实之必要也”①。

关于证明责任的性质，还涉及它的法域属性，即证明责任属于诉讼法规范还是实体法规范。理论界对于此存在着三种观点：诉讼法说、实体法说、重合说。所谓重合说就是说在证明责任规范上既存在着实体法的规范也存在着程序法的规范。笔者认为重合说更合理一些。理由在于：证明责任制度涉及三个不同层次的问题，第一个层次的问题是，在诉讼中必须由一方当事人提出主张，提供证据并说服论证案件事实；第二个层次的问题是，当案件事实无法得到证明时，法官将其拟定为存在或不存在，并将不利后果分配给负有证明义务的当事人；第三个层次的问题是，在各种各样的诉讼中，谁负有证明诉讼请求成立的义务，并承担事实真伪不明的不利后果。第一、第二个层次的问题属于诉讼法性质，体现着司法最终解决和证据裁判主义等司法原则，第三个层次的问题实质是证明责任的分配标准问题，只能由实体法来规定和体现。因此，作为证明责任第三层次的分配标准，就具有实体法的性质，当属于实体法领域。

第二节　刑事诉讼中的证明责任

一、刑事诉讼证明责任的特点

与民事证明责任相比，刑事诉讼证明责任具有自己的特点，主要表现在以下几个方面：

(1)证明责任虽然在本质意义上是一种风险责任，负有证明责任的当事人如果无法完成证明责任，就要承担败诉的风险责任。但这种风险责任在民事诉讼和刑事诉讼中却有不同的表现。在刑事诉讼公诉案件中，国家公诉机关代表国家对犯罪嫌疑人提起公诉，当其因为主张的证明不足，从而无法认定犯罪嫌疑人有罪的时候，国家公诉机关不会承担败诉之外的其他风险。但是在民事诉讼中，无论是当事人以原告身份抑或被告身份参与诉讼，从而在诉讼中承担证明责任，在其无法证明责任主张从而承担败诉责任后，都面临着他们相互之间权利义务关系的重新分配。

---

① 松岗义正著：《民事证据论》，上海法学编译社1933年版，第49—50页。

(2)在案件真伪不明的时候,法官进行裁决的依据不同。民事诉讼中,如果当事人无法证明自己的事实主张,从而造成案件事实真伪不明,此时法官就可以依据证明责任分配规则判决承担证明责任的一方承担败诉的风险责任。但在刑事诉讼中,如果出现案件事实真伪不明的状态,法官的裁判依据不再是证明责任分配规则,而是直接依据"无罪推定"和"疑罪从无"的原则进行判决。

(3)刑事诉讼中的证明责任承担主体也不同于民事诉讼。在民事诉讼中,双方当事人都可能成为证明责任的主体,概率是均等的。所以,并不因为某一方先提起诉讼成为原告从而一方就要承担比对方相对较重的证明责任。但是在刑事诉讼中,证明责任则主要是由原告承担。原因在于原告认为被告的行为已经触犯了刑法,危害了社会公共利益,期望通过法院的审判对于被告进行刑事追求,所以其理应起较重的证明责任。在这里,原告既可能表现为公诉案件中的国家的公诉机关,也可能表现为自诉案件的自诉人。

二、公诉案件证明责任的承担

在公诉案件中,检察机关代表国家行使公诉权,处于控方的地位,检察机关负有向法庭提出证据证明被告人有罪的责任。我国《刑事诉讼法》第四十九条规定,公诉案件中被告人有罪的举证责任由人民检察院承担。

检察机关承担公诉案件的证明责任主要表现在以下几个方面:

(1)提出诉讼证明的主张。《刑事诉讼法》第一百七十二条规定:人民检察院认为犯罪嫌疑人的犯罪事实已经查清,证据确实、充分,依法应当追究刑事责任的,应当做出起诉决定,按照审判管辖的规定,向人民法院提起公诉,并将案卷材料、证据移送人民法院。检察机关提起公诉的方式是向人民法院移送起诉书,起诉书载明被告人所触犯的罪名和犯罪事实、犯罪情节,提请法院依法惩处。

(2)提供证据的责任。《刑事诉讼法》第一百七十二条规定:人民检察院向人民法院提起公诉时,要将案卷材料、证据移送人民法院。《刑事诉讼法》第一百九十条规定:公诉人应当向法庭出示物证,让当事人辨认,对未到庭的证人的证言笔录、鉴定人的鉴定意见、勘验笔录和其他作为证据的文书,应当当庭宣读。

(3)说服责任。公诉机关向人民法院提起公诉的目的就是使被告人受到法律的惩罚,而要使这一目的得到实现,公诉方就要使法官或合议庭就其指控的被告人的犯罪事实形成内心确信。为此,公诉方在法庭上需要提供证据,而且还要对证据的证据能力和证明力、证据与案件事实的关系等进行论证,使自己的诉讼主张得到充分的证明。

(4)不利后果负担的责任。公诉方如果不能提供证据或者提供的证据不能证明被告人的犯罪事实,则被告人的罪名就不能成立,公诉方的指控就不能得到支持,法院将会做出被告人无罪的判决,这就意味着公诉方指控的失败,对公诉方而言是一种“不利后果”。

三、自诉案件证明责任的承担

自诉案件是指被害人或其法定代理人、近亲属为追究被告人的刑事责任，直接向司法机关提起诉讼，并由司法机关直接受理的刑事案件。

由于自诉案件不经过侦查阶段，不可能由侦查机关通过侦查手段为被害人收集到证明被告人有罪的证据，因此证据要由自诉人自行收集。我国《刑事诉讼法》第四十九条规定：自诉案件中被告人有罪的举证责任由自诉人承担。因此，自诉案件中，自诉人应向法院提交相应的证据证明其主张的被告人有罪之事实，否则其诉讼主张就得不到支持，其应承担败诉的不利后果。我国《刑事诉讼法》第二百零五条第一款第（一）项规定：缺乏罪证的自诉案件，如果自诉人提不出补充证据，应当说服自诉人撤回自诉，或者裁定驳回。

四、除法律另有规定外被告人不负证明自己无罪的责任

在现代诉讼中，根据无罪推定原则，被告人无论是在公诉案件中，还是在自诉案件中，都不承担提供证据证明自己无罪的责任。我国《刑事诉讼法》将证明被告人有罪的责任分别赋予了检察机关和自诉人，在检察机关或自诉人提供的证据不充分的情况下，人民法院不能因被告人未提供证据证明自己无罪而做出对被告人有罪的判决。当然，在诉讼实践中，被告人一方为维护自身的利益也经常会主动提出相应的证据，但这属于被告人的辩护权利，而不是举证责任。

但是，我国法律上确实也存在结果意义上的举证责任的例外情形，最典型的就是《刑法》第三百九十五条规定的巨额财产来源不明罪。该条规定：“国家机关工作人员的财产或者支出明显超出合法收入，差额巨大的，可以责令说明来源。本人不能说明其来源是合法的，差额部分以非法所得论，处5年以下有期徒刑或拘役，财产的差额部分予以追缴。”根据这一规定，把案件的客观事实划分为两部分：其一，国家机关工作人员的财产或者支出明显超出合法收入，差额巨大；其二，该财产的来源合法。前者由公诉机关承担证明责任，后者由犯罪嫌疑人或者被告人承担。在具体的诉讼过程中，首先由公诉机关对前一事实进行证明，在其完成相应的证明任务后，才由犯罪嫌疑人或被告人对于后一事实的证明。

另外，犯罪嫌疑人或被告人在下述情况下也要承担证明责任。就是一些程序法事实。但是对于程序性事项进行证明所要求的证明度要低于定案的证明度。

五、侦查机关和人民法院不负证明责任

侦查机关负有收集证据的法定职责，通过收集证据需要查明谁是犯罪嫌疑人，犯罪嫌疑人实施了什么犯罪活动，犯罪情节、犯罪后果是什么，犯罪嫌疑人涉嫌什么罪名，只有这些事实清楚了，侦查机关才能提请公诉机关提起公诉。侦查机关收集证据，并向公诉机关移送案件证据，是为公诉机关在法庭上进行诉讼证明活动创造条件，并不意味着其要承担证明责任。证明责任是与审判阶段相关联的特定概念，解决的是由谁提出诉讼主张和诉讼证据以及在证据不能证明诉讼主张的情况下不利后果由谁承担的问题。侦查机关不是审判阶段的诉讼主体，其不承担证明责任，我国法律也无侦查机关须负证明责任之规定。

法院是国家的审判机关，是案件的居中裁判者。控审分离原则要求法院保持中立地位，不得从事任何带有追诉倾向的活动。诉讼活动中，法院通过对案件双方当事人的诉辩主张进行分析判断，行使审判权，但法院并不是证明责任的承担者，否则就会混淆控审职能，有违中立审判的地位。另外，证明责任总是与一定的不利后果相联系，法院不会遭受案件败诉的法律后果，该结果只能在案件当事人之间进行分配。此外，法院不作为证明责任的主体也是世界各国的惯例，我国亦然。

第三节　民事诉讼中的证明责任

一、民事证明责任的分配

（一）民事证明责任分配概述

证明责任的分配是指按照一定的标准，将不同法律要件事实的证明责任，在双方当事人之间进行分配，使原、被告双方各自负担一定的证明责任的诉讼制度。证明责任的分配是证明责任的核心内容，它解决的是当诉讼中争议的事实处于真伪不明状态时，由何方当事人承担不利后果的问题。

从证明责任的性质中我们可以看出，谁承担证明责任谁的败诉风险责任就大。无论实体法在制定的过程中，其利益分配配置得如何完美，如果没有公正的证明责任分配规则相配合的话，实体法的目的和价值将可能完全落空。

（二）民事证明责任分配的主要学说

证明责任制度最早产生于古代罗马。罗马法学家对于证明责任分配问题提出了两大原则：①原告应负举证义务。原告没有履行举证义务时，应做出被告胜诉的

判决;原告尽其举证义务时,被告应以反证推翻原告所提出的证据。②举证义务存在于主张之人,不存在于否认之人。罗马法时期关于证明责任分配的学说为以后的研究奠定了基础。随着研究的深入,在证明责任分配问题上主要形成了以下几种学说:

1. 待证事实分类说

这类学说总的特征是根据待证事实证明的难易来分配举证责任,具体而言,就是凡主张在性质或内容上难以或不可能证明事实的当事人无须举证,反之,则须承担举证责任。这类学说包括消极事实说、外界事实说和推定说。

消极事实说源于罗马法中举证责任分配规则的第二项,即“否定者无庸举证”。该说认为主张消极事实者,不负举证责任;主张积极事实者,就该事实负举证责任。①

外界事实说则依据事实能否借助人的五官从外部加以观察,把待证事实分为外界事实与内界事实。所谓外界事实是指人的五官可以从外部体察到的事实,如物的大小、颜色、运动方式等;所谓内界事实指人的心理状态,如知与不知、故意与恶意、真实与虚伪。依照该说主张外界事实的人应承担举证责任,主张内界事实的人不承担举证责任。

推定说认为,就法律所推定的事实为争执的,对其主张事实负举证责任。该说受自然法公平正义思想影响,着重举证责任分配的具体公正。其依据有两点:其一,以消极持续事实的推定和事实发生的可能性为基础,认为凡由持续不断发生变化的状态变为其他状态的可能性,远比持续不变状态产生变化的可能大。不断发生变化的状态属于积极性事实,而持续不变状态则为消极性事实,所以持续不变状态的消极性事实,应受推定而认为存在,凡对此种推定存在的事实进行争执的,应就事实发生变化的积极性事实举证。其二,从因果关系角度考察。事情不可能无任何原因而发生变化,所以若别无发生变化的原因,应认为原状态持续存在,对此推定有争执的当事人,就发生变化的原因进行举证。②

2. 法律要件分类说

法律要件分类说是指专就个别具体的法律构成要件事实,按法律构成要件的性质内容,以不同的价值目标为标准进行分类,凡归属于同一类法律构成要件的事实当事人就该项法律事实负担举证责任的学说和理论③。也就是说,法律要件分类说并不是单指某一种学说,而是多种学说的一个统称。该类学说在待证事实分类说兴盛时期,就已作为一种研究方法存在,但由于受消极事实说和推定说的抑制

---

① 骆永家著:《民事举证责任论》,台湾商务印书馆1982年版,第14页。

② 陈荣宗著:《举证责任分配与民事程序法》,台湾三民书局有限公司1984年版,第9页。

③ 法律要件分类说与待证事实分类说虽说对要件事实分类所依据的标准和具体结果不同,但都是立足于对要证明的事实进行分类后决定举证责任分配。

其作用受到很大限制。随着待证事实分类说不断受到批判时，学者们才更多地从此角度思考举证责任的分配，直至该类学说最终完全取代待证事实分类说。法律要件分类说也包括多种具体学说，如因果关系说、最低限度事实说、通常事实发生说、特别要件事实说、全备说等。其中特别要件事实说为通说，也称“规范说”，为罗森伯格所创立。该学说认为民法法律规范本身已经具有举证责任分配的功能，因为立法者在立法时，已经在法条中就举证责任分配进行考虑及安排，学者只须将全部的民法条文进行分析，不难发现举证责任分配的一般原理。

依罗森伯格的看法，法律规范相互之间存在着一种补足支持关系或相互对立、排斥关系，基于这种关系，他首先将实体法规范分为两大类：基本规范和对立规范。基本规范指能产生一定权利的法律规范；对立规范指与产生权利规范相对立的，妨碍权利产生或使已产生的权利归于消灭的法律规范。对立规范包括权利妨碍规范、权利消灭规范和权利受制规范。罗森伯格根据上述分类，展开了自己的举证责任分配理论。他认为，主张权利存在的当事人，应就权利发生法律要件存在的事实举证；否认权利存在的当事人，应就权利妨碍法律要件、权利消灭法律要件或权利受制法律要件的存在负举证责任。罗森伯格还根据法律规范的相互关系原理，以适用范围的广狭及法律有无规定为标准，将法官审判案件必须遵守的举证责任分配规则分为两类：一是基本规则；二是特别规则。前者是指法律无明文加以规定的举证责任分配规则；后者则指法律有明文加以具体规定及理论上相当于明文规定的举证责任分配规则；其功能上处于与基本规则相反的地位。罗森伯格的举证责任分配规则的设计就是在举证责任分配没有特别规则规定时，为法官提供分配的依据。

3. 举证责任分配新说

罗森伯格的规范说因其逻辑严谨、可操作性强，在其创立后不久就在德国成为通说，并影响至日本及我国台湾地区，亦成为通说。但是进入20世纪后，民法由追求形式正义和法的安定性转而追求实质正义和社会妥当性，而规范说过于偏重法律规定的外在形式，所以不能顾及双方当事人的实质公正。再者，规范说根本无法应付昔日立法者未曾予以考虑而今日出现的诸如医疗纠纷、交通事故、产品质量责任等损害赔偿法的举证责任分配问题。此外，规范说在其他方面也暴露出了许多无法自圆其说的矛盾。在这种背景下，开始产生许多新的学说力图弥补规范说的不足。这些学说可大致遵循两种路径：一是主张全面放弃规范说，不再维持统一抽象的形式标准，而改从利益衡量、实质公平、危险领域及社会分担等具体而多元的标准分配举证责任；另一是认为规范说理论和分配方法应予维持，但对于有疑问的部分应予修改，并就若干今日社会发生的特殊法律问题，另行建立具体公正的分配方法。主要的学说有：

(1) 危险领域说(gefahhrenkeistheorie)。危险领域说乃德国学者普霍斯(Prolss)首倡，他认为若危险领域出自加害人所控制的危险领域，通说的举证责任分配规则应受到限制而不能适用,此时,被害人对于损害发生的主观和客观要件均不负举证责任,而由加害人就损害事实发生的主观和客观要件不存在负举证责任。普霍斯如此主张的依据主要有:第一,被害人难于知道处于加害人控制下的危险领域里所生的事件进程,因此难于举证;第二,相反,由于该危险领域处于加害人控制之下,加害人更容易了解案件发生经过,因而更容易举证。

(2)盖然性说(wahrscheinuchkeitstheorie)。该说认为在具体进行举证责任分配时,必须依据待证事实发生的盖然性高低、统计上的原则及例外情况,才能正确分配举证责任。具体言之,就是如果依据人类生活经验及统计数字,待证事实发生的盖然性高,主张该事实发生的当事人不负举证责任,相对人就该事实不发生负举证责任。因为在事实真伪不明而当事人又无法举证的时候,法院认定盖然性高的事实发生远较认定盖然性低的事实发生更能接近真实从而避免误判。

(3)多原则说。主张按照多个实质性原则分配举证责任并且迄今为止影响最深的是德国学者瓦享道夫(Wahrendolf)。他认为举证责任分配应以实体法所欲规律的实质价值来确定举证责任分配,而不应以法律规定的外在形式作为分配的方法。举证责任分配系以公平正义为最基本的抽象原理,但由于公平正义本身过于抽象,必须将其具体化。至于如何具体化,瓦享道夫共列举了七项原则,并认为依照这些原则就可以实现举证责任的合理配置。这些原则包括:①盖然性原则;②保护原则;③保证原则,适用于积极违约(附随履行义务)的过错要件的举证责任分配;④信任原则,适用于积极违约和缔约过失中的过错、积极违约的因果关系要件;⑤责任固定原则:惩罚原则,适用于产品责任的举证责任分配;⑥社会风险分配原则,适用于产品责任的举证责任分配。其中,瓦氏又认为盖然性原则和保护原则是通用的和最重要的原则。

英美法系对于举证责任分配规则的研究不如大陆法系那样透彻,争议也不如大陆法系那样激烈,它们更注重从一种务实的角度来解决这一问题。英国司法实践中,一直把提出肯定性主张事实的当事人有举证责任作为一项基本的举证责任分担规则[①]。英国法官毛姆勋爵在康斯坦丁·利宁诉英国冶金公司一案中指出:“这是一条建立在智能基础上的古代规则,没有充分的理由是不应当背离的。”菲普森解释说:“之所以在一般情况下适用这条规则,还部分因为根据事物的性质,证明事物的不存在要比证明其存在困难得多。”[②]但当依这一规则背离公平正义时,英国近代许多判例也指出应凭公平合理,方便和政策等方面的理由确定如何分担举证责任。

---

① See Joseph Constantine steamship V Zmperial smelting corporation Ltd. Ac. 154. at 174per viscount Mangham. 转引自 A practical approach of Evidence. Peter Murphy. Black press Limited. p-90

② 参见[英]菲普森著:《菲普森论证据》,1979 年英文第 12 版,转引自李浩著:《举证责任分配研究》,中国政法大学出版社 1993 年版,第 119 页。

美国传统中一般认为在诉讼中主张肯定性事实者或对争点持肯定主张者应当承担举证责任。对于肯定性事实或肯定主张如何判断，在1870年新罕布什尔州的一个判决中，Doe法官反对使用语言考验标准取代法律考验标准，法律上的肯定可能是积极的，也可能是消极的或中立的。Doe法官的提法是负担方应证明他主张的事实，论证每一项主要因素。问题是一方当事人如何确定某一项具体事项是不是主要因素。在原告提出过失侵权行为之诉中，适当的注意是不是原告的事实论证的一个主要因素？原告的助成过失是不是被告的事实论证的一个主要因素？在这个问题上，判例有分歧。如果事实只有一方能知道，要求他说出这些事实似乎是公平的、当然的。法院往往援引这一论据分派负担，特别是以所需要的是消极证明[①]。现在的美国通说则认为，举证责任分配不存在一般性标准，只能在综合若干分配要素基础上做个别性决定，这些要素主要包括：①政策(policy)；②公平(fairness)；③证据所持(possession of proof)或证据距离；④方便(convenience)；⑤盖然性(probability)；⑥经验规则(ordinary human experience)；⑦请求变更现状的当事人理应承担证明责任，等等。

二、我国民事证明责任分配制度

(一)我国民事诉讼证明责任分配的一般原则

我国《民事诉讼法》第六十四条第一款规定："当事人对自己提出的主张，有责任提供证据。"这就是"谁主张、谁举证"的证明责任分配原则。

值得注意的是，该项规则20世纪80年代末在我国兴起，但当时其主要功能是帮助法院摆脱"调查研究"诉讼任务的困扰，强调当事人负有提出证据的责任，而不能过分要求法院对案件进行调查研究。该规则并不能解决当事人之间的举证负担和败诉风险分配问题，其内容过于简单，也给司法实践带来了一定困扰。为指导司法实践，最高人民法院在其后的《最高人民法院关于民事诉讼证据的若干规定》和《最高人民法院关于适用〈中华人民共和国民事诉讼法〉的解释》中对我国民事诉讼证明责任的分配做了详细的规定，明确了我国证明责任分配的一般原则。

(1)当事人双方均负有提出证据的责任。《最高人民法院关于民事诉讼证据的若干规定》第二条第一款规定："当事人对自己提出的诉讼请求所依据的事实或者反驳对方诉讼请求所依据的事实有责任提供证据加以证明。"《最高人民法院关于适用〈中华人民共和国民事诉讼法〉的解释》第九十条第一款规定："当事人对自己提出的诉讼请求所依据的事实或者反驳对方诉讼请求所依据的事实，应当提供

---

① [美]E. M. 摩根著：《证据法之基本问题》，李学灯译，台湾世界书局1982年版，第51—52页。

证据加以证明,但法律另有规定的除外。”

(2)待证事实真伪不明时,由负有证明责任的当事人承担不利后果。《最高人民法院关于民事诉讼证据的若干规定》第二条第二款规定:“没有证据或者证据不足以证明当事人的事实主张的,由负有举证责任的当事人承担不利后果。”《最高人民法院关于适用〈中华人民共和国民事诉讼法〉的解释》第九十条第二款规定:“在做出判决前,当事人未能提供证据或者证据不足以证明其事实主张的,由负有举证证明责任的当事人承担不利的后果。”

(3)结果责任承担主体的确定原则。结果责任承担主体是指当待证事实真伪不明时,承担不利后果的一方当事人。《最高人民法院关于适用〈中华人民共和国民事诉讼法〉的解释》第九十一条对此做了原则规定:①主张法律关系存在的当事人,应当对产生该法律关系的基本事实承担举证证明责任;②主张法律关系变更、消灭或者权利受到妨害的当事人,应当对该法律关系变更、消灭或者权利受到妨害的基本事实承担举证证明责任。

(二)证明责任倒置

证明责任的倒置是指按照法律要件分类说在双方当事人之间分配证明责任后,对依此分配结果原本应当由一方当事人负担的证明责任,改由另一方当事人承担[①]。证明责任倒置是法律针对特定类型的案件中的某些法律要件事实的举证而采取的一种特殊的分配形式,目的在于更好地实现诉讼公正,保护当事人的合法权益。

证明责任倒置是对结果责任的倒置,倒置的对象是败诉的风险,并不免除当事人提供证据的行为责任,而且,证明责任倒置必须在法律有明确规定的前提下才能适用,法官不能任意对证明责任加以倒置。

有不少人认为《最高人民法院关于民事诉讼证据的若干规定》第四条规定列举的 8 种情形属于证明责任倒置,但实际上这是对证明责任倒置的误解,其中有些根本就不属于证明责任的倒置。以下详细说明之:

(1)因新产品制造方法发明专利引起的专利侵权诉讼,由制造同样产品的单位或者个人对其产品制造方法不同于专利方法承担举证责任。因产品制造方法发明专利引起的专利侵权诉讼,属于一般侵权案件,其构成须具备损害事实、违法行为、因果关系和主观过错四个要件,原告须举证证明以上四个要件才能使其主张获得法院支持。但是,按照《最高人民法院关于民事诉讼证据的若干规定》的规定,将本应由原告承担的违法行为的证明责任分配给被告承担,属于证明责任的倒置。

(2)高度危险作业致人损害的侵权诉讼,由加害人就受害人故意造成损害的事实承担举证责任。高度危险作业致人损害属于我国《侵权责任法》规定的特殊

① 陈光中主编:《证据法学》,法律出版社 2015 年版,第 339 页。

侵权行为,其构成要件包括损害事实、损害行为和因果关系,受害人故意造成损害属于法定的免责事由,属于权利妨碍要件,主张存在权利妨碍事实的当事人应对此承担证明责任。故该项规定并没有改变证明责任的一般规则,不属于证明责任倒置的情形。

(3)因环境污染引起的损害赔偿诉讼,由加害人就法律规定的免责事由及其行为与损害结果之间不存在因果关系承担举证责任。环境污染侵权责任属于无过错责任,其构成要件包括损害事实、损害行为和因果关系。如上所述,法定免责事由属于权利妨碍要件,应由主张权利妨碍事实的当事人承担,此不属于证明责任倒置。而因果关系是本应由原告承担的证明责任,法律规定由被告承担,属于举证责任倒置。

(4)建筑物或者其他设施以及建筑物上的搁置物、悬挂物发生倒塌、脱落、坠落致人损害的侵权诉讼,由所有人或者管理人对其无过错承担举证责任。建筑物所有人或管理人的侵权行为属于我国《侵权责任法》规定的特殊侵权行为,在归责上采取的是过错推定原则,该类侵权行为有三个构成要件,即损害行为、损害事实和因果关系。受害人仅需对上述三个构成要件承担证明责任,所有人或管理人欲免除自己的责任,应当就自己没有过错承担证明责任,该项事实属于权利妨碍要件,属于主张之人应负的证明责任。故该条规定亦不属于证明责任倒置的情形。

(5)饲养动物致人损害的侵权诉讼,由动物饲养人或者管理人就受害人有过错或者第三人有过错承担举证责任。动物致害责任属于特殊侵权行为,其归责原则为无过错责任,其构成要件有三个,即损害事实、损害行为和因果关系。受害人仅需就此三个构成要件承担证明责任,受害人有过错或第三人有过错,属于法定免责事由,系权利妨碍要件,应由主张权利妨碍事实的当事人承担,该规定并未改变证明责任的一般规则,不属于证明责任倒置。

(6)因缺陷产品致人损害的侵权诉讼,由产品的生产者就法律规定的免责事由承担举证责任。产品责任也是特殊侵权行为,在归责上采取的亦是无过错责任,即受害人不需要证明产品的生产者有过错,只要证明产品有缺陷、损害事实和因果关系即可,产品的生产者就法定的免责事由承担证明责任。该项规定并没有改变证明责任的承担,不属于证明责任的倒置。

(7)因共同危险行为致人损害的侵权诉讼,由实施危险行为的人就其行为与损害结果之间不存在因果关系承担举证责任。共同危险行为亦属于特殊侵权行为,采取的是无过错责任的归责原则,受害人只需要举证证明行为人存在危险行为、造成了损害事实就行,不需要证明危险行为与损害事实之间存在因果关系,而由加害人就其行为与损害结果之间不存在因果关系进行举证,实行的是证明责任倒置。

(8)因医疗行为引起的侵权诉讼,由医疗机构就医疗行为与损害结果之间不存在因果关系及不存在医疗过错承担举证责任。医疗侵权责任实行的是过错责任原则，其构成要件包括过错、损害行为、损害事实和因果关系四个方面。由于医疗专业性太强，法律为平衡患者与医院之间的关系，针对医疗侵权责任实行了举证责任倒置，要求医疗机构对医疗行为与损害结果之间不存在因果关系进行举证。

另外，《最高人民法院关于民事诉讼证据的若干规定》第六条针对劳动争议案件的举证责任也进行了规定，即在劳动争议纠纷案件中，因用人单位做出开除、除名、辞退、解除劳动合同、减少劳动报酬、计算劳动者工作年限等决定而发生劳动争议的，由用人单位负举证责任，实行的也是举证责任倒置，由用人单位就列举的相关事实承担举证责任。

（三）证明责任的司法裁量

民事证明责任的分配是一个非常复杂的问题，很难确定一个放之四海而皆准的分配标准。而且，诉讼案件纷繁复杂，各具特点，新类型案件在司法实践中也不断出现，对证明责任分配提出了新的挑战，因此，有必要赋予法官根据个案情况对证明责任进行分配。《最高人民法院关于民事诉讼证据的若干规定》第七条就对此做出了相应的规定："法律没有具体规定，依本规定及其他司法解释无法确定举证责任承担时，人民法院可以根据公平原则和诚实信用原则，综合当事人举证能力等因素确定举证责任的承担。"

三、人民法院依职权调查取证

在民事诉讼中，证明责任由当事人负担，人民法院不负证明责任。但是，人民法院依然负有解决纠纷，保护当事人合法权益，维护社会公平正义之职能，而此职能的发挥须建立在案件事实清楚的基础之上。案件事实的查清，离不开充分的证据，而在实践中，一些与案件有关的证据保存在有关单位手中，当事人往往无从获得，在此情况下如果以当事人未尽到证明责任而判其败诉，解决纠纷及实现社会的公平正义之诉讼目的就无从谈起。为此有必要赋予人民法院依职权调查取证的权利。

我国《民事诉讼法》第六十四条第二款、《最高人民法院关于适用〈中华人民共和国民事诉讼法〉的解释》第九十四、九十五、九十六条对人民法院调查收集证据的情况做了详细的规定。根据上述规定，人民法院依调查收集证据的情形有两种：一种是人民法院依职权调查收集证据，一种是根据当事人的申请调查收集证据。人民法院依职权调查收集证据的情形主要是为了保护国家利益、社会公共利益、第三人利益及涉及身份关系和案件程序性事项的，对于除此之外的其他证据，必须根据当事人的申请进行收集，法院不能依职权主动收集。

第四节 行政诉讼中的证明责任

一、行政诉讼证明责任特点

行政诉讼是一种司法审查行为,目的在于通过法院的司法审查对于行政机关的行政行为实行有效的监督。因而,行政诉讼中的证明责任与民事诉讼中的以及刑事诉讼中的证明责任相比,具有自己的特点。它的特点主要体现在以下几个方面:

(1)司法所审查的事实为行政行为已经确认的事实。由于行政行为已经发生,司法所审查的对象就是行政行为的合法性问题。行政机关在做出行政行为的时候必须把自己的决定建立于稳固的证据基础之上,司法的审查主要是审查这种决定的是否合法。换句话说,进入司法审查程序的事实已经经过了行政机关的审查。而且《行政诉讼法》的相关规定也印证了这一点。《行政诉讼法》第三十二条规定:"被告对做出的具体行政行为负有举证责任,应当提供做出该具体行政行为的证据和所依据的规范性文件"。第三十三条规定:"在诉讼过程中,被告不得自行向原告和证人收集证据。"

(2)证明责任的法律后果不同。虽同为败诉的风险责任,但是刑事诉讼是犯罪嫌疑人无罪释放,民事诉讼是当事人之间的权利和义务关系的重新配置,而行政诉讼的风险责任则是行政机关的行政行为被司法行为所撤销或者被判决重新做出具体行政行为。行政机关在判决的基础之上可以重新做出具体行政行为,这里面的主要原因在于法院撤销行政行为所依据的是司法权,而行政机关做出行政行为是基于行政权。现代社会中权力分立的原则不可能使法院具有直接做出行政行为的权力。

(3)行政诉讼证明责任主体的恒定性。由于行政诉讼是对于被告具体行政行为合法性的审查,所以被告必须承担证明责任,证明自己的行为是合法的。

二、行政诉讼被告的证明责任

行政诉讼中的被告是做出具体行政行为的行政机关或维持具体行政行为的复议机关,在行政诉讼中被告对具体行政行为的合法性负有证明责任。我国《行政诉讼法》第三十四条第一款规定:"被告对做出的行政行为负有举证责任,应当提供做出该行政行为的证据和所依据的规范性文件。"

根据我国法律的规定,被告在履行证明责任的时候,要遵循以下原则:

(1)被告提供证据证明其具体行政行为合法性的证据,不仅包括具体行政行为的证据,还包括做出具体行政行为的规范性文件。《行政诉讼法》第三十四条规定:“被告对做出的行政行为负有举证责任,应当提供做出该行政行为的证据和所依据的规范性文件。”

(2)被告提供证据必须达到证据确凿。《行政诉讼法》第六十九条规定:“行政行为证据确凿,适用法律、法规正确,符合法定程序的……人民法院判决驳回原告的诉讼请求。”从此规定可以看出,行政机关举证必须达到确凿的程度,才能使其行政行为得到法院的支持。

(3)被告提供的证据必须是在具体行政行为做出之前收集到的合法证据。行政机关在做出具体行政行为之前,必须先收集到足够的合法证据,这是依法行政的要求。在做出具体行政行为之后收集的证据,被告不能再收集证据,即使收集到相关证据,也不能以之证明具体行政行为合法。《行政诉讼法》第三十五条规定:“在诉讼过程中,被告及其诉讼代理人不得自行向原告、第三人和证人收集证据。”《最高人民法院关于行政诉讼证据若干问题的规定》第六十条第(一)项规定:被告及其诉讼代理人在做出具体行政行为后或者在诉讼程序中自行收集的证据,不能作为认定被诉具体行政行为合法的依据。

(4)被告应在举证期限内提供全部证据。《最高人民法院关于行政诉讼证据若干问题的规定》第一条规定:被告应当在收到起诉状副本之日起十日内,提供据以做出被诉具体行政行为的全部证据和所依据的规范性文件。被告不提供或者无正当理由逾期提供证据的,视为被诉具体行政行为没有相应的证据。因不可抗力或者客观上不能控制的其他正当事由,不能在前款规定的期限内提供证据的,应当在收到起诉状副本之日起十日内向人民法院提出延期提供证据的书面申请。人民法院准许延期提供的,被告应当在正当事由消除后十日内提供证据。逾期提供的,视为被诉具体行政行为没有相应的证据。

三、行政诉讼中原告的举证责任

行政诉讼虽然由被告承担证明责任,但在特定情况下原告也应承担一定的举证责任。原告承担举证责任的情形主要包括以下几种:

(1)行政赔偿、补偿案件,原告应对行政行为造成的损害提供证据。《行政诉讼法》第三十八条第二款规定:在行政赔偿、补偿的案件中,原告应当对行政行为造成的损害提供证据。因被告的原因导致原告无法举证的,由被告承担举证责任。

(2)起诉被告不履行法定职责案件中,原告应提供其在行政程序中曾经提出申请的证据材料,另有规定的除外。《行政诉讼法》第三十八条第一款规定,在起诉被告不履行法定职责的案件中,原告应当提供其向被告提出申请的证据。但有下列情形之一的除外:①被告应当依职权主动履行法定职责的;②原告因正当理由不能提供证据的。

(3)原告在政府信息公开案件中的举证责任。根据《最高人民法院关于审理政府信息公开行政案件若干问题的规定》第五条第六、七款的规定,原告应就下列事项承担举证责任:①被告以政府信息与申请人自身生产、生活、科研等特殊需要无关为由不予提供的,人民法院可以要求原告对特殊需要事由做出说明;②原告起诉被告拒绝更正政府信息记录的,应当提供其向被告提出过更正申请以及政府信息与其自身相关且记录不准确的事实根据。

综合案例

案例一

2013年8月21日,甲公司(甲方)与洪某某(乙方)签订两份商品房购销合同,就洪某某购买甲公司开发建设的乙商业广场一、二层商铺的具体事项进行了约定。001号商品房购销合同约定:一层商业用房按套内建筑面积计价,该商品房套内建筑面积为3143.02平方米,单价为每平方米2万元(已包含分摊的共有建筑面积的价格),总金额62860400元;乙方应在2013年8月18日前支付56574360元,2014年1月20日前支付6286040元;交房时间为2013年12月14日;甲方逾期交房,自交房时间届满次日起至实际交房之日止30天内,按每天314302元向乙方支付违约金,合同继续履行。逾期30天后,甲方按购房款总金额的千分之五支付违约金,合同继续履行。002号商品房购销合同约定:二层商业用房按套内建筑面积计价,该商品房套内建筑面积为3601.29平方米,单价为每平方米9869元(已包含分摊的共有建筑面积的价格),总金额35541130元;乙方应在2013年8月18日前支付31987017元,2014年1月20日前支付3554113元;交房时间和违约责任与001号合同约定相同。同日,双方当事人对上述两份合同进行了登记备案。洪某某按照甲公司出具的付款委托书载明的收款账户,于当日通过银行转账方式向甲公司汇款56574360元和22825640元,同时还向甲公司法定代表人张某某汇款1900万元,共计汇款9840万元。甲公司向洪某某出具10张收据,每张金额984万元,共计9840万元。2013年8月26日、9月18日,张某某向洪某某各汇款368万元。

2011年10月28日,乙商业广场竣工验收。2013年6月2日,甲公司与丙房屋拆迁有限公司(以下简称丙公司)签订《商铺租赁合同》,将乙商业广场一、二层商铺出租给丙公司,租期自2013年6月1日起至2033年5月31日止。

洪某某起诉称,双方当事人于2013年8月21日签订两份商品房购销合同后,洪某某依约付清了全部购房款,但甲公司拒不履行合同义务。故请求:①判令甲公司交付乙商业广场a幢一层和二层整层商铺,并于交付之日起40日内协助洪某某办理所有权证;②判令甲公司承担逾期交房的违约责任,支付违约金19350128元。

甲公司答辩称,本案实际是民间借贷纠纷,房屋买卖合同仅是民间借贷的担保形式,应为无效。洪某某主张的逾期交房违约责任,没有合同及法律依据。

案例来源:洪某某与甲房地产开发有限公司房屋买卖合同纠纷案,见最高人民法院(2015)民一终字第78号民事判决书。

问题:

1. 洪某某作为原告应对其主张的哪些事实承担证明责任?
2. 甲公司就其主张的事实承担的是何种责任?甲公司是否承担证明责任?
3. 如果你是本案的承办法官,你认为此案应如何裁判?

本章小结

证明责任是证据法学的核心问题。证明责任是指证明主体为了避免不利于己的诉讼结果发生,在诉讼过程中所承担的提供、运用证据证明自己诉讼主张的责任,并在证明对象真伪不明时承担败诉风险。证明责任有主观证明责任与客观证据责任之分。主观证明责任指的是提供证据的责任,客观证明责任与案件事实真伪不明引起的法律后果紧密联系。证明责任制度有利于促使当事人积极提供证据,有利于法院查清案件事实及在案件事实真伪不明时做出裁判。理论上,关于证明责任的性质,有权利说、义务说、责任说、负担说几种观点。

在刑事公诉案件中,公诉机关承担案件的证明责任,包括提出诉讼证明的主张、提供证据的责任、说服责任及不利后果的负担责任;自诉案件的证明责任应由自诉人承担;被告人一般不负证明自己无罪的责任,除非法律另有规定。侦查机关和人民法院虽然也是刑事诉讼的参与者,但并不负有证明责任。

民事诉讼的证明责任相对比较复杂,在理论界关于民事证明责任的分配存在待证事实分类说、法律要件分类说等学说。我国民事证明责任分配的一般原则是"谁主张、谁举证";但在特定情况下,为实现诉讼公正,保护当事人的合法权益,对某些案件的证明责任实行倒置,将一方负担的证明责任改由另一方当事人承担;同时对于法律没有规定证明责任的案件,可由人民法院进行裁量。另外,法律还规定了人民法院可依职权调查取证,此属于人民法院的职权,而不属于证明责任。

行政诉讼中,被告行政机关对行政行为的合法性承担证明责任,原告不负证明责任,仅对法律规定的某些事实承担举证责任。行政诉讼的证明责任与刑事诉讼、民事诉讼有所不同,应注意区分。

相关知识链接

1. 陈光中:《证据法学》,法律出版社2015年版。
2. 李浩:《民事证据规定:理解与适用》,北京大学出版社2015年版。

思考与分析

1. 什么是证明责任？
2. 刑事诉讼中证明责任的特点有哪些？
3. 被告人是否承担证明自己无罪的证明责任？
4. 民事证明责任分配的主要学说有哪些？
5. 试述我国的民事证明分配制度。
6. 试述行政诉讼证明责任的特点。

第十四章

证明标准

知识结构图

证明标准的基本内容
- 证明标准的概念
- 证明标准的意义
- 证明标准的认识论基础
- 证明标准的历史沿革

刑事诉讼的证明标准
- 外国刑事诉讼证明标准
- 我国刑事诉讼证明标准

民事诉讼的证明标准
- 外国民事诉讼的证明标准
- 我国民事诉讼的证明标准

行政诉讼的证明标准
- 外国行政诉讼的证明标准
- 我国行政诉讼的证明标准

本章导读

证明标准是证据法中的一个基本问题，不仅涉及相关的证据法理论，而且贯穿于诉讼始终。我国传统诉讼理论通常将其分为刑事诉讼、民事诉讼和行政诉讼等三类证明标准，并通常将其归纳为客观真实。刑事诉讼中，要求法官做出的判决必须达到案件事实清楚、证据确实充分，综合全案证据，对所认定事实已排除合理怀疑。近年来，大多数学者主张用法律真实取代客观真实的证明标准，同时，按照三大诉讼法特征上的差异，应该分别设置多元制的诉讼证明标准。

司考重点

基本要求：

了解：证明标准的基本理论问题与实践状况。

理解：不同诉讼和诉讼的不同阶段的证明标准。

熟悉并能够运用：证明标准的概念与特征，结合实践情况区分不同诉讼以及诉讼的不同等级的证明标准。

考试内容：

证明标准的概念，证明标准的意义，证据不足民事案件和刑事案件的处理依据，疑罪从无处理的理论与实践。

导入案例

检察院对孙某敲诈勒索案审查起诉后认为，作为此案关键证据的孙某口供系刑讯所获，依法应予排除。在排除该口供后，其他证据显然不足以支持起诉，因而做出不起诉决定。

（司法考试 2014 年真题）

问题：

存疑不起诉又称证据不足不起诉，其适用前提是什么？

如何认定案件经过补充侦查后仍然证据不足？

第一节　证明标准概述

一、证明标准的概念与特征

证明标准是证据法中的一个基本问题。理论界对证明标准概念的界定存在一定的分歧。在英美证据法理论中，证明标准被理解为负有举证责任的一方当事人，就其对所主张的事实予以证明应达到的水平、程度或量。换言之，证明标准是指为了避免遭到于己不利的裁判，负有举证责任的当事人履行其责任必须达到的法律所要求的程度。我国诉讼法学界对证明标准的概念也存在不同认识。有学者认为,所谓证明标准,是指承担证明责任的诉讼一方对待证事实的论证所达到的真实程度①。有学者认为,证明标准、证明任务和证明要求含义相同,“诉讼中的证明任务,或称证明要求,是指诉讼中对案件事实证明所要达到的程度或者标准”②。有学者认为,证明标准就是证明要求,“是指司法人员在诉讼活动中运用证据证明案件事实需要达到的程度,也就是为了实现证明的目的在证据的数量和质量上应达到的标准”③。也有少数学者认为应当区分证明要求和证明标准,“证明要求与证明标准有关。证明要求是法律要求证明案件事实所要达到的程度,而证明标准是衡量是否符合法律规定的证明标准的具体尺度”④。本书对证明标准概念的界定与我国诉讼法学界大多学者的观点基本一致,认为证明标准是指诉讼中对案件事实等待证事项的证明所须达到的要求或程度,即承担证明责任的诉讼主体提出证据进行证明应达到何种程度方能确认待证事实的真伪,从而解除其证明责任。

证明标准是一种可操作的规则体系,正如其他法律现象那样,其具有法定性、统一性和规范性等特点。同时,证明标准还具有三个显著特征。

(1)证明标准具有下限性。根据诉讼理论与司法实践,证明标准普遍存在于证明活动之中,是诉讼证明不可或缺的一项重要内容。根据《现代汉语词典》的解释,标准是“衡量事物的准则”⑤,换言之,标准是一种事物的质的上限,也是另一种事物的质的下限。因此,证明标准是考量证明目标是否已经达到的分界线:线上为已经达到证明目标,证明主体的证明任务已经完成;线下则被认为证明的任务没有完成,因而其证明责任不能免除。证明标准为认定事实设定了一条底线,如果现有证据对案件事实的证明能够达到或者高出这条底线,就可以认定负有证明责任的一方当事人所主张事实为真实,而如果低于这一底线,就需要把事实归入真伪不明的状态。

(2)证明标准具有抽象性。通常来说,标准是衡量事物的准则,是一种量化的可操作的尺度,标准愈清晰、愈具体、愈精确,就愈容易把握,愈能够用它来准确测量所需测量的事物,但遗憾的是,证明标准却具有高度抽象性。无论是“排除一切合理怀疑”“占优势的盖然性”“内心确信”,还是“确实、充分”,都具有抽象性。怎样才算达到所谓的“排除一切合理怀疑”“占优势的盖然性”“内心确信”“充分、确实”等证明标准,需要加以解释。例如,将“内心确信”解释为“社会上普通人不夹杂任何疑念的相信”,将“排除一切合理怀疑”解说为“达到道德上确定性的证明,是理性的陪审团依据证据对指控进行推理时,排除了每一个合理的假设,形成犯罪

① 陈瑞华:《刑事诉讼中的证明标准》,《苏州大学学报》2013 年第 3 期。
② 陈一云、严端:《证据学》,中国人民大学出版社 1991 年版,第 114 页
③ 崔敏、张文清:《刑事证据的理论与实践》,中国政法大学出版社 1992 年版,第 85 页
④ 陈光中:《刑事诉讼法学》,中国政法大学出版社 1992 年版,第 164—165 页
⑤ 《现代汉语词典》,商务印书馆 1998 年版,第 1608 页。

确系被告人实施的确信”。将“占优势的盖然性”说成是“诉讼中一方当事人所提供的证据比另一方所提供的证据更有说服力或更令人相信”。然而，即便做出了解释，标准仍然不够清晰，因为还会遇到怎样才算“消除任何疑念”，怎样才算“达到道德上的确信”，怎样才算“一方提供的证据比另一方更有说服力”的问题。为了尽可能精确地说明证明标准，西方学者用百分比来形容证据优势，将其解释为或者51%比49%，或者75%比25%，将排除一切合理怀疑解释成5%至25%之间的怀疑。这样的解释在表面上虽然是精确的，但一旦将其运用于实务，仍然会遇到如何将本证与反证的证明力化为百分比的难题。

(3)证明标准是主观性与客观性的统一。证明标准是司法人员根据立法上规定去衡量案件事实是否已达到的证明程度，是由裁判者通过对标准的理性认识去把握的，即使法官对案件心证的形成达到完全一致的认识，但他们对充分确实或者排除一切合理怀疑的认识，也存在理解上的分歧，不同裁判者实际运用证明标准时在掌握宽严的尺度上仍会有所不同。证明标准同时还具有客观性。证明标准的形成与存在是建立在一定的客观条件和客观规律的基础之上，条件和规律的客观性决定了证明标准的客观性。证明标准来源于司法实践，司法活动的实践性决定了证明标准不是纯主观的体验，而是具有坚实客观基础的认识。

二、证明标准的意义

证明标准在诉讼理论中处于非常重要的位置。它指引着诉讼当事人的证明活动和法官的事实认定活动，研究证明标准不仅具有实践意义而且具有理论意义。

(一)证明标准的确立有利于法院做出公正的实体判决

证明标准是审判机关认定案件事实、做出判决时，在证据方面必须达到的程度和要求。为了做出裁判、审判人员必须根据法庭调查的证据，在其内心形成对该案件的认识。这种认识必须符合法律规定的证明标准，方可做出对案件的判断。虽然，目前在我国，对证明标准的认识还不够统一，但它们共同的目的是一致的：设置证明标准要尽量再现案件事实，使法庭的裁判建立在真实的基础上。因此，可以说，证明标准有利于法院查明案件事实，做出公正的判决。

(二)证明标准的确立有利于实现程序公正

公正的含义包括实体公正和程序公正。在审判过程中，公正的含义更多地体现在程序公正方面。任何一种证明标准的确立，其目的之一也是为了更有效地实现程序公正。因为诉讼过程就是通过审判程序将公正以看得见的方式实现，而任何一种立法上设计出的证明标准，都是很多经验的总结，是社会认可的可以最大限度地实现程序公正的。诉讼程序的本身是将客观事实通过审判程序上升为法律事实，从而做出判决。证明标准的确立，使得法官在采信证据事实时会尊重程序价值的意义，尽量避免“重实体、轻程序”现象的发生。另外，证明标准的确立，有利于保证诉讼参与人的诉讼权利。立法上如果确立了可操作性的证明标准，既可避免法院审理案件时的随意性，不得随意漠视诉讼参与人的诉讼权利，同时又可以使得在一些控诉方举证达不到证明标准的案件中，犯罪嫌疑人、被告人能尽快摆脱涉讼之苦，因此，立法上规定证明标准可以切实有效地保障诉讼参与人的诉讼权利。

（三）证明标准的确立有利于提高诉讼效率

证明标准被依法确定后，当事人可以知道案件事实的证明应当达到什么程度，利用什么样的证据可以最大限度地接近这个标准，在起诉时或者在诉讼中，为了获得对己有利的结果，就会事先依据证明标准选择诉讼行为，在没有收集到一定的质和量的证据时，不会随意提起诉讼或提出没有事实依据的主张，这就有利于防止滥诉缠诉等现象的发生进而提高诉讼效率。同时，公安司法机关在办理案件时，由于证明标准明确规定了做出裁判时必须达到的最低要求，因此，如果法院审理的案件一旦达到了证明标准时，法院就可以立即做出裁判，以免拖延诉讼或者要求当事人再进行无谓的举证，从而有利于提高诉讼效率；如果当事人或者控方的举证达不到证明标准的要求，在刑事诉讼中，法庭就可以立即做出指控的犯罪事实不能成立的无罪判决，以免拖延诉讼；民事诉讼中，法庭也可立即做出驳回起诉的裁定，以免案件进入到审判程序，提高诉讼效率。

三、证明标准的认识论基础

国内外对于证明标准的认识论基础有不同的概括和争论。概括来说，主要有三种观点：客观真实说、法律真实说和主观真实说。

（一）客观真实说

客观真实说在我国传统的诉讼证明理论中占据主导地位。客观真实说认为，所谓客观真实，就是要求诉讼中认定的案件事实与客观上曾经发生过的案件事实完全一致，要求公安司法人员的主观认识必须符合客观实际。具体来说，就是司法机关在刑事诉讼中所认定的有关被告人刑事责任的事实，在民事诉讼中所判明的对当事人的权利、义务有意义的事实，在行政诉讼中所确认的具体行政行为是否合法的事实，必须与客观实际存在过的事实一致，查明案件的客观真实，归根到底，就是要求司法人员的主观认识必须符合客观实际①。依据这种认识论基础，认为具体的证明标准就是做到案件事实清楚、情节清楚、证据确实、充分。这种观点形成的理由主要有这样几点：一是根据马克思主义认识论，人类具有认识客观世界的能力，能够通过调查研究认识案件的客观真实；二是由于客观上已经发生的案件事

① 陈一云主编：《证据学》，中国人民大学出版社1991年版，第114页。

实,必然在外界留下各种物品、痕迹,或为某些人所感知,这为查明案件客观真实提供了事实依据;三是由于我国有一支忠实于人民利益、忠实于法律、忠实于事实真相,具有比较丰富经验、掌握一定科学技术的司法队伍,这是查明案件客观真实的组织保证;四是我国已经相继颁布了《刑事诉讼法》《民事诉讼法》《行政诉讼法》,为查明案件客观真实提供了法律依据。①

近年来,随着我国诉讼理论研究的深入,坚持客观真实观的学者也在不断地修正其理论:第一,放弃了传统理论对所有刑事案件都应当坚持客观真实的要求,主张对已经做出有罪供述的简易案件和自诉案件可以适当地放宽证明标准;第二,放弃了传统理论对法律所规定的案件事实都应当达到“客观真实”的要求,主张根据事实和情节的重要性不同实行宽严不等的标准。例如,有的学者主张,应当根据犯罪事实和情节的不同层次实行不同的标准。“首先,谁是‘犯罪实施者’这一问题是刑事诉讼中的核心问题,因而也是需要确证无疑的。其次,是那些对于罪轻罪重有影响的一些事实和情节也要尽量查清。最后,是那些与定罪量刑都没有直接关系的事实和情节,则根本不需要调查清楚,这些不同层次的要求在我国刑事诉讼证明标准中应该有所体现。越是关键、重要的事实和情节,在证明标准上越要从严掌握,而对于那些法律意义相对次要的事实和情节,可以适当放宽。”②还有学者认为,“罪重事实应当适用与定罪事实相同的证明标准、量刑事实的举证责任分配以及控辩双方的举证能力差异,决定着罪轻事实的证明标准应当低于定罪事实的证明标准,其中,从轻处罚的事实可以适用优势证据标准;减轻处罚的事实和免除处罚的事实应当适用明晰可信标准”③。近些年,有学者按照完整的辩证唯物主义认识论对客观真实说进行修正,认为修正后的客观真实说应当包括三个要素:首先,法官对案件的认识必须以案件事实为基础,而不可主观臆断;其次,在终极的意义上,承认案件事实是可以认识的,诉讼制度应以发现案件事实为基本目标;最后,在具体诉讼过程中,遵循法定诉讼程序得出的符合法定证明标准的事实,应当作为法官裁判的基础事实。

(二)法律真实说

近年来,随着诉讼理论研究的逐渐深入,很多学者对客观真实说提出了批判,指出客观真实的证明标准试图完全查清案件事实的一切情况只是一种主观愿望,但实质上是不可能的,也是不科学的,违背了诉讼活动的客观规律,同时也缺乏可操作性,学界出现了法律真实说。法律真实说认为应当彻底推翻客观真实说,建立法律真实说。法律真实说认为在证明过程中,运用证据对案件事实认定应当符合

---

① 陈一云主编:《证据学》,中国人民大学出版社 1991 年版,第 115 页。

② 陈光中、陈海光、魏晓娜:《刑事证据制度与认识论》,《中国法学》2001 年第 1 期。

③ 张吉喜:《论量刑事实的证明标准》,《证据科学》2013 年第 5 期。

实体法和程序法的规定，应当达到从法律的角度认为是真实的程度。法律真实说把我国的刑事诉讼证明标准概括为“排他性”，将民事诉讼的证明标准归纳为“高度的盖然性”①。承认这种学说的主要有这样几个理由：

首先，从马克思主义认识论角度来说，人类对于客观世界的认识，只能达到一种相对的真实，所以，被证明的案件事实，就不可能是实际上发生的客观事实，如果要求公安司法人员在办案中的主观认识必须绝对符合客观实际，实质上是为他们树立了一个可望而不可即的目标，与认识论中的真理的相对性是相违背的。

其次，诉讼证明活动是一种法律活动，它不仅指被追求证明的真理性，还要追求证明的正当性。尊重法律和法律程序，正是证明活动具有正当性的表现。

最后，主张法律真实说，可以使诉讼证明活动变得更加具体明确，便于司法人员操作，也容易为普通公民或当事人所接受。②

法律真实说建立于对于客观真实批判基础之上，认为客观真实存在着许多无法克服的弊端：一是客观真实说过于夸大了真理的绝对性和人类认识能力的至上性，将诉讼活动这一特殊的认识活动等同于有生活检验原型的实践活动，导致人们陷入认识论上的纯粹的客观主义。二是导致强化法官职权主义的倾向，在民事诉讼中尤其如此。由于要求法官必须把案件事实裁决建立于对于案件事实完全客观的真实基础上，而法官认为要获得完全的客观认识，自己必须不断地深入到事实的查明过程中去，这样就需要不断地强化法官的职权。三是导致审判人员轻视程序法，认为程序法及证据规则可有可无，反而片面追求“实体真实”。在诉讼活动中，以客观真实作为诉讼活动的证明标准，是“重实体、轻程序”观念的体现，容易造成对广大公民诉讼权利的漠视，从而导致冤假错案。四是导致积案久拖不决。③ 法律真实说目前为我国学界所接受的通说，并为实务界所逐步接受。

（三）主观真实说

所谓主观真实就是指法官或事实认定者发现的事实，并不是诉讼之前在特定时间、地点发生的“客观真实”，而是法官基于自己的理性和良心所形成的对于案件事实的内心确信。主观真实是解释自由心证制度的理论基石，自由心证中法官对于案件事实所形成的判断主要是基于自己的理性和良心，法官为什么可以基于这种心证的确信对于案件事实做出裁决，原因就在于案件的事实的裁判只能建立于主观真实基础之上。当然这种主观真实并不是完全的主观想象、虚构的产物。法官的主观真实仍然要受制于社会基本价值规则的影响，同时为了使自己对案件事实的认知获得社会的认可就必须把自己的认知建立于法律规则、民众思维方式

① 樊崇义：《客观真实管见》，《中国法学》2000 年第 1 期。

② 樊崇义主编：《证据法学》，法律出版社 2003 年版，第 216 页。

③ 卞建林主编：《证据法学》，中国政法大学出版社 2002 年版，第 259 页。

和认知方式基础之上。另外,在大陆法系国家法官还有通过一定的形式公开自己对于案件事实的认知过程。

对于主观真实,一直为我国理论界所竭力回避的一个词语。在谈到这种认识论基础的时候,也往往以一种简单的分析方法把它予以否定了。这种简单分析的理由有这样几点:其一,主观真实就是哲学上的怀疑主义和不可知论①。其二,主观真实忽略了人的思维或认识活动的客观性的方面。这实际上是对于主观真实的误解。诉讼中的案件事实证明不同于自然科学证明典型之点在于其具有不可回溯性。当事人的证明活动就是把与当事人主张有关的关键性事实通过一定的证据方法展现于法官面前。而这些证据虽然是案件事实发生时于自然界留下的痕迹,可这种痕迹可能已经失去了它在案件发生时的意义,也需要通过法官的推理和判断形成认识。其三,为了把案件事实形成一个有机联系的整体,需要对于非主要事实也形成判断。而对于非主要事实则主要通过法官自己的理性、价值观念和经验法则进行推理形成自己的判断。因而,从另一个意义上说,主观真实勇于承认人类对于诉讼认知活动的有限性是典型的唯物主义。

四、证明标准的历史沿革

在诉讼史上,由于证明方法的不同而形成了不同类型的证据制度,证据制度的差异也影响到证明标准的差异。

在古代神示证据制度中,证明标准是“神示真实”。与人们的认识能力相适应,当出现疑难案件的时候,采取神示、水审、火审、抽签审法等一系列贯彻神灵意志的证明方法。通过这种方法所显示出来的结果作为认定案件事实的手段和判断是非曲直的标准,即案件证明标准。对于这种证明标准,有学者称其为“神示真实”。②

在法定证据制度下,证明标准是“法定真实”或“形式真实”。该证明标准不要求法官对于案件事实形成自己认为符合案件真实情况的心证,而是要求法官遵循一系列证明力的取舍规则,按照法定的形式标准进行判决。例如,按照法定证据制度的要求,有两个具备法定条件的证人证言的证明,才可以定罪;一个符合法定条件的被告人自白即可定罪等。因而,法定证据制度下的证明标准是“法定真实”。在封建社会的法定证据制度中,法律预先规定了各种证据的证明力及取舍,强调法官必须严格按照法律预先规定的断案规则求证,必须符合法定的形式标准,而不允许法官根据案件实际情况判断各项证据的证明力并据此认定案情。无疑,法定证

① 卞建林主编:《证据法学》,中国政法大学出版社 2002 年版,第 258 页。

② 卞建林主编:《证据法学》,中国政法大学出版社 2002 年版,第 256 页。

据制度把法官变成了被强迫做出独立于自己信念之裁决的机器人。尽管有学者认为即使在法定证据制度下也很少强迫法官做出违背其判断或“良知”的裁决[①]。但是法定真实的证明标准无疑限制了法官针对具体情况具体判断的主观性，而现实是复杂的，所以其必然造成各种违背社会争议的判断。在中世纪的许多小说中都可以看出人们对于这种证明标准制度的不满。例如，当时的法律机械地规定，有两个具备法定条件的证人证言的证明，才可以定罪；一个符合法定条件的被告人自白即可定罪等。

在自由心证证据制度下，证明标准称为“实质真实”或“诉讼上的真实”。现代西方的证据制度，实行的证据裁判主义和自由心证主义，强调案件事实的认定，必须依据证据；法官应当按照自己的良心和理性来判断证据，并在其内心形成对案件事实的确信。大陆法系国家和英美法系国家也形成了一系列证明标准来判断法官的这种确信程度，比如大陆法系的高度盖然性；英美法系的盖然性占优势、排除合理怀疑等。与法定证据制度下要求法官的认定案件事实应当符合法定真实相比，现代西方的证据制度更多地强调法官认定案件事实应当与事实的真实发生情况相符合。因此，自由心证主义证据制度下的证明标准称为“实质真实”或“诉讼上的真实”。

第二节 刑事诉讼证明标准

一、外国刑事诉讼证明标准

一般认为，外国刑事诉讼证明标准主要存在大法系刑事诉讼证明标准和英美法系刑事证明标准两类。英美法系国家采用“排除合理怀疑”，大陆法系国家则采用“高度盖然性”或“内心确信”。

在英美法系国家，排除合理怀疑的证明标准最早产生于18、19世纪。1824年，英国学者主张，刑事诉讼中的证明标准应当是“由于道德上的确定性足以排除一切怀疑”。之后，这一标准在死刑案件中适用，然后扩大到所有的刑事案件，成为英美法系国家刑事诉讼中的通用标准。根据布莱克法律词典，所谓排除合理怀疑，是指全面地证实、完全地确信或者一种道德上的确定性；“排除合理怀疑”的证明并不排除轻微可能或者相像的怀疑，而是排除每一个合理的假设，除非这种假设

① 米尔建·R.达马斯卡著：《漂移的证据法》，李学军等译，中国政法大学出版社2003年版，第26页。

已经有根据。“排除合理怀疑”的证明是达到道德上的确定性的证明，是符合陪审团的判断和确信的证明。作为理性的人，陪审团成员在根据有关指控犯罪是由被告人实施的证据进行推理时，如此确信以至于不可能做出其他合理的结论[①]。在美国刑事诉讼中，起诉方证明被告人犯有被控罪行，必须达到排除合理怀疑的程度。这是美国宪法第五修正案和第十四条修正案关于正当程序规定的要求。这一证明标准的适用范围，包括被告人是否有罪的问题以及构成犯罪的每一要素。所谓“合理怀疑”，是一个非常难以界定的概念，关于此点被引用得最为广泛的定义是加利福尼亚刑法典中的表述：“它不仅仅是一个可能的怀疑，而是指该案的状态，在经过对所有证据的总的比较和考虑之后，陪审员在心理上处于这种状况，他们不能说感到对指控罪行的真实性得出永久的裁决已达到内心确信的程度。”在美国证据规则和证据理论中，有学者认为，按照证明的具体问题，证明标准也划分为不同等级。在美国法中，将证明的程度分为九等：第一等是绝对确定，由于认识论的限制，认为这一标准无法达到，因此无论出于任何法律目的均无这样的要求；第二等即排除合理怀疑，为刑事案件做出定罪裁决所要求，也是诉讼证明方面的最高标准；第三等是清楚和有说服力的证据，某些司法机关在死刑案件中当拒绝保释时，以及做出某些民事判决时有这样的要求；第四等是优势证据，是做出民事判决以及肯定刑事辩护时的要求；第五等是合理根据，适用于签发令状，无证逮捕、搜查和扣押，提起大陪审团起诉书和检察官起诉书，撤销缓刑和解释，以及公民扭送等；第六等是有理由地相信，适用于“拦截和搜身”；第七等是有理由地怀疑，足以将被告宣告无罪；第八等是怀疑，可以开始侦查；第九等是无线索，不足以采取任何的法律行为。[②]

在大陆法系国家，法国最早形成了内心确信的证明标准。法国 1795 年的《罪刑法典》规定：“法律不要求陪审员说明他们是如何形成心证的。法律也不明确要求他们必须遵守的关于证据的规则。法律命令他们以诚挚的良心问自己：为了证明被告有罪而提出的证据和被告方面的防御给了他们的理性以何种印象……法律只是向他们提出了一个能够概括他们职务上全部尺度的问题：你们是真诚的确信的吗？”1808 年通过的法兰西刑事诉讼法典，在第三百四十二条对“自由心证”做了一个经典的表述：“法律不要求陪审员说明他们是如何获得心证的。法律也不规定要求他们必须遵守的关于证据的规则。法律命令他们以真挚的良心问自己：为了证明被告有罪而提出的证据和被告方面的防御给了他们的理性以何种印象——法律只向他们提出一个能够概括他们职务上全部尺度的问题：你们是真诚地确信

① Black's Law Dictionary ,5th Edition, West Publishing Co,p-147.

② 白绿铉、卞建林译：《美国联邦民事诉讼规则证据规则》，中国法制出版社 2000 年版，第 202—203 页。

吗?”所谓内心确信,必须是理性的真诚确信。可见在法国,裁判者内心确信事实已被证明,就可以做出判决。尽管在后来发展的过程中,逐渐形成了一些法官认定案件事实的指导手段,但是这些规定只是放置于刑事司法制度中一些不太引人注目的地方,这些规则在法官认定事实过程中的约束力是比较小的。法官仍然需要对于案件事实形成理性地、真诚地确信。目前适用的《法国刑事诉讼法典》第四百二十七条可以印证这一点。根据该条规定,对证据有疑问时,应当作有利于被告人的解释。这种规定类似于英美法系国家的排除合理怀疑,但是结合法国的司法文化,这实质上是对于内心确信的一种指导。德国在 1877 年《刑事诉讼法典》正是采用了自由心证的原则。根据理论界对于该原则的解释,认为所谓的自由心证,就是要求法官根据他个人的自由确信而确定证据。法官的个人确信,是指他的个人确认。这种确认,必须依据明智推理,建立在对证据结果之完全、充分、无相矛盾的适用之上。证据调查后,法官没有确信被告人有罪时,必须宣告他无罪。日本刑事诉讼法也接受了大陆法系国家的内心确信标准。日本《刑事诉讼法》第三百一十八条规定:“证据的证明力委之于审判官自由判断。”这里我们必须指出的是,虽说让专家自由判断,但是这并不意味着承认法官的恣意判断。证据的取舍选择、对证据的评价,当然都要符合逻辑上和经验上的法则,而且经验上的法则必须有科学的根据。对于非有专门知识就不能判断的事项,则应当由专家进行鉴定。也就是说,自由心证形成的确信必须是建立于合理的和科学的基础之上。但是在第二次世界大战之后,随着英美法对日本法的影响,“排除合理怀疑”的证明也被日本的理论和司法实践所接受,日本最高法院的判例认为“高度盖然性”和“排除一切合理怀疑”的证明标准的要求在实质上是一致的。就是说在刑事审判中,证明是犯罪就是存在高度的盖然性。但是,盖然性并不否定相反事实存在的可能性,应当切记,在观念上一味强调盖然性是很可能导致错误判决的。因此,上述所说的高度盖然性必须达到不允许相反事实存在的程度,证明构成犯罪的证明必须达到这种程度才是可信的判断。①

当然,大陆法系刑事诉讼证明标准和英美法系刑事证明标准也具有一定的共性。一是都要求证据必须确实;二是两大法系的证明标准均未要求达到绝对确定的程度;三是两大法系均将证明标准设在一个相对的高度,或为排除合理怀疑,或为证据足以使人内心确信;四是两大法系中,无论合理怀疑还是内心确信,都包含着法官和陪审团的主观因素,这一主观因素在不同的案件中可能因人的认识能力高低而产生差异,需要一定程度的共识来作为证明所应达到的标准。同时,内心确信或高度盖然性与排除合理怀疑是以严格的自由心证为基础的,其认识论的哲学基础即为主观真实。德国学者哈列在评价这些标准时说:“确实性永远成为一种

① 日本最高法院《判例日报》第 725 号,昭和四十八(1973)年 12 月 13 日,第 104 页。

主观上的东西，因为它是由认识真实的主体的确信决定的。"[①]因而这两种证明标准都是一种高度盖然性的证明标准，而非绝对的确实性。由于主体的认识不能完全建立于客观真实基础之上，而可以选择的证明标准只有"高度盖然性"或"排除合理怀疑"的标准。诚如英国著名法官丹宁勋爵所说："尽管证明标准不必达到绝对的肯定性，但却必须具有相当高的盖然性程度"[②]。进一步来看，高度盖然性是从证明表述刑事司法证明标准，而排除合理怀疑是以试错法和反证法表述刑事证明标准的。二者是在不同法律文化中和不同的诉讼结构中形成的对于同一问题的不同表达方式。两大法系对证明标准虽然措辞表达不尽相同，但由于二者相同的认识论基础，所以基本内容是一致的。

二、我国刑事诉讼证明标准

（一）有罪判决的证明标准

我国《刑事诉讼法》第五十三条规定：对一切案件的判处都要重证据，重调查研究，不轻信口供。只有被告人供述，没有其他证据的，不能认定被告人有罪和处以刑罚；没有被告人供述，证据确实、充分的，可以认定被告人有罪和处以刑罚。证据确实、充分，应当符合以下条件：①定罪量刑的事实都有证据证明；②据以定案的证据均经法定程序查证属实；③综合全案证据，对所认定事实已排除合理怀疑。第一百九十五条规定，在被告人最后陈述后，审判长宣布休庭，合议庭进行评议，根据已经查明的事实、证据和有关的法律规定，分别做出以下判决：①案件事实清楚，证据确实、充分，依据法律认定被告人有罪的，应当做出有罪判决；②依据法律认定被告人无罪的，应当做出无罪判决；③证据不足，不能认定被告人有罪的，应当做出证据不足、指控的犯罪不能成立的无罪判决。

由此可见，我国《刑事诉讼法》所规定的有罪判决的证明标准是案件事实清楚，证据确实、充分。2012 年《刑事诉讼法》修订时增加规定"排除合理怀疑"的要求。"真实可靠"是证据质的要求，"充分"则是对证据量的要求。因而该证据标准不仅包括对证据质的要求，也包括对量的要求。具体要求为：①据以定案的证据均已查证属实；②案件事实均有必要的证据可以证明；③证据之间，证据与案件事实之间的矛盾得到合理的排除；④得出的结论是唯一的，排除了其他可能性。案件事实认定过程，实质上也就是法官形成心证的过程。这种证明标准的认识论基础具有较为明显的客观真实说倾向。由于这种证明标准不明确，缺乏可操作性，司法机关通过司法实践总结了一些经验型的证明标准。同时，由于受各种主客观因素的

---

① 龙宗智著：《相对合理主义》，中国政法大学出版社 1999 年版，第 430 页。

② ［英］丹宁勋爵著：《法律的正当程序》，刘庸安等译，法律出版社 1999 年版，第 98 页。

影响，法官在认定“案件事实清楚，证据确实、充分”的心证程度必然存在着差别。以上诸种标准正反映了这种差别。有学者提出了高度盖然性标准，并认为，假设证据无任何证明力为零，证明完全符合客观为100%，则上述标准既不可能为零亦不可能为100%，只能属于50%～100%。对于盖然性占优势，只要证明程度大于51%，即便为51%亦可认定已获证明，高度盖然性需为75%以上，排除合理怀疑为90%以上，而确实、充分则需95%以上，或者更高。还有学者发展出了“基本事实清楚、基本证据确凿”的证明标准。所谓基本事实清楚就是指影响定罪和量刑的事实和情节，都应当查明。而基本证据确凿则是指足以影响对“基本事实”认定的证据必须查证属实。两个基本的证明标准实际上在一定程度上承认了确实、充分的无法达至，对于证明程度有了一些松动，但是由于这种证明标准仍然是建立于要求主观认识与客观事实相符的基础之上，所以对于客观真实的弊端仍然无法克服。在案件审理之后，出现疑罪的时候，往往通过“疑罪从挂”“留有余地”的方法进行处理①。上述倾向实际上反映了法官在面对这种过高的证明标准时的无奈选择。法律设定的证明标准过高，必须达到这种证明要求。如不能实现这种证明要求，则无法为自己的判决建立起社会的正当性。所以只能通过这种变相的方法来处理问题。或者久拖不决，或者降低证明程度。因此，在法治中国建设过程中，我国刑事诉讼法应当在法律真实、主观真实理论的指导下，重构一套适应我国国情的刑事证明标准。

“排除合理怀疑”是指“对于事实的认定，已没有符合常理的、有根据的怀疑，实际上达到确信的程度”。这是我国“证据确实、充分”标准在主观方面的解释与要求，有助于弥补传统证明标准抽象化与客观化的缺陷，实现从客观与主观的双重维度对刑事证明标准做出规范。“排除合理怀疑”的实质也是要求事实裁判者确信指控的犯罪事实的存在且为被告人所实施；对案件事实的存在达到了没有合理怀疑的程度，即表明依据案件证据材料得不出其他结论，因此可以形成确信。而对“合理怀疑”的理解则既不能过于严格亦不得过于宽泛。“合理怀疑”首先应当是在对全案证据进行慎重、细致分析推理的基础上产生的，有具体的证据事实为依据，具有实质性，同时还必须是符合经验与逻辑、具有合理性的怀疑，而不是毫无根据的主观臆测。其次，“合理怀疑”应当具有足以能够动摇裁判者对案件事实认定的效力。对全案证据进行综合分析判断时出现矛盾与疑点属于正常现象，并不一定影响定案，只有那些能够动摇基本事实认定的怀疑才是定罪证明标准所指的“合理怀疑”。但有时并非只排除重大、实质的怀疑即可，故还需要根据具体案件进行把握。因此，“排除合理怀疑”可以概括为在对全案证据进行综合判断之后，事实裁判者对被告人犯罪的事实不再存在任何有证据支持的、符合经验与逻辑法

① 孙长永主编：《刑事诉讼证据与程序》，中国检察出版社2003年版，第40—44页。

则的疑问,产生了被告人构成犯罪的内心确信。正确理解“排除合理怀疑”需要对其具体内涵、与“事实清楚,证据确实、充分”的一致性及其独特的价值追求予以充分的认识。“排除合理怀疑”不应孤立适用,应深入把握“排除合理怀疑”的适用对象与范围。①

(二)我国阶段性的刑事诉讼证明标准

我国刑事诉讼证明标准的阶段性主要指刑事诉讼不同阶段的证明标准存在差异。根据我国刑事诉讼法的规定,公诉案件大体上要经过立案、侦查、起诉和审判等阶段,具体又包括立案、逮捕、移送审查起诉、提起公诉和判决等几个主要环节。我国立法对这些诉讼环节应达到的证明标准均做了相应的规定。

1. 立案阶段的证明标准

《刑事诉讼法》第一百一十条规定:“人民法院、人民检察院或者公安机关对于报案、控告、举报和自首的材料,应当按照管辖范围,迅速进行审查,认为有犯罪事实需要追究刑事责任的时候,应当立案。”根据这一规定,立案的证明标准是刑事诉讼中最低的证明标准。首先,这一标准具有一定的主观性——侦查机关“认为”有犯罪事实需要追究刑事责任。其次,从立案的事实条件看,只需要有证据证明犯罪事实发生即可,至于作案人以及作案时间、方法、手段、目的、动机等此时无须证明。这是因为立案只是刑事诉讼的起始阶段,是侦查的启动环节,在刑事诉讼的起始阶段就要查明案件全部事实是不现实的。而且,立案时的认定是否准确还要在以后的不同诉讼阶段受不同的认识主体检验。最后,立案的法律条件是需要追究刑事责任,仅有犯罪事实,尚不能立案,还必须具备犯罪事实依照刑事法律的有关规定应当追究刑事责任这个条件,才能立案。因为刑事诉讼是为了实现国家刑罚权,立案以追究刑事责任为目的,而非所有发现的犯罪事实都需要追究刑事责任。

2. 移送审查起诉的证明标准

《刑事诉讼法》第一百六十条规定:“公安机关侦查终结的案件,应当做到犯罪事实清楚,证据确实、充分,并且写出起诉意见书,连同案卷材料、证据一并移送同级人民检察院审查决定。”由此可见,我国立法对移送审查起诉提出了很高的要求。一是侦查机关必须查明犯罪事实,即要查明犯罪的主体、主观要件、犯罪的客体和客观要件,包括犯罪的时间、地点、动机、目的、手段、情节、危害结果以及是否有遗漏罪行和其他应当追究刑事责任的人等。二是证据从质上要达到“确实”,量上要达到“充分”,即证据材料具有客观性、关联性,而且证据之间能够互相印证,并能形成一个完整的证明体系,足以排除各种矛盾和疑点。

3. 提起公诉的证明标准

从某种角度看,提起公诉的证明标准应与审判机关定罪判刑的证明标准保持

---

① 卞建林、张璐:《排除合理怀疑之理解与适用》,《国家检察官学院学报》2015 年第 1 期。

一致。《刑事诉讼法》第一百七十二条规定:“人民检察院认为犯罪嫌疑人的犯罪事实已经查清,证据确实、充分,依法应当追究刑事责任的,应当做出起诉决定,按照审判管辖的规定,向人民法院提起公诉,并将案卷材料、证据移送人民法院。”可见,提起公诉的证明标准是“犯罪事实清楚,证据确实、充分”。从字面意义上理解,这与法院对被告人定罪的证明标准相同,要求支持起诉的证据具有客观性、关联性、合法性,证据之间没有矛盾,能够形成一个完整的证明体系,得出的结论应具有唯一性,但是二者应该说还是有区别的:首先,此时的“犯罪事实清楚,证据确实、充分”只是检察机关单方面的认定,不同于在审判阶段经控辩双方质证、辩论以后中立裁判者所得出的结论。虽然法律要求检察机关应当客观、公正地决定是否提起公诉,但受检察机关的职能以及所处的诉讼阶段影响,此时的认定不可避免带有单方性和偏向性。其次,法律在对事实证据的要求前面有“人民检察院认为”这样主观限制词,这使其有别于有罪判决所要达到的“案件事实清楚,证据确实、充分”这一客观标准。故而,提起公诉的证明标准从法律的要求来看,具有一定的主观性。因此,我国提起公诉与法院裁判定案的证明标准之间应该说是具有不同层次性的。

第三节　民事诉讼证明标准

一、外国民事诉讼中的证明标准

(一)英美法系国家民事诉讼证明标准

英美法系国家对于普通民事案件,基本上都适用盖然性占优势证明标准,但使用的用语有所不同。美国法中多使用优势证据,而或然性权衡多见于英国法。作为一种通说,则多使用或然性权衡(proof on the balance of probabilities)。正如英国学者彼德·莫菲指出的,在民事案件中,证明标准无非是要求“或然性权衡”和“盖然性占优势”的标准。也就是说,足以表明案件中负有法定证明责任的当事人就其主张的事实上的真实性大于不真实性。当然,对于一些重要的或特别性质的民事案件证明标准,不同国家民事诉讼的证明标准则有非常大的差异。

在美国,民事诉讼的证明标准,一般为盖然性占优势标准。即当一事实主张被陪审团确定为在证据上具有占优势的盖然性,即存在的可能性要大于不存在的可能性时,那么,此项事实主张就被认定为真实。澳大利亚、新西兰与加拿大此类案件也采用了较低的标准。另一类案件就是民事诉讼中待证明的事实是犯罪行为时,对于此类案件有适用排除合理怀疑和或然性权衡两种主张。英国上议院和上诉法院认为应运用或然性权衡。英国于一些重要的案件中,适用由“或然性权衡”

这一基本标准派生出的另两种方式：灵活的方式（flexible approach）和优先可能性方式（the probability approach）。前者要求证明的标准随问题的严重性而发生变动，后者则是标准保持固定不变，可需要满足它的证明程度则发生变动，且二者都认为越严重的案件发生的可能性越小。在确立后者的判例〔re hand others（minors）〕中，尼科尔斯（Nichools）法官曾指出，证明的标准是或然性权衡，但是当估计可能时，法官必须记住这样一点：主张越严重，发生的可能越小。因而，在法院断定主张在或然性权衡基础上被确认之前，证明的程度越强①。对于其他一些性质特别的案件，如蔑视法院，适用排除合理怀疑标准，因为他们认为蔑视法院是一项具有犯罪性质的行为。澳大利亚采取了类似于英国的灵活方式，即允许法官根据主张的重要性变动证明标准。澳大利亚证据条例第一百四十条规定：①在民事诉讼中，法院必须查明一方所证明的情况是否满足于或然性权衡基础之上得到证明。②如果没有限定理由，法院在判定是否得到满足时，可考虑诉讼及答辩原因的种类；程序的论题性质和所主张理由的重要性。加拿大也采取了灵活的方式。

（二）大陆法系国家民事诉讼证明标准

在大多数大陆法系国家的立法上，并不直接涉及证明标准问题。这是因为，大陆法系国家的各级法院对证据的取舍、评判享有广泛的自由裁量权，从而使该问题在实际上显得并不重要。在规定证明标准的大陆法系国家，和英美法系国家一样，也把民事案件分为一般案件和特别案件，不同案件运用不同标准。一般案件适用高度盖然性标准，特别案件运用高度盖然性程度为低的标准。适用这种高度盖然性程度为低的证明标准，主要是为了维持高度盖然性制度下缓解特殊案件中当事人的证明压力。德国主要在诸如交通事故、产品责任、医疗纠纷、环境污染等诉讼案件中适用高度盖然性证明程度为低的证明标准，即表见证明。所谓表见证明，就是法院利用一般生活经验法则，就一再重复出现的典型事实，由一定客观存在事实，以推断某一特征事实之证据提出过程。如卡车司机竟将卡车开上人行道而伤人。此际，由卡车开上人行道此一客观事实，于一般生活经验上而言，如无其他特殊原因，通常可推断卡车司机有故意过失之事实②。对于民事诉讼程序上的事实，大陆法系德日两国也依未知事实的不同性质采取了区别对待的方法，在证明方式上有证明和疏明两种。证明的证明标准为高度盖然性。疏明的对象限于某些与实体权利义务无关的程序上急需解决的事实。它是指当事人对自己所提出的主张虽然没有达到证明的程度，但提出足以使法官推测大体上确实程度的证据就可以③。

---

① Mike Redamyme：Standard of Proof in Civil Litigation. In The Modern Law Review ,Vol. 62. No. 2（1999）. p168.

② 陈荣宗著：《举证责任与民事程序法》，台湾三民书局有限公司 1984 年版，第 61 页。

③ ［日］兼子一、竹下守夫著：《民事诉讼法》，白绿铉译，法律出版社 1995 年版，第 101 页。

因而疏明的证明程度实质上相当于英美法系的盖然性证明程度。

纵观英美法系和大陆法系民事诉讼,无论是前者的自由心证和法定证据相结合的证据制度,抑或后者完全的自由心证明制度,都没有回避证明标准这一问题。相比较而言,这一制度在英美法系国家较为发达,这是和英美法系的诉讼结构分不开的。英美法系国家多采用陪审制度。法官只负责对案件适用的法律进行判定,事实认定则由陪审团进行。由于陪审团成员多为非专业人士组成,为确保事实认定能反映客观情况,法官须指示陪审团应按何种证明标准认定事实。而大陆法系国家事实认定和法律认定皆由法官完成,法官不须指示别人,只需在事实审理之后自己能够形成一种内心确信。但是,两大法系的证明标准都是事实审理者对事实认识程度的反映,并且两大法系都不拘泥于某一证明标准规则,而是注意不同性质的案件适用与之相适应的证明标准,对于某一特定证明标准,由于案件性质不同,所需获得的心证强弱也不尽相同。

二、我国民事诉讼的证明标准

(一)我国民事诉讼证明标准的法律规定

《民事诉讼法》一直未对证明标准做出一般规定。《最高人民法院关于民事诉讼证据的若干规定》第七十三条第一款规定:“双方当事人对同一事实分别举出相反的证据,但都没有足够的依据否定对方证据的,人民法院应当结合案件情况,判断一方提供证据的证明力是否明显大于另一方提供证据的证明力,并对证明力较大的证据予以确认。”司法解释制定者认为该条文设定了“高度盖然性”证明标准[①],并得到不少学者的确认[②]。《最高人民法院关于适用〈中华人民共和国民事诉讼法〉的解释》(以下简称《民诉法解释》)第一百零八条第一款进一步“明示”:“对负有举证证明责任的当事人提供的证据,人民法院经审查并结合相关事实,确信待证事实的存在具有高度可能性的,应当认定该事实存在。”为“响应”第一百零八条第三款“法律对于待证事实所应达到的证明标准另有规定的,从其规定”。第一百零九条紧随其后规定:“当事人对欺诈、胁迫、恶意串通事实的证明,以及对口头遗嘱或者赠予事实的证明,人民法院确信该待证事实存在的可能性能够排除合理怀疑的,应当认定该事实存在。”

---

① 参见李国光主编:《最高人民法院〈关于民事诉讼证据的若干规定〉的理解与适用》,中国法制出版社 2002 年版,第 462 页;最高人民法院民事审判第一庭:《民事诉讼证据司法解释的理解与适用》,中国法制出版社 2002 年版,第 351 页。

② 参见常怡主编:《民事诉讼法学》(修订版),中国政法大学出版社 2005 年版,第 218 页;田平安、陈彬主编:《民事诉讼法学》,法律出版社 2010 年第 2 版,第 210 页;何家弘、刘品新:《证据法学》,法律出版社 2013 年第 5 版,第 336 页。

(二)我国《民诉法解释》第一百零九条确立“高度可能性”证明标准的原因

理论上讲,“高度可能性”证明标准就是“高度盖然性”。该项证明标准在我国的提出,具有多种原因。

首先,证明手段的进步和发展。例如,统计学知识的运用、鉴定手段的运用等,在一定程度上保障了“高度可能性”证明标准的实现。

其次,证据评价过程的进步与发展。例如,在互联网时代以及概率统计学与决策过程理论的适用,证据的事后评价和验证的尝试,诉讼程序的手续不断进步,当事者和法院判所认定事实的认识过程容易实现共享,诉讼代理人提出重要的主张和证明活动的实效性不断增强。

再次,裁判文书公开与说理制度的不断完善。以前,我国民事裁判文书中对于事实认定部分存在“一句话主义”,只表明证据采信的结论,缺乏具体的分析和论证,当事人难以信服事实认定的结论。为此,我国现行法及配套制度设置了裁判文书依法公开和说理制度,要求法官将心证判断的过程及理由必须阐述于判决书中,即公开案件的事实认定和法律适用的理由。裁判理由公开是司法权合理化的重要指标,既有利于防止法官滥用自由心证,也有利于法官所认定的“高度可能性”能够看得见。

最后,在认识论上,对于人的主观能动性对客观事实的认识能力总体上持乐观态度。

(三)《民诉法解释》第一百零九条确立的“排除合理怀疑”标准

出于建立多层次民事诉讼证明标准体系、与民事实体法相衔接等目标,最高人民法院将欺诈、胁迫、恶意串通、口头遗嘱、赠予等特殊事实的证明标准从“高度盖然性”提高到“排除合理怀疑”①。由此,我国司法出现了民刑证明标准的“混搭”(而且是“英美法”与“大陆法”混搭)的现象。值得注意的是,提高证明标准是否会加剧受害人的证明困难?是否会产生对欺诈、胁迫、恶意串通等不法行为的放纵?

其一,高度盖然性与排除合理怀疑在高低层次上异常接近,而且原本分属民事诉讼与刑事诉讼两个领域,要求民事法官使用刑事法官常规运用的排除合理怀疑标准,并与作为最高民事证明标准的高度盖然性形成有效区分,存在操作困难,尤

---

① 参见沈德咏主编:《最高人民法院民事诉讼法司法解释理解与适用》(上),人民法院出版社2015年版,第360页;江必新主编:《新民诉法解释法义精要与实务指引》(上),法律出版社2015年版,第230页。

其是在很多法官运用证明标准凭感觉、经验以及判决书论证不足的背景下。①

其二，实践中存在超出《民诉法解释》第一百零九条适用范围的问题，导致排除合理怀疑标准适用扩大化。第一百零九条原本就属于极端例外，其突破应当于法有据。

其三，排除合理怀疑标准在民事司法实践中的适用仍然缺乏足够的共识。

第四节 行政诉讼证明标准

一、行政诉讼证明标准概述

行政诉讼证明标准是法官在行政诉讼过程中，判断当事人举证责任完全与否以及判断证据的质和量达到何种程度才可以得出指控事实存在与否的结论的一种规则。行政诉讼证明标准具有自己的特性，我国学术界主流观点认为，行政诉讼证明标准具有中间性，低于刑事诉讼而高于民事诉讼证明标准，并且取决于具体判决种类。

我国《行政诉讼法》所规定的证明标准直接来源于《民事诉讼法》的规定。在制定和修改行政诉讼法过程中，立法者把注意力更多地放在了《行政诉讼法》与《民事诉讼法》的差异方面，而行政诉讼的一般性规则，是可以适用《民事诉讼法》的规定。但在证明标准问题上，行政诉讼制度本身的一些制度性特点已经决定了行政诉讼不可能和民事诉讼适用完全一致的证明标准。

首先，行政诉讼中具有证明主体确定性的特点。证明主体确定也即承担证明责任的主体确定。与民事诉讼中各方当事人都可能会承担证明责任不同，在行政诉讼中只有做出具体行政行为的行政机关才能成为证明责任主体。

其次，行政诉讼的目的不同于民事诉讼。民事诉讼的目的在于解决民事纠纷，保护当事人的合法权益。行政诉讼的目的可以分为两个层次：一是保护公民、法人和其他组织的合法权益。这一点是三大诉讼法共同的目的，不过在各个诉讼中有不同的体现方式。在行政诉讼中的体现就是由于公民、法人和其他组织在行政管理关系中处于一种较弱的位置，所以力图通过给予当事人在行政诉讼中超平等的地位来弥补原来的不平衡。二是监督行政机关依法行政。这一目的是行政诉讼独有的。证明标准的高低也就是对于行政行为监督的严格与否，一个国家正是通过司法审查的监督严格与否衡量其民众抵抗公权力能力的关键因素。

---

① 参见成都市中级人民法院课题组：《〈关于民事诉讼证据的若干规定〉执行情况的调研报告》，载李浩：《民事证据规定：原理与适用》，北京大学出版社 2015 年版，第 349 页。

最后,行政行为类型的多样化。行政机关行使职权的方式是多样的,各类行为的性质也是不同的。因此有必要依据根据各类行政行为性质研究证明标准的确立问题。对于大多数行为可以适用较高的证明标准,但是在某些公权力相对较淡,行政相对人自治程度较强的一些领域,则可以使用适用较低的证明标准。

二、我国行政诉讼证明标准的现状

我国《行政诉讼法》第八十九条规定:"人民法院审理上诉案件,按照下列情形,分别处理:(一)原判决认定事实清楚,适用法律、法规正确的,判决或者裁定驳回上诉,维持原判决、裁定;(二)原判决、裁定认定事实错误或者适用法律、法规错误的,依法改判、撤销或者变更;(三)原判决认定基本事实不清、证据不足的,发回原审人民法院重审,或者查清事实后改判;(四)原判决遗漏当事人或者违法缺席判决等严重违反法定程序的,裁定撤销原判,发回原审人民法院重审。"可见,与刑事诉讼、民事诉讼中一样,我国在行政诉讼中也实行了"案件事实清楚、证据充分"的证明标准。对此,我国理论界和实务界对三大诉讼一元化的证明标准均进行了有益的探讨和反思,指出这种证明标准存在缺陷。

一是三大诉讼审理对象不同,混淆了不同诉讼在客观上存在的实质差异。

二是这种标准要求与真实的案件事实完全一致的目标,迫使审判人员不得不花费大量的时间去调查取证,导致审判效率低下,浪费有限的司法资源。

三是当现有证据不足以证明案件事实,审判人员受该标准限制很容易在调查取证和审核认定证据过程中先入为主,导致裁判不公正。

鉴此,理论界和实务界纷纷提出行政诉讼证明标准问题的解决方案,其中有一点基本形成共识,即主张行政诉讼证明标准应当是一个多元化的体系。

三、我国行政诉讼证明标准的调整建议

基于以上分析,根据行政行为的种类、行政案件的性质及对于当事人权益影响的大小等因素的衡量,行政诉讼中的证明标准应当分类处理。[①]

(一)占优势证明标准

这种证明标准主要适用于行政效率要求相对较高的案件。例如,对行政机关适用简易程序做出具体行政行为的案件、涉及预测性事实的行政案件、行政裁决案件及行政机关采取临时保全措施的案件等。在进行判定的时候,法官不能把证据的优势建立在数量追求之上,而应当根据所有证据中更有分量的证据进行认定。

---

① 梁凤云、武楠:《关于行政诉讼证据证明标准的几个问题》,《法律适用》2002年第8期。

通过对行政案件的性质、案件的情节、对双方当事人的影响、社会影响等因素加以综合判断,进行合理的推定,做出适当的裁判。

(二)较低程度的高度盖然性证明标准

这种标准一般适用于涉及财产或者人身权的行政裁决案件。在行政诉讼中使用此标准的主要原因在于行政裁决行为具有公权力色彩,是行政机关对于社会事务的管理,又有私权的成分。与其他行政行为相比,其更多地渗透了当事人的意思自治的因素。所以在诉讼中所采用的证明标准更加类似和接近民事诉讼。但是行政诉讼中的证明活动毕竟不同于民事诉讼中的证明活动,为了有效监督行政行为的有效行使,其证明标准在同等条件下要高于民事诉讼的证明标准。所以应当适用高度盖然性证明标准,但是证明度可以降低。

(三)高度盖然性证明标准

在行政诉讼中适用高度盖然性证明标准,理由在于行政行为本身一个多层次、多角度的行政手段,既包括具有一般行政行为特点的行政处理行为,也包括接近于民事行为的双方合意行为如行政合同。甚至还包括一些类似于刑事制裁、远比刑罚中的罚金、管制和拘役都更为严厉的行政行为。再者如其他一些限制人身自由的行政处罚或者强制措施,责令停产停业和吊销证照等行政行为也会给公民带来远比其他行政行为更加严重的影响。因而,在行政诉讼中对于上述行为应当采用高度盖然性证明标准。我们判决一个案件行政行为是否是能够适用高度盖然性的证明标准,主要的指标是该行为对于行政相对人的人身或者财产权是否有重大影响。当然,有人会说这种指标存在着模糊性,因为任何行政行为都是行政主体对于行政相对人的人身和财产所进行的管理措施,对他们都会产生影响。为了避免这种误解的产生,我们需对于这个指标进一步明确:

首先,必须是对行政相对人的人身和财产权益有影响。如果是对于教育权、劳动权和政治权利有影响,则不在此范围之内。

其次,行政行为必须对于行政相对人的人身和财产权利有重大影响。这种重大影响的权益接近于刑事诉讼法中所保护的公民权益,所以利用刑事诉讼中的证明标准在行政诉讼中进行保护。

综合案例

居住在甲市A区的王某驾车以60公里时速在甲市B区行驶,突遇居住在甲市C区的刘某骑自行车横穿马路,王某紧急刹车,刘某在车前倒地受伤。刘某被送往甲市B区医院治疗,疗效一般,留有一定后遗症。之后,双方就王某开车是否撞倒刘某,以及相关赔偿事宜发生争执,无法达成协议。

刘某诉至法院,主张自己被王某开车撞伤,要求赔偿。刘某提交的证据包括:

甲市B区交警大队的交通事故处理认定书(该认定书没有对刘某倒地受伤是否为王某开车所致做出认定)、医院的诊断书(复印件)、处方(复印件)、药费和住院费的发票等。王某提交了自己在事故现场用数码摄像机拍摄的车与刘某倒地后状态的视频资料。图像显示,刘某倒地位置与王某车距离1米左右。王某以该证据证明其车没有撞倒刘某。一审中,双方争执焦点为:刘某倒地受伤是否为王某驾车撞倒所致;刘某所留后遗症是否因医疗措施不当所致。

法院审理后,无法确定王某的车是否撞倒刘某。一审法院认为,王某的车是否撞倒刘某无法确定,但即使王某的车没有撞倒刘某,由于王某车型较大、车速较快、刹车突然、刹车声音刺耳等原因,足以使刘某受到惊吓而从自行车上摔倒受伤,因此,王某应当对刘某受伤承担相应责任。同时,刘某因违反交通规则,对其受伤也应当承担相应责任。据此,法院判决:王某对刘某的经济损失承担50%的赔偿责任。关于刘某受伤后留下后遗症问题,一审法院没有做出说明。

王某不服一审判决,提起上诉,二审法院审理后认为,综合各种证据,认定王某的车撞倒刘某,致其受伤。同时,二审法院认为,一审法院关于双方当事人就事故的经济责任分担符合法律原则和规定。故此,二审法院驳回王某上诉,维持原判。

(2012年试卷四第5题,本题20分)

问题:

1. 本案所列当事人提供的证据,属于法律规定中的哪种证据?属于理论上的哪类证据?

2. 根据民事诉讼法学(包括证据法学)相关原理,一审法院判决是否存在问题?为什么?

3. 根据《民事诉讼法》有关规定,二审法院判决是否存在问题?为什么?

本章小结

证明标准是指对诉讼中的待证事实等案件事实所必须达到的程度或者要求。证明标准有利于实现实体公正和程序公正,也可以切实有效地保障诉讼参与人的权利,提高诉讼效益。长期以来,客观真实的证明标准一直在我国传统的诉讼理论中占据主导地位,客观真实的证明标准要求裁判者在做出判决时必须做到事实清楚、证据确实、充分,同时,我国一直实行的是一元制的证明标准,即三大诉讼法规定的证明标准均是要求证据充分、确实。多数学者认为客观真实违背了诉讼活动的客观规律,是试图将诉讼活动这一种特殊的认识活动等同于有生活检验原型的认识活动;客观真实的证明标准过于夸大了人类认识能力;客观真实的证明标准不具有可操作性等。学者主张用法律真实的证明标准来取代客观真实的证明标准,即并不要求裁判者在做出裁判时完全查清案件的一切情况,只要现有的证据符合立法上的规定,法官就可以据此做出裁判。持法律真实观的学者并不否定客观真实的意义,法律真实是建立在客观真实的基础之上,客观真实虽然是最终目的法律真实是手段,法律真实是一种可操作性的标准。就具体证明标准而言,刑事诉讼的证明标准可规定为排除一切合理怀疑;民事诉讼的证明标准可规定为占优势的盖然性;行政诉讼的证明标准则按照案件性质的不同,而做不同性质的划分。

相关知识链接

1. 何家弘、刘品新:《证据法学》,法律出版社 2013 年第五版。
2. 陈光中主编:《证据法学》,法律出版社 2015 年第三版。
3. 吴泽勇:《中国法上的民事诉讼证明标准》,《清华法学》2013 年第 1 期。
4. 姚显森:《论证据不足无罪判决的特殊救济》,《法商研究》2015 年第 4 期。

思考与分析

1. 简述证明标准的概念及意义。
2. 简述我国三大诉讼法对证明标准的立法规定以及学界的建议。
3. 试述英美法系国家诉讼中的证明标准。
4. 试述大陆法系国家诉讼中的证明标准。

第十五章

推定和司法认知

知识结构图

- 推定
  - 推定的概念
  - 推定的分类
  - 推定在诉讼中的意义
  - 推定的适用规则
  - 无罪推定
- 司法认知
  - 司法认知的概念和特征
  - 司法认知的功能
  - 司法认知的效力
  - 司法认知的范围
  - 司法认知的程序

本章导读

推定和司法认知均是证据法中的基本问题。推定和司法认知降低了当事人举证难度和要求,有利于法院进一步查清案件事实,更好地保护当事人的合法权益。学习推定,首先应熟悉推定的概念。其次要能够掌握推定的分类及各自的适用规则、推定的意义等。最后要掌握无罪推定的含义、意义及在我国刑事诉讼法中的体现。学习司法认知,首先应掌握司法认知的概念和特征。其次要掌握司法认知的功能是什么,司法认知对当事人及法院有何效力,哪些事项属于司法认知的范围以及司法认知的程序等。

司考重点

基本要求：

了解：推定的意义、司法认知的功能。

理解：推定的分类、司法认知的效力、司法认知的程序。

熟悉并能够运用：推定的概念和适用规则、无罪推定、司法认知的概念和适用范围。

考试内容：

推定的概念（区分推定与假定、推定与推理、推定与法律拟制、推定与举证责任倒置），推定的分类（法律推定与事实推定），推定的意义，推定的适用规则（法律推定的适用规则、事实推定的适用规则），无罪推定（无罪推定的概念、意义及在我国刑事诉讼法中的体现）。

司法认知的概念和特征（司法认知的概念、特征），司法认知的功能，司法认知的效力（对当事人的效力、对法院的效力），司法认知的范围（自然规律及定理、定律，众所周知的事实，已为法院、仲裁机构生效裁判、仲裁裁决所确认的事实，经公证证明的事实），司法认知的程序（法官依职权主动认知或接受申请，告知当事人，指示或告诉，上级法院的认知，认知界限的辨别，裁判前的反驳）。

导入案例

案例一：2013 年 1 月 23 日原告杨某某到被告杨某甲承包的工地上打工，同月 25 日从工地楼上摔下受伤。被告电话联系急救车辆将原告送入医院，并在联系人处留下自己电话。原告住院治疗 100 余天，其间被告为原告垫付医疗费 3.5 万元。后因医疗费用问题，双方发生纠纷而诉至法院，被告否认原告在其工地打工。法院根据上述案件事实和经验法则，推定原、被告之间存在劳务关系。

案例来源：河南省郑州市管城回族区人民法院（2013）管民初字第 2142 号民事判决书。

案例二：2009 年 3 月 21 日，原告杜某进入某公园锻炼身体，被该公园内设立的特装门头砸伤。杜某由此诉至法院，要求某公司、某公园、某公园管理处赔偿其相应的损失。生效判决书认定某公司承担全部的赔偿责任，并判决某公司赔偿杜某各项损失。此后，杜某因伤残需要支付后续治疗费，两次诉至法院，法院均判决支持了其医疗费、护理、营养费等请求。2013 年 6 月 18 日至 2013 年 12 月 24 日，杜某支付医药费 28938 元，并于 2014 年 1 月再次诉至法院要求支付。法院认为根据生效判决已经认定某公司对于杜某伤残负有赔偿责任，现杜某后续治疗期间发生的医药费应由某公司承担，故判决予以支持。

案例来源：北京市第二中级人民法院(2014)二中民终字第11682号民事判决书。

问题：

原告杨某某所举证据能否证明与杨某甲之间存在劳务关系？

法院所作推定是否有法律依据？

生效判决认定的事实对原告杜某之后的诉讼有何影响？

第一节　推　定

一、推定的概念

推定是指由法律规定或者由法院按照经验法则从已知的前提事实(基础事实)推断出未知的结果事实(推定事实)的存在，并允许当事人提出反证推翻的一种证据法则。推定反映的是已知事实与未知事实、基础事实与推定事实之间的关系，推定的发生必须依据法律规定或经验法则，推定的救济方法是可以提出反证，证明推定事实不真实。

证据法学意义上的推定，和假定、推理、法律拟制、举证责任倒置等概念有相似之处，但又有区别。

1. 推定与假定

假定是对过去没有，现在也不存在的某种事实进行猜测的一种思维形式。假定是没有任何前提条件的假设，不具有任何法律效力。而推定则是认定案件事实的特殊方法，一旦被采用后即产生一定的法律效果。推定必须有反证证明其伪，而假定必须有证据证明其真。可见推定与假定是有本质区别的。

2. 推定和推理

推理是指由一个或几个已知的判断(前提)，推导出一个未知的结论的思维过程。司法实践活动中最常见的思维活动就是推理，案件事实的认定离不开推理。推定与推理有密切的联系，由于推定是一种证据规则，因此推定的使用也要以推理为基础。但推理的目的侧重于发现案件的真相，单纯凭借推理无法认定案件事实，推理充其量是为案件事实的发现提供了一个“可能性”。推定是一种认证方式，依据推定得出的事实结论如无相反证据推翻，可以最终定案。

3. 推定和法律拟制

法律拟制是指法律中用“视为”二字，将甲事实看作乙事实，使甲事实产生与乙事实相同的法律效果。如共有人对共有的不动产或者动产没有约定为按份共有或者共同共有，或者约定不明确的，除共有人具有家庭关系等外，视为按份共有(《物权法》第一百零三条)；附条件的合同，当事人为自己的利益不正当地阻止条件成就的，视为条件已成就；不正当地促成条件成就的，视为条件不成就(《合同法》第四十五条)。法律拟制的特点就在于将原本不同的行为适用相同的法律效果，从而指示法律适用者，即使两种行为不完全相同，也必须依照法律的相关规定做出相同的处理。

法律拟制和推定在形式上极为相似，都涉及甲、乙两项事实，并且只要甲事实存在，根据法律规定就会产生和乙事实相同的效果。但推定和法律拟制是两个不同的法律概念，二者是存在区别的：

(1)性质不同。法律拟制是立法上的一种文字表述技巧，将甲事实视为乙事实，是立法者为了避免法律条文的重复而采用的一种表达方式，它并非是由甲事实的存在而推论出与之相关的乙事实的存在。推定具有推论的性质，而法律拟制则无推论的性质。

(2)能否用反证推翻不同。法律拟制的目的是使甲事实产生和乙事实相同的法律后果，所以在甲事实的存在得到证明之后，就不允许用反证来推翻乙事实。但推定仅仅是法律上的假定，只有在缺乏相反的证据的情况下，推定的事实才会被认定，所以可以用证据来推翻。

(3)对证明责任的影响不同。拟制不具有转换证明责任的作用，而推定则具有转换证明责任的作用。

4. 推定和举证责任倒置

法律推定可以表现为诉讼上的举证责任倒置。但推定与举证责任倒置不同：从形式上看，前者为证明责任的实体分配，为实体法所规范；后者是证明责任的程序分配，为诉讼法所规范，并且在出现时间上后者在先。从实质上看，推定不同于举证责任倒置之处主要在于实体法上的推定往往是可以推翻的，只要当事人提出相反的证据就可加以驳倒；举证责任倒置系一种程序法上的技巧，它大大改变了实体法上的举证责任分配，并且使诉讼程序的价值取向发生逆转。

二、推定的分类

(一)法律推定

法律推定是由法律明文规定的推定，具体是指，当某法律规定(A)的要件事实(甲)有待证明时，立法者为避免举证困难或举证不能的现象发生，乃明文规定只需不易证明的其他事实(乙)获得证明时，如无相反的证明(即甲事实不存在)，则认为甲事实因其他法律规范(B)的规定而获得证明[①]。法律推定的本质在于,通过证明前提事实的存在,来使某法律效果的要件事实之一,即推定事实获得证明。

以是否需要前提事实为标准,法律推定又可以分为直接推定和推论推定。

(1)直接推定。当法律不依赖于任何前提事实就假定某一事实存在时,这种推定即为直接推定。这种推定的典型的例子是刑法中的"无罪推定"和民法中的"过错推定"。直接推定不依赖于任何基础事实,法院在适用该推定时不要求因推定而处于有利地位的一方当事人证明任何事实,其作用在于确定推定事实不存在的举证责任由何方当事人承担。因此,直接推定在本质上并非根据一事实和另一事实之间的逻辑关系做出的结论,而是以推定形式表现出来的确定举证责任由谁负担的实体法规范。

(2)推论推定。它是指依据法律从已知的事实推论未知事实、从前提事实推论推定事实的结果。推论推定是法律推定中最典型和最标准的推定形式。大陆法系学者称其为"真正的法律上的推定"。这种推定广泛存在于世界各国的民事法律中,例如:自然人失踪达到一定的期限而被推定为死亡的"死亡推定";婚姻关系存续期间所生之子女,推定为婚生子女的"婚生之推定";占有私产,别无证据足以说明其性质的,为其所有之初步表面之证明的"私产占有之推定"。适用推论推定,可以减轻主张推定事实的一方当事人的举证责任,并且会产生举证责任转移的结果。

(二)事实推定

事实推定,又称裁判上的推定或诉讼上的推定,是与法律上的推定相对而言的,是指法律规定法院有权依据已知事实,根据经验法则进行逻辑上的演绎,从而得出待证事实是否存在及其真伪的结论。简言之,事实推定就是指法律没有规定,但在司法实践中习惯上运用的推定。如在诉讼中,当事人持有某个证据而拒不向法庭提供这一事实,可以推断此证据于其不利。

法律推定区别于事实推定的显著标准,就在于有无法律规定。事实推定可因其被法律规定于条文中而上升为法律推定。在适用上,凡法律推定法院必须予以适用,而事实推定则可由法院斟酌是否适用。

三、推定在诉讼中的意义

推定作为一项重要的证据法则之一,自古至今,历经 2000 多年的历史变迁,经久不衰,并日臻完善,有其必然的原因。设定推定规则的意义如下:

(1)从当事人的角度看,推定有利于减轻当事人的举证负担,符合公平合理的

---

① 参见江伟主编:《证据法学》,法律出版社 1999 年版,第 131 页。

原则。当争议事实的有关证据材料完全处于一方当事人的支配和控制之下，由掌握这些证据材料的当事人而不是由无法取得或接触证据材料的对方当事人负举证责任，符合公平合理的原则。出于公正合理地分配举证责任的考虑，立法者可以通过推定将举证责任倒置，由掌握证据材料、有条件证明的一方负担举证责任。

（2）从推定的结果来看，它往往和事实的真相相符合，具有高度的盖然性优势。因此是接近案件真实事实的便捷的手段。推定的结果虽然没有使用证据证明准确度高，但是仍然可以达到大体准确的程度，即高度的盖然性的程度。因为推定的设立、出现，就是根据事物之间的规律性进行的，按照日常生活的经验，某一事实存在时，只要不存在例外的情况，即会合乎逻辑地引起另一事实的发生。正是事物之间的这种密切的联系才使立法者和司法者相信，通过推定来认定案件的事实几乎和运用证据证明的效果一样，而且，简化了证明的过程，提高了诉讼的效率。

（3）从社会稳定的角度来看，推定可以消除民事关系的不稳定状态，因此符合一般社会所期望的结果，有利于社会生活关系的安定。适用推定可以避免对推定的事实因为无法获得合法的证据而陷入窘境，避免引起民事关系的混乱。比如许多大陆法系国家的法律都规定，主张动产所有权的人实际占有了动产，那么，他就无须证明这些动产是怎样取得的，除非这些动产是由前所有人处偷来的或遗失的，而对方必须举证证明此占有人不是所有人。如果没有这种举证责任的推定，占有者与所有者之间的真正的关系可能就会产生混乱。

（4）推定可以缓解某些事实证明上的困难，提高诉讼的效率。在有些案件中，司法者要通过证据证明案件事实确实比较困难，但是，为了确定当事人之间的权利义务关系，又必须确定该案件事实，否则就无法适用法律，审结案件。在这种情况下，借助于推定，将举证的主体转换，让当事人提供证据证明另一较为容易证明的事实，从而使司法证明活动摆脱困境，同时也就有助于提高诉讼的效率。

（5）推定有助于实现诉讼经济的目的。在缺乏相反证据的情况下，法院可以根据已经查明的事实或显著的事实直接对另一事实做出认定，而不必再耗费时间进行证明，免去了当事人的举证活动和法院对证据的审查活动。推定大大简化了诉讼证明过程，因此推定可以使法院、当事人以较少的诉讼投入，获得较高的诉讼收益。

综上所述，推定自身具有许多的优越性，这就使其成为一项重要的在司法实践当中不可或缺的立法技术。

四、推定的适用规则

（一）法律推定的适用规则

（1）适用法律推定必须首先确认基础事实。法律推定是根据基础事实做出的推断，因此必须首先确认基础事实才能进行法律推定。基础事实的证明应由主张基础事实存在的当事人负责,除非该事实是众所周知的事实或法院审判上知悉的事实。如果当事人没有提供证据或提供的证据不能证明基础事实,法律推定就无从进行。基础事实一经得到证实,就可以根据法律的规定,假定推定事实存在。

(2)法律推定须以无反证推翻为条件。法律推定的事实是以基础事实为依据,根据法律规定而假定的事实,是可以用反证推翻的事实。主张推定事实不存在的当事人,既可以提出证据证明推定事实不存在,也可以举证证明基础事实不成立,从而排除法律推定的适用。对方当事人的反证证明,并不需要达到确定的推翻推定事实或基础事实的程度,只要使基础事实或推定事实的存在与否产生真伪不明的状态,就可有效地排除法律推定的适用。如果反证不能使基础事实或推定事实的存在与否产生真伪不明的状态,则无法排除法律推定的适用,推定事实就将得以确认。

(二)事实推定的适用规则

(1)必须无法直接证明待证事实的存在,因此只能借助间接事实推断待证事实。若能直接证明待证事实,则无须适用事实推定对其予以证明。

(2)前提事实必须已经得到法律上的确认。这是适用事实推定的前提条件。

(3)前提事实与待证事实之间具有必然的联系。这是事实推定的逻辑条件,也是关键的条件。

(4)事实推定应当允许对方当事人提出反证予以推翻。任何事实推定都是可以推翻的事实,对方当事人可以对前提事实提出反证,也可对推定事实提出反证,其提出的反证只有达到使反证对象处于真伪不明状态,即可使事实推定不能成立。

五、无罪推定

(一)无罪推定的概念

无罪推定是指刑事被告人在未经法院判决确定有罪之前,只能将其视为无罪的一项法律原则。即在审判机关未运用发生法律效力的判决或裁定确定被告人为有罪之前,都应当推定该被告人是无罪的。该原则的核心在于确定被追诉对象的地位和权利问题。在刑事诉讼领域,可以将无罪推定原则概括为以下的四个原则:

(1)只有法院并依照法定的诉讼程序,才能判定某人有罪。即刑事案件的定罪权归属于法院。

(2)证明犯罪的责任由控诉方承担,通常是由公安机关和检察机关承担,"个人"即贝卡利亚所说的"任何人"都没有证明自己无罪的义务。因为根据天赋人权的理论,人的基本权利是与生俱来的,是生来就无罪的,因此是无须证明的,国家要把他推向犯罪的地位,就必须提出有罪的证据,否则任何人的无罪的法律地位不变,就不能转化为罪犯。

(3)疑罪从无原则,证明被告人有罪的证据必须达到确实、充分的程度,即达到让法院确信某人有罪的程度,否则仍然不能使任何人成为罪犯。

(4)被告人享有沉默权。不能强迫任何人做出对自己不利的供述,亦即被告人享有的反对自我归罪的特权。在对被告人定罪之前,虽然实体法处于无罪的地位,但程序法上处于被国家追诉的地位。无罪推定原则的适用可以保证被告人获得一系列的对抗国家追诉权的诉讼特权和程序保障,纠正国家和个人之间的力量不均衡状态。

(二)无罪推定的意义

(1)无罪推定原则集中体现刑事诉讼中人权保护的思想。无罪推定使进入刑事诉讼的任何公民在受到刑事追诉的威胁时,也有一种法理和规则与之抗衡,从而可能保持自己的主体地位,保持人的尊严,维护正当合法的权利。这一原则确立的本质原因,就是在刑事立法的国家性和强制性面前,维护个人利益与一般社会利益的平衡。

虽然无罪推定原则的具体受益者主要是已经进入刑事程序,正在被追究的犯罪嫌疑人和被告人,但它同时也要求阻止政府随意决定开始刑事程序、无根据地决定采取程序外的措施侵犯公民的基本人权。因此,这一原则的确立不仅带动了整个刑事程序的法治化,而且对于提高公民在政治生活和社会生活中的地位,保护个人不受政治权力干预的"市民生活"的安定性,都具有十分重要的意义。在这个意义上说,无罪推定不仅是一项基本的诉讼原则,更是一项关系到每个公民切身利益的政治原则。

(2)有利于进一步明确检察机关、审判机关的职能,对检察官和法官提出了更高的要求,增强了司法机关办案的责任心和使命感。无罪推定原则要求在经独立公正的法院依法定程序审理并做出判决以前,对犯罪嫌疑人或被告人或任何其他人都必须视为无罪的人,政府如果要指控某个人有罪,必须以自己的"独立劳动"收集证据并依法承担证明责任,向法院证明其罪行达到排除无合理疑问的程度。这就要求检察官、法官必须具有良好的心理素质、政治素质和业务素质,转变执法观念,适应新的刑事诉讼模式。承担证明责任的公安机关和人民检察院要完成揭露犯罪、证实犯罪的任务,就必须提出确实充分的证据,否则其指控就难以成立,控诉犯罪的任务就难以完成,该原则的规定,无形中就增强了司法机关办案的责任心和使命感。

(3)有利于完善辩护制度,提高被告人的诉讼地位。被告人在诉讼中不是审问的对象,而是诉讼一方当事人。他同作为国家代表出席法庭的检察官是对等的当事人。如果考虑双方力量的实际不平等,仅在形式上保障他与检察官有同等的权利是不够的,必须使被告人在实质上具有与当事人对等的诉讼地位,主要是必须保障被告人享有基本的诉讼权利,如沉默权和辩护权,特别重要的是被告人有委托辩护人的权利,这可以使被告人增强辩护能力,反驳检察官的控诉主张。

(4)有利于完善刑事证据制度。司法实践中,有的司法人员以对犯罪事实“既不能完全肯定,又不能完全否定”为由,拒绝对证据不足的案件做无罪处理。这是错误的,因为不能肯定就应否定,否则就会重蹈专制主义诉讼“疑罪从有”的覆辙。新刑事诉讼法很好地解决了疑案处理的问题。

(5)有利于“以事实为依据,以法律为准绳”的原则的贯彻实施,体现了社会主义法制的民主原则。我国刑事诉讼法关于无罪推定原则合理因素的吸收和适用,无不是在强化证据的地位和作用,程序和证据的价值受重视。从刑事法律的立法和执法的法律观的转化和发展来看,在证据运用上价值的选择,必然从客观真实转化为法律真实。

(三)无罪推定原则在我国刑事诉讼法中的体现

(1)明确规定了未经法院依法判决,对任何人不得确定有罪的原则。《刑事诉讼法》第十二条规定:“未经人民法院依法判决,对任何人都不得确定有罪。”该条虽未使用无罪推定的表述,但已体现了无罪推定的精神。

(2)明确了控诉方的证明责任。《刑事诉讼法》第四十九条规定:“公诉案件中被告人有罪的举证责任由人民检察院承担,自诉案件中被告人有罪的举证责任由自诉人承担。”第五十条规定:“……严禁刑讯逼供和以威胁、引诱、欺骗以及其他非法方法收集证据,不得强迫任何人证实自己有罪……”这些规定明确将有罪的证明责任赋予控诉方,被告人不承担证明自己有罪或无罪的责任。

(3)确立了疑罪从无原则。《刑事诉讼法》第一百九十五条第三项规定:“证据不足,不能认定被告人有罪的,应当做出证据不足、指控的犯罪不能成立的无罪判决。”《最高人民法院关于适用〈中华人民共和国刑事诉讼法〉的解释》第二百四十一条第一款第四项规定:“证据不足,不能认定被告人有罪的,应当以证据不足、指控的犯罪不能成立,判决宣告被告人无罪。”可见,我国刑事诉讼法已经确立了疑罪从无的原则。

第二节　司法认知

一、司法认知的概念和特征

(一)司法认知的概念

“众所周知的事实,无须证明。”这是西方诉讼程序中的一句古老的格言。经过长期的历史发展,它已经演变成为现代的司法认知规则。

司法认知,也称审判上知悉或审判上认知,是指法官在审判过程中对案件事实的认知或者知悉。凡法律上规定属于司法认知的事实,法院将断定其存在,从而免去了当事人对此事实的举证责任。

(二)司法认知的特征

与免证事实、推定与自认等诉讼活动相比,司法认知具有如下特征:

(1)司法认知的主体限于法院。司法认知在性质上应属于法院的认证行为,是法院行使审判权的一种形式。作为审判机关,法院有权就公认公知或职务上知悉的事实直接予以认定。司法认知属于法院的职权,当事人可以申请法院对特定的案件事实采取司法认知,但没有自行采取司法认知的权利和资格。之所以如此,是因为司法认知具有直接的法律约束力,直接影响案件的处理结果。

(2)司法认知的客体是特定的事实。司法认知的客体是特定的事实,这些特定的事实是法律明确规定的,法律没有明确规定可以司法认知的事实,裁判者无权通过司法认知的方式予以认知;另外,司法认知的范围是有限的,诉讼中案件事实的认定,原则上应在当事人举证的基础上由法院依据证据确定,司法认知不需要当事人对认知的事实进行举证,其只能作为诉讼证明的例外,其范围是有限的。

(3)司法认知的结果可以反驳。司法认知之事实,在形式上具有证明力,但并非客观事实,可能会与客观事实产生背离。为保证法院能够正确认定案件事实,并防止法院滥用权力认定事实,应当允许当事人提出反证推翻认知的事实。

二、司法认知的功能

司法认知是法院在对案件的审理过程中,对某些事实直接认定为真实的一种事实认定方法。作为一项事实认定方法,它具有以下功能:

(1)有利于提高诉讼效率。在诉讼过程中,有的事实需要当事人举证和质辩,需要法院调查和审查判断;有的事实是明显的,若当事人不能提出合理的争议,法院就不需要做进一步的调查。如果允许当事人对明显的事实提出没有根据的反驳,就会拖延诉讼。通过司法认知,法院可以及时将已查明的证据事实或案件事实确定下来,避免不必要的重复调查和审查,避免当事人重复举证,及时消除无谓的争议,从而将有限时间和司法资源用于解决案件的争议之点,减少当事人的讼累,提高诉讼效率。

(2)司法认知是对当事人举证责任的一种功能性救济。司法认知的对象本身具有客观性,公知、公认性,不必经过举证和质辩环节便具有业已证明的效力。一旦法院采取司法认知直接认定某一个事实的真实性,承担举证责任的一方当事人无须举证。因此,司法认知能够影响举证责任的分配,对当事人的举证责任给予一种功能性救济。

三、司法认知的效力

司法认知的效力,是指司法认知对诉讼主体所产生的法律效果。司法认知主要产生如下法律效力:

1. 对当事人的效力

(1)免除当事人的举证责任。这是司法认知的首要效力。司法认知的事实,当事人无须举证,不论是待证的主要事实,或是用以证明主要事实的证据事实,均可因认知而免于举证。

(2)当事人的认知请求权。凡是法律规定必须认知的事项,当事人及其诉讼代理人可请求认知;如果当事人或其律师依法提出了认知的主张,则法院应当认知。即使当事人没有提出认知主张,法院也可以主动认知。

2. 对法院的效力

司法认知是法院采取的一种具有法律约束力的诉讼行为。法院一旦做出司法认知,应当受其约束。法院对司法认知的事实必须向当事人说明,且必须在司法认知前为当事人提供反驳的机会,秘密使用司法认知往往会引起当事人的不信任和猜测。

四、司法认知的范围

《最高人民法院关于适用〈中华人民共和国民事诉讼法〉的解释》第九十三条规定:“下列事实,当事人无须举证证明:(一)自然规律以及定理、定律;(二)众所周知的事实;(三)根据法律规定推定的事实;(四)根据已知的事实和日常生活经验法则推定出的另一事实;(五)已为人民法院发生法律效力的裁判所确认的事实;(六)已为仲裁机构生效裁决所确认的事实;(七)已为有效公证文书所证明的事实。”“前款第二项至第四项规定的事实,当事人有相反证据足以反驳的除外;第五项至第七项规定的事实,当事人有相反证据足以推翻的除外。”《最高人民法院关于行政诉讼证据若干问题的规定》第六十八条、七十条亦做了类似的规定。一般认为,上述规定的当事人可以免予证明的事实中,除了依法可以推定的事实外,其他几项都属于司法认知的范围。根据上述规定,结合国外相关立法规定,司法认知的范围包括以下几个方面:

(一)自然规律及定理、定律

自然规律,是指客观事物在特定的条件下所发生的本质联系和必然趋势的反映,是人们通常所感知的客观现象及周而复始地或频繁地出现的那些具有内在的必然联系的客观产物。例如,太阳东升西落、大海潮涨潮落等。定理,是指在科学上于特定条件下已被反复证明属发生一定变化过程的必然联系,因而被人们普遍采用为原则性或规律性的命题或公式。例如,勾股定理、阿基米德定律等。但在司法实践中,当事人主张的待证事实通常是按照自然规律及定理所确认或推定成立的案件事实,而不可能是"自然规律及定理"本身。在诉讼中,法官对自然规律及定理、定律的审查,必要时可以咨询相关领域的专家。

(二)众所周知的事实

众所周知的事实,一般指的是人们所共知的常识性事实,即在通常的社会条件下无须人们证明就可知晓的事实。在"众所周知"的界定上,各国在理解上或实务中有以下几种标准:一是普遍性说,即社会上的一般成员,其中包括法官,都应知悉的事实。二是相对性说,即本应为社会一般社会成员都能够知悉,但也不能排除其相对性。三是区域性说,即认为应限于一定范围内的一般人所知悉①。一般认为,普遍性说过于宽泛,在审判实践中实际上没有确切的标准可供沿循,可操作性相对较弱。在没有限制的范围内为人们所普遍知悉,有时这种标准可能会显得过高,实际上有些事实如天体运行、四季更替等属世界范围内人所共知的事实,而有些事实如自然灾害、重大事件或某一地区的自然概况、交通状况等为人们所知悉的范围很可能局限于某一国家或某一区域。就三种标准而言,区域性说,即以审判法院管辖的区域为"众所周知"的范围标准是较为科学,较为实际的界定标准。

(三)已为法院、仲裁机构的生效裁判、仲裁裁决所确认的事实

已为法院、仲裁机构的生效裁判、仲裁裁决所确认的事实,也称预决的事实。该事实之所以能成为司法认知的,一方面是因为该事实在其他诉讼中已为法院查明,另一方面是为了防止法院在裁判中对同一事实做出截然相反的认定。但在审判实践中,对已经发生法律效力的法院裁判所确认的事实作为一种免证事实对待,应当是有条件的,而并非无条件。不能说,所有已发生法律效力的法院裁判所确认的事实在其他案件所涉及的诉讼中都能够想当然地作为免证事实,或者说,为刑事裁判所确认的事实,想当然地在与此相关的民事案件中属于免证事实。

仲裁是一种解决合同纠纷及其他财产权益纠纷的重要方式,仲裁机构的生效裁决所确认的事实作为免证事实,对有关诉讼中的待证事实具有预决的效力,借此可以免除有关当事人的举证责任。当然,在审判实践中,同已为生效的法院裁判所确认的事实具有免证事实的预决性一样,已为仲裁机构的生效裁决所确认的事实在与之相关的诉讼中,能否实际成为免证事实以及在多大程度上作为免证事实,应当由审判法官根据案件的实情决定。

(四)经公证证明的事实

公证行为属于国家准司法行为,公证机关对事实的确认,是依据法定程序,经

---

① 毕玉谦:《试论民事诉讼中的司法认知》,《中外法学》1999 年第 1 期。

过严格的审查后做出的,一般具有真实性。因此,公证书一经做出即具有法律效力。这种效力表现在三个方面:一是证据效力或证明效力;二是强制执行的效力;三是形成法律事实的效力。我国《民事诉讼法》第六十九条规定:“经过法定程序公证证明的法律事实和文书,人民法院应当作为认定事实的根据,但有相反证据足以推翻公证证明的除外。”在诉讼中,当事人提出公证文书证明其所主张的事实的,人民法院不必对公证文书进行审查,也不必要求当事人提供其他证据,只要对方当事人未提出足以推翻公证证明的相反证据,人民法院可以直接对公证证明的事实予以认定。

五、司法认知的程序

关于司法认知的程序,我国三大诉讼法和相关司法解释均没有规定,参照国外相关规定,司法认知大致应当遵循以下程序:

(一)法官依职权主动认知或者接受申请

法院在诉讼的任何阶段都可以采用司法认知。司法认知可免除当事人的举证责任,当事人如想免除举证责任,必须通过法院自动认知或向法院申请认知两种途径。法院对于法律、众所周知的事实及审判上应当知悉的事实,如国家权力机关的议案、政府机关的行政法规或规章,其他无可争辩的众所周知的事实,不待当事人申请,必须自动予以认知;当事人如就法院可以认知的事项,想免除自己的举证责任,必须向法院提出申请,并提供充分的资料,若法院已经给予对方当事人以反驳、辩论的机会,则法院必须认知。如果法官确信该事项不属于认知的范围,则可以拒绝认知。

(二)告知当事人

如果法官要认知某一事项时,尤其是自动认知,应立即告知当事人及其诉讼代理人,使其获知,提供并使其获得有关知识的机会。例如告知有关认知事项的适当性及所认知的内容。法官可以咨询并利用一切有关资料,至于这些资料是否应当为当事人所提供,或者由对方当事人所提供在所不问。提供资料,除可以正当地主张拒绝权之外,不适用排除规则。如果依据资料不能确定属于认知的范围时,则不予认知。

(三)指示或告诉

在陪审团参加审理的案件中,法官应当指示陪审团将业经认知的事实作为结论性事实加以采纳。在没有陪审团参加审理的案件中,法官应在记录中载明该事实是援用司法认知原则确定的。法官这样做的原因是该事项在审判地已经属于认知的范围,但上诉法院审判了不一定被认可。实践中关于法院认知的事项,经常出现记录中没有明确记载,以致引起不必要的争议的情况。

(四)上级法院的认知

法院未为认知或拒绝认知的事项,在以后的诉讼程序中或者上诉程序中,如认为该事项属于无可争辩的,仍然可以认知。在认知之前,仍应告诉当事人,给予其提供有关知识的机会。如果由于下级法院对于认知的裁定有误而发生争执,当事人可以在上诉中适当地提出有关请求。所有在下级法院中提出的有关资料,均可在上诉中运用。下级法院的认知或者拒绝认知,均应记载明确,以供上级法院审查。上级法院不但可以重新考虑有关资料,还可以考虑新增加的资料。①

(五)认知界限的辨别

在认知之前,应当告诉当事人提供有关资料。当事人若提供这些资料,虽然不是正式的证明,但可以使法院认为该事项尚未明确,或者并非如预想的真实,而不属于正当认知的范围。这属于认知的调查程序。在对法院已决定认知而为告诉或指示后,其所为认知的界限,仍须做严格的辨别。

(六)裁判前的反驳

通常来说,法院为可予认知的行为,必须在审判前将该事实告知当事人,给予其反驳该事实的机会。但实践中此项程序往往容易被忽略,即法官经常直接以所认知的事实,作为裁判的基础。这应当作为该裁判的法律上的瑕疵,可以提起上诉。当事人上诉时,应向上诉法院提供有关联性的信息,因为不论审理还是上诉,都应提出一切有关联性的资料。此外,由于要宣布该事实,令当事人进行辩论,则关于此种辩论的情形,应载于辩论笔录。在辩论时,可由当事人提供适当的知识。如可争执,自可提供相反的知识。如果因此认为属于可以争执的事实,便摆脱认知的事项,转入举证责任分配的范围。如系众所周知而无可争执的事实,各审级做出同样的认知,均不容有所争执,则可不因程序问题而发生影响。而且在下级法院如未认知,上级法院仍可以认知。反之,下级法院如就非属于认知的事项予以认知,上级法院仍可依证据定之。②

综合案例

原审法院审理查明,2010 年 11 月 1 日,苍某甲为其所有的苏 CP××××牵引车、苏 CP11××挂车向丙保险公司投保了交强险及商业险,其中商业第三者责任险保险金额分别为 30 万元、5 万元,保险期限均自 2010 年 11 月 2 日零时起至 2011 年 11 月 1 日 24 时止。2011 年 2 月 13 日 5 时许,苍某乙驾驶苏 CP××××、苏 CP11××

① 叶自强著:《民事证据研究》,法律出版社 2002 年版,第 43—44 页。

② 同上注,第 44—45 页。

重型半挂牵引车沿苏249线由西向东行驶，与沿A市B区C大道由南往北行驶的李某某驾驶的苏N××E××号正三轮载货摩托车相撞，致李某某受伤（后经医院抢救无效于当日死亡）及车辆损坏。该事故经A市公安局B分局交通巡逻警察大队认定，驾驶员苍某乙在发生事故后驾车逃逸，负事故全部责任。死者李某某亲属吴某某等5人向A市B区人民法院起诉要求赔偿，经A市B区人民法院审理，丙保险公司在交强险范围内赔偿吴某某等5人222492.2元，苍某甲赔偿吴某某等5人28万元，并已赔偿完毕。因苍某甲向丙保险公司理赔未果，遂于2011年6月30日起诉该公司，请求判令丙保险公司支付理赔款28万元，丙保险公司提出苍某乙在发生交通事故后驾车逃逸，该情形属保险合同约定的免责事由，请求法院驳回苍某甲的诉讼请求。

另查明，2011年5月6日，A市B区人民法院做出（2011）某刑初字第0090号刑事判决，认定苍某乙犯交通肇事罪，判处有期徒刑一年三个月，缓刑二年。在该判决书中，公诉机关指控苍某乙为驾车离开现场。在苍某乙涉嫌交通肇事案刑事侦查卷宗公安机关对苍某乙的询问笔录中，苍某乙陈述其在从浙江至新沂途中，始终不知道自己驾驶的车辆发生交通事故。

原审法院审理后认为：对于交通肇事逃逸，最高人民法院在《关于审理交通肇事刑事案件具体应用法律若干问题的解释》中解释为“在发生交通事故后，为逃避法律追究而逃跑的行为”。根据该解释，交通肇事逃逸是指发生交通事故后，当事人为逃避法律追究，故意驾驶车辆或者遗弃车辆逃离交通事故现场的行为。

交通肇事逃逸行为是一个主客观相一致的行为，除客观上表现为行为人必须具有逃逸的外在行为方式外，同时主观上还必须具有逃逸的故意，即明知发生交通事故，为逃避法律追究而故意逃离现场，逃逸行为的心态只能是故意，如果仅仅具备离开现场的外部特征，而不存在逃逸的主观故意，则不能认定为逃逸。事故车辆驾驶员苍某乙在公安机关对其询问时，陈述其在从浙江至新沂途中，始终不知道其驾驶的车辆发生了交通事故。因此，苍某乙不具备逃逸的主观故意，因而不符合交通肇事逃逸的构成要件。且A市B区人民法院的（2011）某刑初字第0090号刑事判决中，公诉机关指控苍某乙为驾车离开现场而非驾车逃逸，故苍某乙不属交通肇事逃逸。A市公安局B分局交通巡逻警察大队的交通事故认定书认定苍某乙驾车逃逸，缺乏事实依据。苍某乙驾驶被保险车辆发生交通事故，造成李某某死亡，属丙保险公司的保险责任范围，丙保险公司应按保险合同约定支付保险金。苍某甲根据A市B区人民法院的民事调解书已向死者亲属赔偿28万元，该赔偿费用未超出法律规定的范围，且在商业第三者责任险的保险限额内，应予以支持。依照《中华人民共和国保险法》第十四条之规定，判决：丙保险公司于判决生效后十日内给付苍某甲保险金28万元。案件受理费5500元，由丙保险公司负担。

上诉人丙保险公司不服原审法院上述判决，提起上诉称：A市公安局B分局交通巡逻警察大队做出的交通事故认定书认定苍某乙属驾车逃逸，且苍某乙没有在规定的时间内提出异议,进一步证明公安机关做出的事故认定是客观真实的,应按照保险合同的约定免除上诉人赔偿责任。被上诉人苍某甲赔偿受害人28万元是为了取得受害人谅解,争取刑事上的从轻判决,其中包含超过法律规定的赔偿标准额外支付及不属于商业保险赔偿的精神损害抚慰金,上述款项均不应由上诉人承担。综上,原审判决认定事实不清,适用法律错误,请求二审法院撤销原判决,发回重审或依法改判。

被上诉人苍某甲答辩称:上诉人与被上诉人签订了机动车交强险和商业险合同,双方应按照合同约定履行各自义务。事故车辆驾驶员苍某乙在事故发生后驾车驶离现场,其对事故的发生并不知情,不属肇事逃逸。被上诉人赔偿受害人亲属的损失没有超出法律规定的范围。综上,原审判决认定事实清楚,适用法律正确,请求二审法院驳回上诉人的上诉请求,维持原判。

本案的争议焦点为:上诉人丙保险公司是否应对本次保险事故承担相应赔偿责任。

二审期间双方当事人均未提供新证据。法院依职权调取了苍某乙涉嫌交通肇事案刑事侦查卷宗中公安机关对苍某乙、苍某甲、姜某的询问笔录、A市公安局某分局交巡警大队道路交通事故现场勘察笔录及车辆技术检验报告、发破案经过、B区人民检察院起诉书、B区人民法院对被告人苍某乙的庭审笔录。上诉人丙保险公司质证后对上述证据的真实性、关联性、合法性没有异议,认为该组证据足以认定驾驶员苍某乙肇事逃逸的事实,并且具有逃逸的主观故意。被上诉人苍某甲对上述证据的真实性没有异议,认为驾驶员苍某乙对交通事故的发生并不知情,其驾车离开现场不是肇事逃逸。

二审查明的事实除与原审法院查明事实一致外,另查明:1. 事故发生时间为2011年2月13日凌晨5时许,事故发生地点在苏249线与A市B区C大道交叉路口处,现场有路灯照明,交通信号灯为黄灯闪烁。2. 车辆的撞击部位为苏N××E××正三轮摩托车正面与苍某乙驾驶的重型半挂车右前侧相撞。3. 两车相撞后均不同程度受损,其中苏N××E××正三轮摩托车受损严重,车辆破损,致无法路试检测其制动、灯光性能是否有效。4. 苍某甲在看完事故监控录像后,即向公安机关表示除非驾驶员打盹,否则应当知道(发生事故)。5. 驾驶员苍某乙在事故发生后维修车辆时,向修理人员陈述其是因为驾驶挂车在转弯时转陡了,撞到栏杆上,导致车辆剐坏。

二审法院认为:上诉人丙保险公司对本次保险事故不负赔偿责任。事故车辆驾驶员苍某乙在交通事故发生后不向公安机关报案,而是驾车离开现场,违反了《中华人民共和国道路交通安全法》的相关规定,其上述行为导致的直接后果为交通事故现场变动、证据灭失、公安机关无法查证交通事故的事实经过及当事人的责任。虽苍某乙辩称其对交通事故的发生并不知情,对肇事逃逸予以否认,但结合事故现场的相关情况及公安机关的调查取证,可以认定事故发生路段有路灯照明,视线良好,且有黄灯闪烁,苍某乙理应谨慎驾驶通过路口。本次事故中,李某某的车辆是正面与苍某乙驾驶的车辆右前侧相撞,撞击力度很大,车辆破损严重,在凌晨5时夜深人静的情况下,正如苍某甲在看完事故监控录像后所述,作为驾驶员的苍某乙不可能对事故发生时巨大的撞击力及声响毫无感知。因此,本院认为,A市公安局B分局交通巡逻警察大队依法做出的交通事故责任认定结论更为符合本次道路交通事故的实际情况,对该交通事故认定书本院予以采信。

被上诉人在庭审中辩称江苏省A市B区人民法院以交通肇事罪判处被告人苍某乙有期徒刑一年三个月,缓刑两年,而未以交通肇事后逃逸判处其三年以上有期徒刑,以此证明苍某乙驾车离开现场不构成肇事逃逸。本院认为,正是由于江苏省A市B区人民检察院的起诉书中仅是以苍某乙驾车离开现场、构成交通肇事为由向法院提起公诉,而非以苍某乙肇事逃逸起诉,致A市B区人民法院在该案刑事诉讼过程中仅对苍某乙是否构成交通肇事进行审查认定,因此,在A市B区人民法院(2011)某刑初字第0090号刑事判决没有直接认定苍某乙不构成肇事逃逸的情况下,不能依据该判决即当然排除苍某乙肇事逃逸的可能,故对被上诉人苍某甲该辩称意见,不予采信。

综上,苍某乙在交通肇事后逃逸,负本次交通事故的全部责任,上诉人丙保险公司按照保险合同免责条款的约定,对本次保险事故应不予理赔。原审判决认定事实不清,依法应予改判。依照《中华人民共和国合同法》第六十条、《中华人民共和国民事诉讼法》第一百五十三条第一款第(三)项之规定,判决撤销一审判决,驳回苍某甲的诉讼请求。

案例来源:江苏省徐州市中级人民法院(2012)徐商终字第0223号民事判决书。

问题:

生效刑事判决认定的案件事实对后面续的民事案件事实认定有无约束力?

如果人民法院在民事案件审理中发现刑事判决认定的案件事实有错误,一方当事人要求重新认定民事案件事实的,人民法院应当如何处理?

本章小结

推定是法院根据法律规定或者按照经验法则,从已知的前提事实(基础事实)推断出未知的结果事实(推定事实)的存在,并允许当事人提出反证推翻的一种证据法则。推定有法律推定与事实推定。推定有助于减轻当事人举证负担,缓解某些事实证明上的困难,实现诉讼经济等重要作用。要适用推定时需要特别注意,推定应当允许对方当事人提出反证予以推翻。另外,在刑事法律上有无罪推定,它是指刑事被告人在未经法院判决确定有罪之前,只能将其视为无罪的一项法律原则。即在审判机关未运用发生法律效力的判决或裁定确定被告人为有罪之前,都应当推定该被告人是无罪的。无罪推定在刑事诉讼中具有十分重要的意义。

司法认知是指法官在审判过程中对案件事实的认知或者知悉。司法认知有利于提高诉讼效率,是对当事人证明责任的一种功能性救济。自然规律及定理、定律,众所周知的事实,已为法院、仲裁机构的生效裁判、仲裁裁决所确认的事实,经公证证明的事实均属于司法认知的范围。司法认识需遵循一定的程序。

相关知识链接

1. [美]雷舍尔著:《推定和临时性认知实践》,王进喜译,中国法制出版社 2013 年版。

2. 周翠芳著:《司法认知论》,中国人民公安大学出版社 2008 年版。

思考与分析

1. 什么是推定? 推定的分类有哪些?
2. 法律推定和事实推定的适用规则分别是什么?
3. 无罪推定的概念和意义。
4. 司法认知的概念和特征。
5. 司法认知的效力。
6. 司法认知的范围有哪些?
7. 司法认知的程序是什么?

第十六章

诉讼证明的过程

知识结构图

- 举证
  - 收集证据
  - 证据保全
  - 举证时限
  - 证据交换

- 质证
  - 质证的概念
  - 质证的主体、客体和内容
  - 质证的程序和要求

- 证据的审查判断
  - 审查证据的概念和意义
  - 审查判断证据的内容
  - 审查判断证据的要求
  - 审查判断证据的具体要求

- 运用证据认定案情
  - 运用证据认定案情的概念和意义
  - 运用证据认定案情的基本原则
  - 运用证据认定案情的步骤和方法

本章导读

本章主要是对证据在审判中的运用知识的讲解，共分为举证、质证、证据的审查判断、运用证据认定案件事实四节。证据在审判中的运用基本规则和程序制度的实践性很强，也是每一个法律职业者应掌握的基本职业技能。学习本章内容首先要掌握举证、质证、证据的审查判断、运用证据认定案件事实及相关概念的含义。其次要掌握各自在诉讼过程中的作用、实施程序和实践要求。举证、质证体现的是当事人之间的攻防关系，证据的审查判断、运用证据认定案件事实体现的法院的职权行为。证据只有通过举证、质证程序，人民法院才能对其进行审查判断，并在此基础上对案件事实做出认定。

司考重点

基本要求：

了解：举证、质证、审查判断证据、运用证据认定案情及相关概念的含义。

理解：举证、质证、审查判断证据、运用证据认定案情的程序及要求。

熟悉并能够运用：根据当事人的举证、质证情况对证据进行审查判断，并在此基础上对案情做出认定。

考试内容：

举证

收集证据（收集证据的概念、特征、原则和要求），证据保全（证据保全的概念、种类、程序和方法），举证时限（举证时限的概念、我国民事诉讼法关于举证时限的规定），证据交换（证据交换的概念、我国民事诉讼法关于证据交换的规定）。

质证

质证的概念，质证的主体、客体和内容，质证的程序和要求。

证据的审查判断

审查判断证据的概念和意义（审查判断证据的概念、意义），审查判断证据的内容（证据的来源、证据的要素、证据与案件事实的关系），审查判断证据的要求（真实性要求、关联性要求、合法性要求），审查判断证据的具体要求。

运用证据认定案件事实

运用证据认定案件事实的概念和意义（运用证据认定案件事实的概念和特点、意义），运用证据认定案件事实的基本原则（证据确实和达到一定量的原则、事实清楚和完整的原则、认定公开和合法的原则、结论唯一和排他的原则、符合逻辑规则的原则），运用证据认定案件事实的步骤和方法。

导入案例

周某半夜驾车出游时发生交通事故致行人鲁某重伤残疾，检察院以交通肇事罪起诉周某。法院开庭,公诉人和辩护人就案件事实和证据进行质证,就法的适用展开辩论。法庭经过庭审查实,交通事故致鲁某重伤残疾并非周某行为引起,宣判其无罪释放。

(司法考试2009年真题)

问题:

当事人在法庭审理过程中应当如何举证、质证?

法院如何对证据进行审查判断?

如何依据证据对案件事实进行认定?

第一节　举　证

一、收集证据

(一)收集证据的概念和特征

收集证据是指特定的国家专门机关、律师、自然人、法人或者其他组织,为了证明自己的诉讼主张或查明特定的案件事实,通过一定的行为,运用法律许可的方法和手段,发现、提取、保管证据的活动。证据的收集活动有以下多种特征:

(1)收集证据的主体具有广泛性。在我国,收集证据的主体既包括国家的专门机关,比如公安机关、国家安全机关、人民检察院、人民法院等,也包括律师和当事人。如我国《刑事诉讼法》第五十条规定,审判人员、检察人员、侦查人员必须依照法定程序,收集能够证实犯罪嫌疑人、被告人有罪或者无罪、犯罪情节轻重的各种证据;《民事诉讼法》和《行政诉讼法》均规定人民法院可以依职权或根据当事人的申请调取证据。但应当注意的是,在行政诉讼中,人民法院不得为证明行政行为的合法性调取被告做出行政行为时未收集的证据,行政机关及其诉讼代理人不得自行向原告、第三人和证人收集证据;《律师法》第三十五条规定,律师可以自行调取证据;等等。

(2)收集证据是具有明确目的的行为。不同的主体收集证据的目的并不相同,专门机关收集证据是为了查明案件事实,做出正确的裁决或处理决定,而律师和当事人则通常是为了证明己方的诉讼主张,赢得胜诉的裁判。

(3)收集证据的活动内容是通过一定的行为,运用法律许可的方法和手段,发现、提取、保管证据。根据法律的规定,收集证据时可以采用提取原物、讯问(询问)当事人、搜查犯罪嫌疑人的身体、物品、住所、勘验检查、向有关单位调取、鉴定等方法进行。

(二)收集证据的原则和要求

收集证据是一项重要的诉讼活动,是正解认定案件事实和适用法律的前提。根据我国的法律和相关的司法解释的规定,结合审判实践经验,收集证据应遵循以下原则和要求:

(1)依法进行。依法收集证据要求由合法的证据收集主体,依据法定的方式和程序进行,否则就会导致证据的不合法,从而在诉讼中予以排除。如我国《刑事诉讼法》第五十四条规定:"采用刑讯逼供等非法方法收集的犯罪嫌疑人、被告人供述和采用暴力、威胁等非法方法收集的证人证言、被害人陈述,应当予以排除。收集物证、书证不符合法定程序,可能严重影响司法公正的,应当予以补正或者做出合理解释;不能补正或者做出合理解释的,对该证据应当予以排除。"同样,在民事诉讼中,对于当事人采取以侵犯他人人身权利或隐私的方式取得的权利,也不具有合法性,不得作为证据使用。

(2)全面、客观。所谓全面收集证据指的是从收集证据的范围和内容上来讲,司法人员应当收集能够反映案件真实情况的一切证据材料,既要收集不利于被告人的证据,也要收集有利于被告人的证据。如我国《刑事诉讼法》第五十条就规定审判人员、检察人员、侦查人员必须依照法定程序,收集能够证实犯罪嫌疑人、被告人有罪或者无罪、犯罪情节轻重的各种证据。所谓客观地收集证据指的是司法人员在收集证据的过程中,一定要从案件的实际情况出发,尊重客观事实,实事求是地去收集客观存在的证据材料,既不能不按照证据的本来面目去收集、固定它,更不可去胡编滥造证据。

(3)深入、细致。所谓要深入,就是收集证据的活动不能停留在表面现象上,要深入到案件的实际中去,要透过现象抓住本质,发现并提取真正同案件有关并对查明案件真实情况有实际意义的证据材料。所谓要细致,就是在收集证据的活动中,要坚持严谨的工作作风,注意证据材料的各种细节,注意一切可疑的现象,决不放过任何蛛丝马迹。只有深入、细致地收集证据,才能保证所有与案件有关的证据都能被及时地收集,保证所有收集的证据其内容和形式都符合法律要求。

(4)迅速及时。迅速及时进行取证工作是证据收集主体应当遵循的一大原则。对于有明显犯罪现场的刑事案件,侦查人员要争取在最短的时间里赶往现场,迅速展开现场勘验和访问工作,以取得最多最有价值的证据。犯罪现场上往往存有大量的犯罪信息,但如果不及时进行现场勘验就可能使大量的犯罪信息被破坏,从而对案件造成不可估量的损失。只有迅速及时地收集证据,才有可能迅速查清案件事实,保证案件得到正确处理。

(5)依靠群众。依靠群众是我国刑事诉讼的一项基本原则,我国《刑事诉讼法》第六条就规定人民法院、人民检察院和公安机关进行刑事诉讼,必须依靠群众。之所以在刑事诉讼中要坚持依据群众原则,是因为犯罪活动一般都具有一定的隐蔽性和迷惑性,司法机关不能及时发现,但犯罪行为总是在一定的时间、地点发生的，与案件有关的事实很难逃脱人民群众的耳目；犯罪分子在案发前后都生活在人民群众中间，其反常表现和可疑活动也必然会被人民群众所发觉；而且犯罪行为直接危害的是广大人民群众的生命和财产安全，人民群众对犯罪分子是深恶痛绝的，他们有同犯罪分子做斗争的积极性。

(6)充分利用现代科学技术。随着现代科学技术的进步，高科技犯罪也层出不穷。打击高科技犯罪，必须充分利用现代科学技术。而且，对于传统的犯罪，也应加大侦查活动中的科技含量，减少对被告人口供的依赖，以有效地遏制刑讯逼供情形的发生。

二、证据保全

(一)证据保全的概念和种类

证据保全，是指在证据有可能灭失或以后难以取得的情况下，人民法院根据当事人及其诉讼代理人的申请或者依职权主动采取一定措施对证据加以固定的调查取证措施。证据保全是为了防止证据灭失或以后难以取得的保障措施，有利于法院查明案件事实，正确裁判案件，及时有效地保护当事人的合法权益。

根据我国法律和相关司法解释的规定，证据保全可以分为诉前证据保全和诉讼证据保全。诉前证据保全是指在起诉之前，根据利害关系人的申请，人民法院对可能灭失或以后难以取得的证据予以提取、保存或封存的制度。诉讼证据保全是指在诉讼进行中，在证据有可能灭失或以后难以取得的情况下，根据当事人的申请或依职权采取的对证据予以固定和保护的制度。

虽然都是证据保全，但诉前证据保全与诉讼证据保全是有区别的，主要表现在：

第一，二者发生的时间不同。诉前证据保全发生在当事人向人民法院起诉前，而诉讼证据保全发生在法院受理案件后，案件审理过程中。

第二，启动保全的主体不同。诉前证据保全由于案件尚未起诉到人民法院，只能由当事人向人民法院提出申请才能启动。诉讼证据保全可以由当事人向人民法院提出申请，必要的时候人民法院也可以依职权实施。

(二)证据保全的程序和方法

(1)申请。在证据可能灭失或者以后难以取得的情况下，当事人可以向人民法院申请进行证据保全。在诉讼中申请证据保全的，应在举证期限届满前提出。人民法院在诉讼程序中，也可以无须当事人的申请，依职权采取证据保全。

(2)管辖。诉讼证据保全，由当事人向受理案件的人民法院提出，诉前证据保全，利害关系人在起诉前或仲裁前，可以向证据所在地、被申请人住所地或者对案件有管辖权的人民法院申请。

(3)审查。人民法院接到当事人证据保全的申请后,应当进行审查,认为证据保全的申请符合法律规定的条件的,应当做出准予证据保全的裁定,认为不符合证据保全的条件的,应裁定驳回保全申请。

(4)担保。与财产保全不同,证据保全一般不需要提供担保,但如果证据保全可能会对他人造成损失的,人民法院应责令申请人提供相应的担保。

(5)证据保全的方法。人民法院进行证据保全,可以根据具体情况,采取查封、扣押、拍照、录音、录像、复制、鉴定、勘验、制作笔录等方法。通常来讲,对证人证言,一般采取制作笔录或录音的方法;对书证的保全,一般采取拍照、复制的方法;对物证的保全,一般通过现场勘验、制作笔录、绘图、拍照、录像、保存原物的方法。

三、举证时限

(一)举证时限的概念

举证时限是指当事人应当在法律规定的或者法院指定的期限内提出证明其主张的证据,逾期则承担证据失权等法律后果的一项制度。

我国举证责任制度经历了从证据随时提出主义到证据适时提出主义的转变,在2012年《民事诉讼法》修订前,我国的民事诉讼法并没有举证时限的规定,在民事诉讼中实行的是证据随时提出主义,当事人在诉讼的任何阶段都可以提出证据,甚至在判决、裁定生效后的申请再审或再审程序中也可以提出新证据,严重损害了程序的安定性。2001年最高人民法院《关于民事诉讼证据若干问题的规定》对举证时限做了较完整、详细的规定,在司法上确定了证据适时提出主义。《民事诉讼法》第六十五条对举证时限做了界定,规定当事人对自己提出的主张应当及时提供证据。同时《最高人民法院关于适用〈中华人民共和国民事诉讼法〉的解释》中对举证时限做了更详细的规定。

(二)我国民事诉讼法关于举证时限的规定

1. 举证时限确定的方式

根据《最高人民法院关于适用〈中华人民共和国民事诉讼法〉的解释》的规定,举证时限的确定有当事人协商约定和法院指定两种方式。

当事人协商确定举证时限的,应经人民法院准许。人民法院指定举证期限的,第一审普通程序的举证时限不得少于15日,当事人提供新的证据的第二审案件不得少于10日。

2. 逾期举证的法律后果

举证时限制度的目的就是促进当事人及时举证,当当事人不能按照举证时限的要求举证时,要承担相应的法律后果。

逾期举证的一个重要法律后果就是证据失权。证据失权，是指负有提交证据责任的一方诉讼当事人如果未能按照约定或者规定的时间向法庭提交证据时，视为放弃举证权利，其提交的证据不再予以组织质证，也不能作为认定案件事实的依据。证据失权是举证时限的核心，其作用在于从制度上解决当事人举证平等原则。法律规定举证时限与证据失权，目的则是通过庭前程序整理争议焦点、固定证据、固定诉讼请求，在开庭审理时就可以杜绝“证据突袭”情况的发生，保证双方当事人有准备地进行质证和法庭辩论。另外，在确有新的证据提出的情况下，一方当事人有权请求提出新的证据的另一方当事人负担由此增加的差旅、误工、证人出庭作证、诉讼等费用以及由此扩大的直接损失，这样，其诉讼权利就得到了平等的保护。举证时限及证据失权制度有多方面的作用。

(1)有利于解决法院审理案件有期限的约束，而当事人举证却无期限制约这一审判实践中存在的尖锐矛盾，促进了审判效率的提高。

(2)有利于落实《民事诉讼法》规定的平等原则，防止了“证据突袭”，对当事人的诉讼权利给予平等保护。

(3)有利于建立司法权威、保障裁判的稳定性、权威性，也将极大地降低诉讼成本，减轻当事人的负担。

(4)有利于当事人保护自己的合法权益，也便于法官依法独立、公正、正确地行使审判权。

但证据失权也有一些消极作用，所以不能轻率处理。其消极作用有两个方面。

(1)过于严苛的证据失权制度并不利于做到法院的裁判符合案件的客观真实，很有可能会产生错误的裁判，从而无法实现公正司法的基本要求。

(2)由于我国并未建立完全的律师代理诉讼制度，而且我国公民的法律意识普遍较低，往往无法正确理解某一证据的作用及举证不能所产生的严重后果，如果严格依照规定来处理，必然会出现许多与客观事实不符的认定与处理，减损法律的根本目的与真正价值。这一点已经在司法实践中有着突出的表现。

根据最高人民法院《关于适用〈中华人民共和国民事诉讼法〉的解释》的规定，证据失权制度的适用在很大程度上得以放松，当前，当事人逾期举证要承担以下法律后果：

(1)说明理由并提交相应证据。对于当事人逾期提供的证据，人民法院应当责令当事人说明理由，必要的时候可以要求其提供相应的证据。对于当事人因客观原因逾期提供证据，或者对方当事人对逾期提供证据未提出异议的，视为未逾期。

(2)当事人因故意或重大过失而不提供证据的，适用证据失权制度。即便如此，为缓和证据失权制度对案件审理造成的不利影响，《最高人民法院关于适用〈中华人民共和国民事诉讼法〉的解释》第一百零二条规定，对当事人逾期提交的证据与案件基本事实有关的，人民法院应当采纳，并按照《民事诉讼法》的规定对当事人予以训诫或罚款。

（3）赔偿对方当事人的经济损失。当事人逾期提供证据，对方当事人要求其赔偿因逾期提供证据而致使其增加的交通、住宿、就餐、误工、证人出庭作证等必要费用的，人民法院可予以支持。

3. 举证时限的延长及重新确定

举证时限的延长是指当事人因客观原因不能在举证时限届满前提交证据，因此向人民法院提出申请，经人民法院审查后允许当事人延长举证时限。举证时限一经确定，人民法院及当事人都应当遵守，不得随意变更。但在司法实践中，当事人在搜集证据的过程中可能会因客观原因的限制而难以在举证时限内提交证据，从充分保障当事人的合法权益的角度出发，应当允许当事人在举证时限届满前向人民法院申请延长举证期限。根据《最高人民法院关于适用〈中华人民共和国民事诉讼法〉的解释》第一百条的规定，当事人申请延长举证时限，应当在举证期限届满前提出，逾期提出的，人民法院不予受理。人民法院经审查，认为当事人延长举证期限理由成立的，可以适当延长举证期限，并通知其他当事人，延长举证期限同样适用于其他当事人。

举证时限的重新确定是指法院指定举证期限后，因出现了特殊情形，法院为当事人重新指定举证期限。与举证时限的延长不同，举证时限的重新确定发生在第一次指定的举证期限届满之后。《最高人民法院关于适用〈中华人民共和国民事诉讼法〉的解释》第九十九条第三款规定："举证期限届满后，当事人对已经提供的证据，申请提供反驳证据或者对证据来源、形式等方面的瑕疵进行补正的，人民法院可以酌情再次确定举证期限，该期限不受前款规定的限制。"《最高人民法院关于适用〈关于民事诉讼证据的若干规定〉中有关举证时限规定的通知》第七条规定："当事人在一审举证期限内增加、变更诉讼请求或者提出反诉，或者人民法院依照《最高人民法院关于民事诉讼证据的若干规定》第三十五条的规定告知当事人可以变更诉讼请求后，当事人变更诉讼请求的，人民法院应当根据案件的具体情况重新指定举证期限。"

四、证据交换

（一）证据交换的概念

证据交换，也称为证据开示、证据展示或发现程序，是指在诉讼答辩期间届满后，开庭审理前，法院组织双方当事人将各自持有的证据进行交换的诉讼活动。证据交换有利于整理、明确当事人之间的争议问题，防止诉讼突袭，为诉讼主体之间的公平诉辩创造条件，有利于提高诉讼效率。

（二）我国《民事诉讼法》关于证据交换的规定

我国《民事诉讼法》并没有证据交换的条文规定，《最高人民法院关于民事诉讼证据的若干规定》对证据交换做了较为详细的规定。根据该规定，证据交换适用于下列两类案件：一是当事人申请证据交换的案件；二是证据较多或复杂疑难的案件。

证据交换一般适用于普通程序，不适用于简易程序，因为根据法律规定，事实清楚、权利义务关系明确、争议不大的简单的民事案件才适用简易程序。至于二审程序是否适用证据交换，司法解释并没有明确规定，但也没有规定证据交换仅适用于一审程序，那么对于在二审程序中有新证据的案件，也不排除可以实施证据交换。

证据交换的日期应确定在答辩期满后，开庭审理前的时间内，可以由当事人协商确定并由人民法院许可，也可以由人民法院指定。人民法院组织当事人交换证据的，交换证据之日举证期限届满。当事人申请延期举证经人民法院准许的，证据交换日相应顺延。证据交换应在审判人员的主持下进行。在证据交换的过程中，审判人员对当事人无异议的事实、证据应当记录在卷；对有异议的证据，按照需要证明的事实分类记录在卷，并记载异议的理由。通过证据交换，确定双方当事人争议的主要问题。

证据交换一般不超过两次。但重大、疑难和案情特别复杂的案件，人民法院认为确有必要再次进行证据交换的除外。

第二节　质　证

一、质证的概念

质证是指在法庭审理过程中，双方当事人在法官的主持下，对证据的效力进行质辩的诉讼活动。

质证是证据制度中一项重要内容，我国《民事诉讼法》第六十八条规定：证据应当在法庭上出示，并由当事人互相质证。同时，《最高人民法院关于民事诉讼证据的若干规定》及《最高人民法院关于适用〈中华人民共和国民事诉讼法〉的解释》对质证的内容、程序做了详细的规定。

质证还是一项非常重要的诉讼活动，它的实施有利于当事人充分行使诉讼权利，对对方当事人提供的证据效力提出质疑，有利于法官更进一步地认识证据，查清案件事实，为正确裁判案件奠定基础。

二、质证的主体、客体和内容

(一)质证的主体

质证的主体是指在质证程序中,向法庭出示证据,对对方提供的证据进行质辩的案件当事人。

在诉讼程序中,当事人有权利也有义务向法庭提供证据,对对方当事人提供的证据也有权利提出质疑、反驳,案件当事人是质证的主体。法官不能成为质证的主体,因为法官是居中对案件进行裁判的,在诉讼程序中要组织双方当事人对证据进行质证,并对双方当事人提供的证据要进行审查判断,如果法官成为质证的主体,就有违其居中裁判的中立地位,影响法院的公正形象。

具体而言,质证的主体包括原告、被告、第三人及诉讼代表人,除此之外的其他诉讼参与人不能成为质证的主体。

(二)质证的客体

质证客体是指在质证程序中应当出示的并允许当事人提出质疑、反驳的证据的范围。质证的客体包括当事人提出的双方有争议的证据及人民法院依职权调查收集的证据。

当事人应当在法定期限内提供证据,对于当事人逾期提供的证据,人民法院在审理时不组织质证,但对方当事人同意质证的除外。当事人在审理前的准备阶段认可的证据,可以不再组织质证,经审判人员在庭审中说明后,视为质证过的证据。

对于涉及国家秘密、商业秘密、个人隐私或者法律规定应当保密的证据,不得公开质证。不公开质证不意味着不质证,这些证据仍然要经过质证程序,否则不能作为认定案件事实的证据使用。

(三)质证的内容

质证的内容是指当事人在对证据进行质证时所涉及的范围。某个证据能否作为认定案件事实的证据,取决于该证据的真实性、合法性、关联性,因此在对证据进行质证时要围绕着证据的“三性”展开。《最高人民法院关于适用〈中华人民共和国民事诉讼法〉的解释》第一百零四条规定:人民法院应当组织当事人围绕证据的真实性、合法性以及与待证事实的关联性进行质证,并针对证据有无证明力和证明力大小进行说明和辩论。能够反映案件真实情况、与待证事实相关联、来源和形式符合法律规定的证据,应当作为认定案件事实的根据。

三、质证的程序和要求

(一)质证的程序

我国《民事诉讼法》对质证的程序并没有做出明确的规定,《最高人民法院关于民事诉讼证据的若干规定》第五十一条质证的程序做了规定:"质证按下列顺序进行:(一)原告出示证据,被告、第三人与原告进行质证;(二)被告出示证据,原告、第三人与被告进行质证;(三)第三人出示证据, 原告、被告与第三人进行质证。人民法院依照当事人申请调查收集的证据,作为提出申请的一方当事人提供的证据。人民法院依照职权调查收集的证据应当在庭审时出示,听取当事人意见,并可就调查收集该证据的情况予以说明。"

根据上述规定,质证可以分为以下三个环节:

(1)出示证据。质证开始于证据的出示,如果没有证据出示,质证程序就无法进行,提出证据的一方当事人应当将证据向法庭和对方当事人出示。

(2)辨认证据。无论是哪一方当事人提出的证据,均应当交对方当事人进行辨认,对方当事人辨认后无异议的,记录在案,无须再进一步进行质证,有异议的应当允许当事人提出质辩意见。

(3)质疑和反驳。当事人对证据辨认后,应当围绕着证据的"三性"发表质证意见,在其发表完意见后,应由提出证据的一方当事人进行反驳。

案件有两个以上独立的诉讼请求的,当事人可以逐个出示证据进行质证。

(二)质证的要求

(1)当事人出示证据应以出示原件、原物为原则。《民事诉讼法》第七十条规定,书证应当提交原件。物证应当提交原物。提交原件或者原物确有困难的,可以提交复制品、照片、副本、节录本。《最高人民法院关于适用〈中华人民共和国民事诉讼法〉的解释》第一百一十一条对何为提交书证原件确有困难的情形做了详细的解释,包括:①书证原件遗失、灭失或者毁损的;②原件在对方当事人控制之下,经合法通知提交而拒不提交的;③原件在他人控制之下,而其有权不提交的;④原件因篇幅或者体积过大而不便提交的;⑤承担举证证明责任的当事人通过申请人民法院调查收集或者其他方式无法获得书证原件的。发生上述情形的,人民法院应当结合其他证据和案件具体情况,审查判断书证复制品等能否作为认定案件事实的根据。

(2)证人、鉴定人应亲自出庭接受当事人的质询。《民事诉讼法》第七十三条规定,经人民法院通知,证人应当出庭作证。证人因特殊原因不能出庭作证的,经人民法院许可,可以通过书面证言、视听传输技术或者视听资料等方式作证。这些情形包括:①证人因健康原因不能出庭的;②证人因路途遥远,交通不便不能出庭的;③因自然灾害等不可抗力不能出庭的;④其他有正当理由不能出庭的。《民事诉讼法》第七十八条规定,当事人对鉴定意见有异议或者人民法院认为鉴定人有必要出庭的,鉴定人应当出庭作证。经人民法院通知,鉴定人拒不出庭作证的,鉴定意见不得作为认定事实的根据。鉴定人因特殊原因无法出庭的,经人民法院许可,可以书面答复当事人提出的质询。经人民法院许可,当事人可以向证人、鉴定人发问。

第三节　证据的审查判断

一、审查判断证据的概念和意义

(一)审查判断证据的概念和特征

审查判断证据是指办理案件的司法人员对依法调查收集到的现有证据进行分析、研究和判断,以鉴别其真伪,确定其与案件事实有无关联性、有无证据能力和证明力以及证明力大小的一种诉讼活动。审查判断证据这种诉讼活动具有以下特征:

(1)审查判断证据的主体是办理案件的司法人员。承办案件的司法人员要查明案件的事实真相,就必须确定证据的真伪,证据与案件事实是否相关联,收集到的证据有无证据能力、证明力及证明力的大小。由于诉讼性质和阶段的不同,审查判断证据的主体也存在着差异。在刑事诉讼中,对证据的审查判断贯穿于侦查、检察和审判之中,审查判断证据的主体包括办理案件的侦查人员、检察人员和审判人员。在侦查阶段,主要是侦查人员;在审查与起诉阶段,主要是检察人员;在审判阶段,主要是审判人员。但法庭审理过程中,控、辩双方可以参与对证据的核对和审查,发表不同的意见。在民事诉讼和行政诉讼中,审查判断证据的主体是法院的审判人员,但双方当事人以及他们的诉讼代理人对庭审中调查的各种证据均有质证权,能够就其真实性发表意见。这有利于审判人员做出正确的判断。

(2)审查判断证据是办理案件的司法人员的一种抽象思维活动。对证据的审查判断是办理案件的司法人员运用概念、判断、推理所进行的一种抽象思维活动。这项活动不是仅仅停留在表面的感性认识活动上,而是建立在感性认识基础上的更深刻的认识,是关系到对证据的真实与否、证据对案件事实的证明程度如何等实质性问题的认识。概言之,对证据的审查判断是确定证据的证据能力和证明力以及证据证明力大小的活动。审查判断证据与调查收集是两个不同的认识阶段,但两者常常相互结合,交替进行。调查收集证据是审查判断证据的前提,没有调查收集证据就不存在审查判断证据。审查判断证据是对调查收集证据的进一步深化。

在调查收集证据的基础上，办理案件的司法人员对各种证据进行审查判断，去粗取精、去伪存真，以确定证据的证据能力、证明力及证据证明力的大小，实现由感性认识到理性认识的飞跃。

(3)审查判断证据以确定证据是否具有证据能力和证明力及证明力大小为目的。审查判断证据，既包括对单个证据和多个证据的审查判断，也包括对全案证据的审查判断。办理案件的司法人员对各种证据的审查判断，其目的有二：一是确定证据是否具有证据能力和证明力，因为只有具有证据能力和证明力的证据，才能作为定案的依据。二是确定证据的证明力的大小，即证据与案件事实之间关系的紧密程度。证据与案件事实之间的联系越紧密，其证明力就越强，反之，其证明力就越弱。

(二)审查判断证据的意义

调查收集到的证据是真是假，能否作为定案的依据，是否需要收集新的证据，是否足以认定案件事实等，关键在于对证据的审查判断。只有通过对证据的审查判断，这些问题才能够确定。因此，在诉讼证明活动中，审查判断证据的意义重大。

(1)审查判断证据是确保定案证据真实可靠的保障。无论是在刑事诉讼、民事诉讼，还是在行政诉讼中，调查收集到的证据都难免纷繁复杂、真伪并存。而且，在诉讼中，某些当事人基于各种目的，伪造证据或者故意提供伪造证据的情况也屡见不鲜。因此，只有对收集的证据进行审查判断，才能确定已调查收集到的证据是否真实可靠，是否足以认定案件事实。

(2)审查判断证据是确定证据的证据能力和证明力的手段。在诉讼中，证据与案件是否有关联，证据与案件之间的关联性强弱，都取决于对证据的审查判断。在具体的案件中，有的证据与案件的关联性强，证据的证明力就强；有的证据与案件的关联性弱，证据的证明力就弱。有的证据与案件有关联，证据具有证明力；有的证据与案件无关联，证据没有证明力。因此，准确地把握和确定证据与案件有无关联性以及关联性程度，对正确处理各类诉讼案件都十分必要。

(3)审查判断证据是完成诉讼证明任务的必经程序。我国的三大诉讼法都明确规定，证据必须经过查证属实，才能作为认定案件的根据。查证属实的实质就是对证据的审查判断，离开对证据的审查判断，对证据的查证属实就无从谈起。而且，案件事实的认定，离不开调查收集证据、审查判断证据、提出证据和认定证据等基本环节中的任何一个环节，否则就不可能认定案件事实，更不可能完成诉讼证明的任务。

二、审查判断证据的内容

办理案件的司法人员在办理具体的诉讼案件过程中，必须对依法调查收集到的证据的内容进行审查，以决定证据与案件事实是否相关联，是否具有可采性。审查判断证据的内容包括以下几个方面：

（一）证据的来源

证据的来源是指证据的形成、发现和取得过程，包括提供证据者、调查收集证据者以及制作或者调查收集证据的时间、地点和方法等。具体来说主要有以下几方面：

（1）提供证据者的个人情况。提供证据者的个人的生理、心理、年龄、精神状态、知识水平、专业技能等方面的情况直接影响并决定着证据的真实性。由于提供证据者的个人情况不同，办理案件的司法人员在审查判断证据来源时，必须审查提供证据者的生理、心理、精神状况、年龄以及提供证据者是否具有相关的知识、技能，等等。

（2）发现证据的客观环境。客观环境直接影响发现证据的效果。客观环境包括发现证据时的距离、光线、天气、地形、温度、湿度，等等。它们是形成证据的客观条件，也是影响证据发现的因素。因此，对上述影响发现证据的客观因素，必须进行审查。

（二）证据自身的要素

证据自身的要素是指事物成为证据必须满足的条件。对证据自身要素的审查判断必须从证据能力、证明力等方面入手。

（1）证据能力。证据能力是指证据依法能够成为证据的资格，又称“证据力”“证据的适格性”。证据能力是大陆法系国家的概念，在英美法系国家，与之对应的概念是证据的可采性。在我国的诉讼实践中，就某一具体的案件而言，某一证据材料反映的事实可能与案件的事实真相相符合，但该证据材料不具备法律规定的证据表现形式，没有合法性，不能采纳。有的证据材料虽然具备法律规定的证据形式，但其所反映的事实与案件本身无关，也不能作为证据使用。原因是这些证据材料没有证据能力，即证据资格。因此，办理案件的司法人员必须对调查收集到的证据材料进行审查判断，以查明其是否具备证据资格。

（2）证明力。证明力又称为证据的证明能力，是指证据对案件事实是否具有证明作用和作用的程度。在诉讼实践中，有证据能力的证据未必就有证明作用，即使有证明作用，其作用的程度也不一样，即在具有证据资格的证据中，有的是直接证据，本身能够证明主要的案件事实，证明作用较强；有的是间接证据，必须与其他证据结合起来才能证明主要案件事实，才具有证明作用。在证据中，原始证据和传来证据都可能有证据资格，但在证明作用和作用的程度上，原始证据大于传来证据。因此，办理案件的司法人员在审查判断证据时，应当在明确证据具有证据能力的前提下，进一步明确其的证明作用及证明作用的程度，从而正确地认识每一个证据在诉讼中的作用和地位。

（三）证据与案件事实的关系

证据与案件事实的关系是指证据与案件事实之间的证明关系。证据是用来证明案件事实的，但每一证据与案件事实之间的证明关系常常不尽相同。这就要求办理案件的司法人员在认定证据与案件事实之间的关系时，应着重审查下述两个问题：

（1）明确本案已经和应当查明的案件事实。案件事实是指案件的证明对象。在刑事诉讼中，案件事实主要是指被指控的犯罪行为的构成要件；在民事诉讼中，案件事实主要是当事人之间争议的事实，而行政诉讼中的案件事实是指与被诉具体行政行为合法性和合理性有关的事实。办理案件的司法人员在审查判断证据时，必须明确已初步查明了哪些案件事实，还有哪些案件事实需要查清，从而为审查判断证据指明目标和方向。

（2）分析证据与案件事实之间的关系。证据与案件事实之间的关系相当复杂，包括因果关系、时间顺序关系、空间关系、条件关系，等等。这些关系都属于证明关系的范畴。办理案件的司法人员在对证据审查判断时，必须分析并查明诉讼中的各种关系，必要时，可以借助科学技术手段。

三、审查判断证据的要求

作为定案依据的证据，必须具有证据能力且与待证事实有关联，对待证事实具有证明作用。因此，必须按真实性、关联性和合法性要求对调查收集到的证据进行审查，以最终决定其是否能够作为定案的根据以及证明力的大小。

（一）真实性要求

证据的真实性，也就是通常所说的证据的客观性，是证据的必备属性之一。三大诉讼法都明确规定，证据必须经过查证属实，才能作为定案的根据。因此，审查判断证据的真实性，就成为审查判断证据的第一要求。

审查判断证据的真实性，一般需重点审查以下三个方面：

（1）证据内容的可信度。证据内容，即证据所反映的人、事、物等情况。审查判断证据内容的可信度，不仅要审查分析这些人、事或物本身的情况，还要分析这些情况与所要证明的案件事实的联系，因为离开了与案件事实的联系，证据的可信度也就毫无意义。审查判断证据内容的可信度，应当注意考察证据内容的可能性，证据内容的一致性，证据内容的合理性和证据内容的详细性等内容，以便决定证据内容的可靠性及其程度。

（2）证据来源的可信度。证据的来源，即证据如何形成，由谁提供或收集，收集的方法是否科学，证据的形成是否受到主客观因素的影响，等等。审查证据来源的可信度，就是要审查证据在形成过程中是否受到外界因素的影响及其影响程度，就是要审查提供证据者有无影响证据内容准确性的因素。审查证据内容可信度和证据来源可信度的目的在于,确定提供证据的人是否出于不良动机而虚构事实,嫁祸于人或者故意伪造证据,夸大或者缩小事实真相等;案件的客观条件是否影响了证据的真实性;收集证据的程序是否影响了证据的客观性,等等。

(3)证据与证据之间的联系。证据与证据之间应当是协调一致的,如果证据与证据之间存在矛盾,就说明某些证据要么非系本案证据,要么可能虚假不实。所以,审查判断证据决不能孤立地进行,而应当善于分析、比较和研究,善于综合评判,善于发现证据与证据之间的矛盾之处,并找出问题的症结所在。

(二)关联性要求

证据的关联性,又称证据的相关性,是指证据与案件事实之间的内在联系性。作为证据的事实必须是与案件事实存在某种联系,即能够证明案件的某一真实情况的事实。如果证据事实与案件事实之间没有某种关联性,就起不到证明作用,也就不能成为诉讼证据。因此,审查判断证据的关联性,就成为审查判断证据的一项重要要求。

关联性是证据被采纳的首要条件,是审查判断证据的重要原则。办案人员面对各种各样的证据,必须考虑哪些证据与案件事实有关,哪些证据与案件事实无关。无论证据具有多么大的诱惑性,只要与案件事实无关,就是非涉案证据,不能用来作为证据证明案件事实。审查判断证据的关联性要求从以下两个方面对各种证据进行审查判断:

(1)证据与案件事实之间有无关联及关联程度。关联性是证据内容与案件事实之间的内在关系。具备关联性的证据就意味着对案件有一定的证明作用或者说具备一定的证明力。只要对案件事实具有证明作用,就具备了关联性。此处的"案件事实",在刑事诉讼中指的是有关犯罪构成要件的事实,包括犯罪主体、犯罪客体、犯罪主观方面和犯罪客观方面四个方面的事实,理论上称"七何要素说",即何人、何时、何地、何目的及动机、何方法与手段、何犯罪行为和何后果。证据的证明力大小依赖于其与案件关联的程度,关联性强,证明力强,关联性弱,则证明力弱。

(2)证据与案件事实之间联系的形式和性质。在具体案件中,证据与案件事实之间的联系呈现出复杂性和多样性。首先,证据与案件事实之间联系的形式具有多样性,既有因果联系也有非因果联系,既有必然联系也有偶然联系,还有内部联系与外部联系、直接联系与间接联系,等等。其次,在性质上,证据与案件事实之间由于联系程度不同而呈现出不同的证明价值。虽然与案件事实具有客观联系的证据都能反映一定的案件事实,但由于联系的程度不同,因而反映的程度就不同,其证明价值也就不同。一般来说,直接联系的证明价值高于间接联系,因果联系的证明价值高于非因果联系,内部联系的证明价值高于外部联系,必然联系的证明价值高于非必然联系。因此,只有分析判断清楚证据与案件事实之间联系的形式和性质的复杂性和多样性，才能充分发挥各种证据的证明作用，保证对案件事实的正确认定。

（三）合法性要求

证据的合法性，又称证据的法律性，是指证据的形式以及证据的收集和运用必须符合法律的规定。审查证据的合法性，主要审查收集证据的主体、程序和手段是否符合法律规定，证据本身是否具备法定形式。具体来说，审查判断证据的合法性主要从以下三个方面入手：

（1）收集证据的主体、程序和方法是否合法。我国三大诉讼法对各种证据的收集主体、程序和方法都做了具体规定。证据的收集主体、程序和方法是否合法，直接影响着证据内容的真实性和证据的可采性，因而在审查证据的合法性时，应着重审查证据的收集主体、程序和方法是否合法。如果在证据的收集过程中，主体、程序和方法有一项不合法，即使该证据是真实的，也不具有可采性，不能被法院采信。

（2）证据是否具备法定的形式，完备的手续。我国的《刑事诉讼法》规定的证据有物证、书证，证人证言，被害人陈述，犯罪嫌疑人、被告人供述和辩解，鉴定结论，勘验、检查笔录，视听资料七种；我国《民事诉讼法》规定的证据有书证、物证、视听资料、证人证言、当事人陈述、鉴定结论、勘验笔录等七种；我国《行政诉讼法》规定的证据除与《民事诉讼法》规定的证据相同外，还有现场笔录。任何证据都必须具备上述形式之一，否则就不能作为诉讼证据。同时，各种形式的证据的取得还必须具备完备的手续，手续不完备的证据不具有合法性，不能作为定案证据使用。

（3）证据的运用是否合法。为了保证证据的真实性，证据必须经法定程序质证。为了保证证据具有证据能力和证明力，三大诉讼法对证据的运用都做了具体的规定。例如，证人证言必须在法庭上经过公诉人、被害人和被告人、辩护人双方讯问、质证，听取各方证人的证言并且经过查证属实后，才能作为定案根据。在诉讼中，只有经过法定质证程序的证据才能作为定案的依据，否则即为违法。

四、审查判断证据的具体要求

根据三大诉讼法及最高法院的相关司法解释，审判人员在审查判断证据时应当遵循以下具体要求：

（1）审判人员对单一证据的审查判断可以从以下几个方面进行：①证据是否原件、原物，复印件、复制品与原件、原物是否相符；②证据与本案事实是否具有关联性；③证据的形式、来源是否符合法律的规定；④证据内容是否真实；⑤证人与案件当事人是否具有利害关系。

（2）审判人员对全案证据的审查判断，应当采取综合评断的方法。综合评断就是对案件所有的证据进行综合分析与研究，看其内容和反映的情况是否协调一致，能否相互印证和吻合，能否确实充分地证明案件的真实情况。综合评断的关键是发现矛盾和分析矛盾。办理案件的司法人员要善于对各种证据进行交叉逻辑分析，善于从细微之处发现不同证据之间的矛盾，然后认真分析这些矛盾的性质和形成的原因，以便对案件中的证据做出整体评价。

对全案证据的审查判断，不仅要注意审查证据的可靠性，而且要注意判断证据的证明价值。换言之，就是不仅要注意审查证据是否属实，而且要注意判断证据是否充分。从某种意义上讲，单个证据和多个证据的审查判断的任务主要是查明证据是否确实，而全案证据的审查判断的任务主要是查明证据是否充分。这就要求办理案件的司法人员不仅比较对照各种证据，而且要将证据与案件事实联系起来加以考察。同时注意判断证据与案件事实之间是否具有联系以及具有何种联系，从而确定证据在证明案件事实方面所能起到的作用。要审查证据与案件事实之间有无矛盾，从而进一步增强证据的可靠性。

(3)对当事人一方提出的下列证据，对方当事人提出异议但没有足以反驳的相反证据的，应当认定其证明力：①书证原件或与原件核对无误的复印件、照片、副本、节录本；②物证原物或与原物核对无误的复制件、照片、录像资料等；③有其他证据佐证并以合法手段取得的、无疑点的视听资料及与视听资料核对无误的复制件；④一方当事人申请人民法院依照法定程序制作的对物证或现场的勘验笔录。此外，诉讼过程中，当事人在起诉状、答辩状、陈述及其委托代理人的代理词中承认的对己方不利的事实和认可的证据，人民法院应当予以确认，但当事人反悔并有相反证据足以推翻的除外。

(4)下列证据，审判人员可以确认其证明力：①人民法院委托鉴定部门做出的鉴定意见，当事人没有足以反驳的理由和相反证据的；②一方当事人提出的证据，另一方当事人认可或者提出的相反证据不足以反驳的；③一方当事人提出的证据，另一方当事人有异议并提出反驳证据，对方当事人对反驳证据认可的。

(5)下列证据不能单独作为认定案件事实的依据：①未成年人所作的与其年龄和智力状况不相当的证言；②与一方当事人或者其代理人有利害关系的证人出具的证言；③存有疑点的视听资料；④无法与原件、原物核对的复印件、复制品；⑤无正当理由未出庭作证的证人证言。此外，在诉讼中，当事人为达成调解协议或者和解的目的做出妥协所涉及的对案件事实的认可，不得在其后的诉讼中作为对其不利的证据；以侵害他人合法权益或者违反法律禁止性规定的方法取得的证据，不能作为认定案件事实的依据。

(6)人民法院就数个证据对同一事实的证明力，可以依照下列原则认定：①国家机关、社会团体依职权制作的公文书证的证明力一般大于其他书证；②物证、档案、鉴定结论、勘验笔录或者经过公证、登记的书证，其证明力一般大于其他书证、视听资料和证人证言；③原始证据的证明力一般大于传来证据；④直接证据的证明力一般大于间接证据；⑤证人提供的对与其有亲属或者其他密切关系的当事人有利的证言，其证明力一般小于其他证人证言。

(7)人民法院应当在裁判文书中阐明证据是否采纳的理由，但对当事人无争议的证据，是否采纳的理由可以不在裁判文书中表述。

第四节 运用证据认定案件事实

一、运用证据认定案件事实的概念和意义

(一)运用证据认定案件事实的概念和特点

运用证据认定案件事实，是指审判人员依据已经审查核实的证据认识并确定案件事实的活动。它的特点是：

(1)运用证据认定案件事实的主体是审判人员。在刑事、民事和行政诉讼中，运用证据认定案件事实的主体只能是审判人员，其他任何组织、单位和个人都无权运用证据认定案件事实。

(2)运用证据认定案件事实的基础是审判人员对证据的认定。案件事实的认定离不开证据，证据是认定案件事实的基础。审判人员只有先审核认定了证据，才能确定案件的事实。

(3)运用证据认定的案件事实根据案件性质的不同而有差异。案件性质不同，运用证据认定的案件事实就有差异。刑事案件中，需要认定的案件事实是谁是犯罪嫌疑人，其行为是否构成犯罪，以及犯罪的时间、地点、原因、动机、手段、过程、结果等和有无从重、从轻、减轻或免除处罚的情节等事实。民事案件中，案件事实主要指民事法律关系发生、变更和消灭的事实及民事争议发生的时间、地点、原因、结果等事实。行政案件中，案件事实主要指行政机关做出的具体行政行为是否合法的事实，包括行为的主体、时间、地点、内容和程序等事实。

(4)运用证据认定案件事实的责任主要由审判人员承担。司法实践中，对案件事实的认定是由审判人员负责的，重大、疑难案件的法律适用问题可以提交审判委员会讨论决定，但审判委员会不对案件事实负责。如果案件事实认定错误，一般由是审判人员承担责任。

(二)运用证据认定案件事实的意义

运用证据认定案件事实具有以下意义：

(1)运用证据认定案件事实是查明案件事实的唯一方法和审查核实证据的根本目的。对证据进行审查核实的目的是运用已经查证属实的证据对案件事实进行认定，这也是查明案件事实的唯一方法。

(2)运用证据认定案件事实是适用法律对案件做出正确处理的前提和基础。人民法院对案件做出正确裁判的前提是必须查清案件事实,只有查清了案件事实,才能正确适用法律,才能对案件做出公正的处理。如果运用证据认定案件事实错误,在此基础上适用法律也会发生错误,从而也就不可能对案件做出公正的处理。

二、运用证据认定案件事实的基本原则

运用证据认定案件事实对于查清案件事实,正确处理案件具有十分重要的作用,因此,有必要确定一些基本原则供审判人员遵守和执行,以保证审判人员正确地运用证据认定案件事实。

(一)证据确实和达到一定量的原则

所谓证据确实是指用以认定案件事实的所有证据都必须查证属实。查证属实包括两方面的内容,一是指已经依照法定程序予以审查核实,如证据需要提交法庭,由对方当事人质证,证人需要出庭作证,接受当事人质询等;二是指证据中的所有矛盾得到了合理的排除,如果证据自身,证据与证据之间,证据与案件事实之间存在矛盾,说明证据尚未查证属实,应当收集新的证据予以排除,否则不能用作定案的依据。

无论是《刑事诉讼法》,还是《民事诉讼法》《行政诉讼法》,用以定案的证据都必须达到一定的量,只有不同证据之间相互印证,才能证明案件事实,如果仅有一个证据,则无法判断该证据是否真实,也无法对案件的全部事实进行证明。

(二)事实清楚和完整的原则

要保证案件的正确处理,审判人员运用证据认定的案件事实必须是清楚和完整的。所谓事实清楚,是指运用证据认定的案件事实是清楚和确定的,而不是含糊不清、抽象笼统的,也就是事实发生的前因后果、来龙去脉是清楚的,事实本身的是与否是确定的。所谓完整是指实体法所规定的与定罪量刑或权利义务有关的一切事实均已查清。体现在刑事案件中就是犯罪嫌疑人是谁,犯罪的时间、地点、目的、动机、手段、方法、后果和犯罪嫌疑人是否达到刑事责任年龄,是否具有刑事责任能力,应否追究刑事责任以及有无从重、从轻、减轻或免除处罚的情节等;民事案件包括当事人是否具有行为能力以及民事法律关系发生、变更、消灭的情况,民事争议发生的原因,民事法律行为造成的法律后果等;行政案件包括行政机关是否具有行政权,其实施行政行为的时间、地点、方式、条件、程序和结果,行政争议发生的原因及行政行为造成的后果等。

(三)认定公开和合法的原则

审判人员运用证据认定案件事实是诉讼活动的重要组成部分,必须贯彻公开和合法的原则。

首先，所有用作认定案件事实的证据必须向当事人公开，听取当事人的意见或由当事人互相质证。审判人员兼听则明，只有充分听取双方当事人对证据的意见，才能对证据证明的事实做出正确认定。

其次，运用证据认定案件事实必须说明理由并在裁判文书上表述出来。认定案件事实是裁判的前提，只有案件事实认定正确，才有可能做出公正的裁判，因此审判人员在运用证据认定案件事实时，要对证据进行充分的分析论证，充分说明是否采纳的理由，并在此基础上对案件事实做出认定，从而使当事人明白运用证据认定案件事实的过程和方法，同时也便于社会监督。

(四)结论唯一和排他的原则

审判人员运用证据认定案件事实必须做出结论性意见，该结论性意见必须是唯一的，不能似是而非、模棱两可。只有运用证据对案件事实做出了唯一的结论性意见，才能为之后的正确适用法律，公正裁判案件奠定基础。

(五)符合逻辑规则的原则

审判人员运用证据认定案件事实的过程必须遵守思维的一般规则，概念要明确，判断要恰当，推理要正确，只有这样，才能使认定案件事实的过程符合逻辑，结论具有说服力。

三、运用证据认定案件事实的步骤和方法

(一)运用证据认定案件事实的步骤

运用证据认定案件事实，一般可以分为以下几个步骤：①运用某个证据或若干个证据认定案件的某个事实；②运用若干个证据认定案件的部分事实；③运用所有证据认定案件的全部事实。当然，在审判实践中，审判人员可以采用上述步骤对案件事实进行逐步认定，也可以运用所有证据对全部案件事实进行认定。

(二)运用证据认定案件事实的方法

运用证据认定案件事实固然需要遵循一定的原则和步骤，但必要的方法也是必不可少的。运用证据认定案件事实的方法主要有以下几种：

1. 简单认定法和复杂认定法

这是根据认定方法的繁简对认定方法做的划分。

简单认定法，是指可以运用证据对案件事实直观地做出认定的方法。其特点是证据能够直接证明案件全部或部分事实，无须进行推理、分析即可对案件事实进行认定。如刑事案件中犯罪嫌疑人关于犯罪事实的供述一经查证属实，就可对案件事实进行认定；民事案件中当事人之间签订的合同即可对他们之间存在的法律关系做出认定。

复杂认定法，是指运用证据需要经过分析、推理等思维活动，才能对案件事实

做出认定的方法。其特点是证据与案件事实之间不具有同一性,从证据不能直接推出案件事实,需要运用分析、推理等复杂思维活动才能对案件事实做出认定。如当事人之间签订借款合同,同时为保证借款能得以偿还,又签订了房屋买卖合同,后双方发生纠纷,一方主张是房屋买卖合同,一方主张是借款合同,双方之间的法律关系如何,需要对证据进行分析才能得出结论。

无论是简单认定法,还是复杂认定法,在审判实践中,两者并不冲突,对于案件事实的认定,根据证据不同情况,简单认定法和复杂认定法可以并用。

2. 要素认定法和系统认定法

这是根据认定的过程形态对认定方法做的划分。

所谓要素认定法,是指通过运用证据证明构成案件的每一项要素进而达到认定全案事实目的的方法。由于其认定过程是从单项到综合,从部分到整体,故也称之为"自下而上"的认定方法。

系统认定法,是指先从整体上证明案件事实的基本结构,然后再认定具体的构成要素的方法。由于其认定过程是先综合后单项,先整体后部分,故也称之为"自上而下"认定方法。

在审判实践中运用要素认定法和系统认定法时,需要注意的是要素认定法一般适用于要查明的问题可以用"是"或"否"来回答或者可以用再现法验证,使用要素认定法认定的问题相对比较简单,而对于案件全部事实或复杂的问题的认定则需要使用系统认定法,因为这些事实是无法用"是"或"否"来回答或再现法验证,一般需要认定者对证据进行分析论证。另外,需要重视系统认定法的运用。系统认定法不仅符合人们日常生活中形成的思维习惯,也有利于审判人员从案件的整体出发考虑问题,通过不同证据证明的案件事实之间的客观联系,判断案件事实。

3. 科学认定法和艺术认定法

这是根据认定要求和侧重点不同对认定方法做的划分。

科学认定法,是指审判人员应根据每一个证据的证明对象和证明力来合理地安排和使用证据,既不要使用一个证据去认定它不能认定的事实,也不要使用一个证据去单独认定它不足以认定的事实。运用科学认定法要客观准确地了解每一个证据,知道它能认定什么及能在多大程度上认定,减少运用证据的盲目性;尊重认定活动中的客观规律,严格按照认定规则使用证据,减少运用证据的随意性;在认定中要注意做到思维清晰、逻辑严密、表达准确、合乎法理。

艺术认定法主要运用于案件事实的论证,是指审判人员应根据每一个证据的特点和证明优势巧妙地安排和使用证据,而且应尽量提高证据组合的证明效力。运用艺术认定法要了解案件事实证明中的难点和要点,准确地选择认定案件事实的切入点和途径;要了解每一个证据的长处和短处,在运用证据时扬长避短;要仔细研究认定的顺序和证据的组合方式,充分发挥证据的组合功能,取得最佳的认定和论证效果。

综合案例

隋某某诉称,2015年1月2日13时14分,位于A市B区C街的D陶瓷大市场的三层仓库起火,起火面积1.1万平方米。发生火灾的仓库位于一栋总层高11层的居民楼,其中1-3层为仓库,4-11层为居民楼。火灾扑救过程中,起火建筑多次坍塌,坍塌面积3000平方米,造成5名消防员遇难、14人受伤。火灾发生后,A市政府启动火灾抢险救灾应急预案,维护火灾现场秩序,组织人员疏散,疏散居民752户2731人,商户272户,隋某某是疏散居民之一。2015年1月4日,A市多个部门成立联合调查组。经过初步判断,可能是电暖气超负荷引发火灾,事故相关责任人已被公安机关控制。坍塌原因是仓库多以框架结构为主,柱的耐火时间有限,梁的跨度又比较大,钢筋混凝土梁柱构件烧久了之后,难以支撑上部巨大的荷载,而起火建筑楼体结构复杂,本身就是一个"烂尾楼",只有简单的承重结构。燃烧时间太长,楼板耐火极限太低。另外,由于打水,冷热交替可能会导致里面混凝土出现疏松,所以整个楼体会向里面倒塌。未坍塌楼体都是危楼。隋某某居住房屋就是未坍塌部分。

因隋某某向E银行申请了房屋抵押贷款,2014年9月11日同时又向F保险公司投保了"个人抵押贷款房屋综合保险",被保险人是隋某某,投保人也是隋某某,第一受益人是贷款银行,保险金为41万元。火灾事故发生后,2015年1月27日隋某某向F保险公司电话报案。2015年7月27日,F保险公司以"情况说明"告知E银行称:"火灾未造成标的房屋任何损失……不构成保险事故……不涉及保险理赔。"隋某某认为,已经构成保险事故,属于F保险公司承担的保险责任,并且隋某某没有放弃追偿侵权人,保险公司依法应当履行保险合同义务。因第三人怠于行使权利,隋某某依据《中华人民共和国合同法》第七十三条"代位权"的规定,依法行使代位权。

F保险公司辩称,1.隋某某在起诉状中明确自认本案所涉及房屋并未发生火灾,也并未坍塌,所以诉争房屋并未发生保险事故。2.诉争房屋被拆除的原因是政府进行的拆迁,并且政府给予隋某某不低于隋某某房屋价值的补偿。在此情况下,基于隋某某所称的火灾事故,隋某某并未受到任何损失。3.本案E银行为诉争保险的第一受益人,隋某某既然代位E银行提起本案诉讼,其金额应该在目前隋某某所欠E银行的欠款范围之内。4.请求法院驳回隋某某的全部诉讼请求。

第三人E银行述称,如果隋某某胜诉,隋某某将赔偿款偿还借款。如F保险公司胜诉,请隋某某继续履行还款义务。

隋某某为证明其主张成立,提供证据如下:

证据一、情况说明一份和保险合同一份,证明隋某某与F保险公司主体适格。保险条款约定火灾属于保险责任。

证据二、火灾责任认定书一份,证明认定了隋某某的房屋受到了火灾损坏。

证据三、B区"1.2"火灾危房区域抢险搬迁协议书一份,搬迁验收单一份,证明隋某某的房屋受到了火灾是属于保险范围,同时政府与隋某某签订的是补偿协议,与F保险公司保险理赔是两个法律关系。

证据四、产权证复印件一份,证明投保房屋因火灾已经灭失。

F保险公司对隋某某举示的证据质证认为:

对证据一真实性没有异议,对保险约定火灾属于保险范围也没有异议,但是这份证据可以证明E银行是保险的第一受益人。保险合同的期限是2014年9月11日至2015年9月10日,贷款期限应该是2014年9月11日起,此后隋某某应该偿还了部分贷款,所以隋某某即使主张权利也应该是在银行欠款范围内进行主张。同时在保险条款责任免除第二款第二项中约定行政行为和司法行为不在理赔范围内。在保险标的项下的第二款约定公共建筑(走廊、地基)不在理赔范围内。

对证据二真实性没有异议,认为火灾认定C街727号仓库发生火灾,没有证据表明隋某某的房屋因该火灾直接导致损失。

对证据三真实性没有异议,该证据不能证明隋某某房屋受到了火灾,也不能证明发生了保险事故。该证据可以证明"1.2"火灾事故这一原因,政府已经出面以拆迁的方式导致诉争房屋的毁损灭失,据F保险公司了解,政府上述行为,实际上是代此次火灾的实际侵权人履行补偿义务,隋某某对实际侵权人的追偿权是转移给政府的。

对证据四真实性不能确定,该房产证证明诉争的房屋非火灾认定书上的房屋。不能证明房屋因火灾灭失。

第三人E银行对隋某某举示的证据质证认为:对证据一、证据二、证据三、证据四无异议。

F保险公司为证明其主张成立,向本院提供证据如下:

证据一保险单和保险条款各一份,证明问题同隋某某证据一中的质证意见。

证据二、关于C"1.2"火灾区域居民有序搬家的通知一份,证明包括隋某某房屋在内的小区的房屋,即使未直接遭受火灾事故,也被列为政府拆迁范围。政府对被拆迁房屋进行了补偿,包括隋某某在内的小区被拆迁业户,因此次火灾事故,房屋所涉财产权利,已被全额补偿。此次搬迁通知是2015年7月22日,是在本案诉讼之前。

隋某某对F保险公司举示的证据质证认为:

对证据一的真实性无异议,对证明的问题有异议,这是一个格式性条款,按照合同法对格式性条款的解释,F保险公司当庭质证意见,违反日常生活常理和一般认知规律,这是免证事实,因物权法规定,房屋简称为区分建筑物,它是在一个整体的建筑物范围内,整体建筑物的地基毁损,当然楼上的个体建筑物也为火灾的毁损。在两种格式条款的解释下,所以保险公司的解释依法应当不予认定。关于F

保险公司所述的行政行为免责问题,应当理解为是行政行为造成的保险标的毁损,不应该认定为本案中的行政补偿。如果保险条款关于公共建筑不属于保险范围,其理解也是单方的格式条款理解,而本案的诉争标的不属于公共建筑。对欠款隋某某已还部分,属于保险理赔款问题,保险合同规定,保险责任规定了标的额是41万元。没有约定被保险人还款后免除保险合同的约定。所以隋某某诉请符合合同约定。

对证据二真实性无异议。证明目的有异议,可以证明隋某某的标的物受火灾属于保险责任,同时F保险公司混淆了法律关系,即政府的补偿行为,不能代替F保险公司的保险责任。F保险公司履行了保险责任后,享有了侵权人的追偿权,而这份证据证明了隋某某房屋受了损坏。

第三人E银行对F保险公司举示的证据质证认为:对证据一、证据二无异议。

第三人E银行为证明其主张成立,向本院提供证据如下:

证据、房地产抵押贷款合同一份,证明第六章6.4约定,保险金由E银行来接收支配,余额交由隋某某。

隋某某对E银行举示的证据质证认为:

对证据没有异议。

F保险公司对E银行举示的证据质证认为:

对合同的真实性无法判断,这份合同与保险公司没有关联性,这份合同是银行与隋某某的,与保险公司没有约束力,F保险公司认可诉争保险合同中有关E银行为第一受益人的约定,但是E银行并没有按合同约定,未按照主体来主张所谓的权利,而本案隋某某行使的是代位权,所以E银行在本案没有任何权利,在答辩意见中所提主张并不构成一个诉,也不是本案的审理范围。

案例来源:黑龙江省哈尔滨市道外区人民法院(2015)外民三商初字第1161号民事判决书。

问题:

1. 假设你是本案被告方代理人,你对材料中列明的你方证据的证明目的有无异议?是否有新的意见?对其他当事人提出的证据有何质证意见?

2. 根据双方当事人对证据的质证意见,本案中的哪些证据可以采信用来证明案件事实?采信的理由是什么?不予采信的理由是什么?

3. 如果你是本案的法官,根据本案的证据你会怎样认定案件事实?

本章小结

本章是关于证据在审判中的运用的知识讲解,共分四节内容,分别为举证、质证、证据的审查判断、运用证据认定案件事实。举证包含收集证据、证据保全、举证时限和证据交换等内容。质证是指在法庭审理过程中,双方当事人在法官的主持下，对证据的效力进行质辩的诉讼活动。质证应当围绕着证据的真实性、合法性、关联性展开，并按法定的程序进行。审查判断证据是指办理案件的司法人员对依法调查收集到的现有证据进行分析、研究和判断，以鉴别其真伪，确定其与案件事实有无关联性、有无证据能力和证明力以及证明力大小的一种诉讼活动。审查判断证据的内容包括证据的来源、证据自身的要素、证据与案件事实的关系。运用证据认定案件事实，是指审判人员依据已经审查核实的证据认识并确定案件事实的活动。运用证据认定案件事实应坚持一定的基本原则，并按照相应的步骤和方法进行，以确保案件事实认定的准确性。

相关知识链接

邹碧华著：《要件审判九步法》，法律出版社2010年版。

思考与分析

1. 收集证据有什么原则和要求？
2. 简述证据保全的种类及区别。
3. 我国现行民事诉讼制度举证时限的规定有哪些？
4. 质证的程序和要求。
5. 法官审查判断证据有什么样的内容和要求？
6. 运用证据认定案件事实的基本原则是什么？
7. 简述运用证据认定案件事实的步骤和方法。